선율겸행
禪律兼行

햇빛의 밝음을 피할 곳 어디인가?

禪 律 兼 行

선율겸행

햇빛의 밝음을
피할 곳 어디인가?

월암月菴

담앤북스

책을 펴내면서

누가 한국불교의 주인인가? 지계持戒로 세상을 향기롭게 하고, 강학講學으로 세상을 정화하고, 수선修禪으로 세상을 밝히며, 교화敎化로 세상을 이익되게 하는 수행자이다. 참다운 수행자는 계 · 정 · 혜를 균등하게 닦는 자이다.

소납은 주로 선원에서 생활하며 안거문화에 익숙한 편이다. 수선의 도량에 머물고 있으면서도 계율을 엄정히 준수하지 못한 측면과 교학 연찬에 소홀한 경향이 관습화되어 버린 것이 늘 마음에 걸린다. 항상 출가사문의 본분에 입각하려 노력하여도 일대사를 참구參究하는 것과 계율수지, 경전 열람이 늘 부족한 것이 사실이다.

실제적 참구에서 삼학등지三學等持의 자세로 수행균형을 갖추겠다는 다짐도 잠시뿐, 이내 생심生心으로 되돌아가는 것은 미약한 발심의 결과이다. 이런 미온적 삶의 자세와 수행행태가 당장 개선되지 않음이 늘 무거운 숙제로 남아 있었다.

시절인연의 도래인지 선원에서 오랜 세월 함께 지내 온 도반들의 모임인 전등회傳燈會 선우禪友들이 비록 망칠望七의 세납歲納임에도 불구하고 수오지심羞惡之心을 무릅쓰고 그 정신만이라도 선율겸행禪律兼行의 종풍에 적극 동참해 보고자 재발심의 원력을 세워 보았다.

그리하여 경자년(2020) 4월 21일, 대한불교조계종 전계대화상 무봉성우無縫性愚 대종사를 전계사로 모시고 무상사無相寺에서 여법하게 전계식을 봉행하게 되었다. 함께한 도우道友는 봉정영진鳳頂永眞, 무제원타無際圓陀, 도솔함현兜率涵玄, 평산성후平山性吼, 단하수완丹霞修完, 가상범혜嘉祥梵慧, 의공지현義空志賢, 철산탄공鐵山吞空, 평일법웅平日法雄, 설산철안雪山鐵眼, 무휴정각無休正覺, 석곡정심石曲淨心, 금암진성錦巖眞性과 불이월암不二月庵 등이다. 그리고 일찍부터 율행이 수승한 우담원정藕潭元淨화상을 포함하여 15인 모두가 선율겸행禪律兼行을 동수정업同修淨業하는 행보에 어깨를 나란히 하기를 서원하였다.

한편 오늘날과 같이 승풍僧風이 쇠잔衰殘한 시절을 당하여 선원에서 오랜 세월 선지禪旨를 참구하던 선백禪伯 수좌들이 선율겸수禪律兼修의 정신을 앙양昂揚하고자 전계대화상으로부터 전계를 수지하게 된 것은 그 나름 선사禪史에 유의미한 법사法事가 될 수 있을 것으로 생각된다. 비록 옹달샘 물 같은 작은 서원이지만 장차 강이 되고 바다가 되어 해인海印의 삼매로 회향되어 많은 후학들이 선율겸행의 회상에 함께하기를 기원해 본다.

지난 세월 전국선원수좌회에서 대한불교조계종 교육원과 공동으로 조계종『선원청규』를 편찬함에 있어서 소납이 주편主編으로 참여한 적이 있었다. 그때 지공화상의 무생계를 본문에 소개하고 소회를 덧붙이기도 하였다. 그 과정에 우리나라 불교 역사 가운데 고려 말에 무생계가 크게 성행한 법연이 매우 진귀한 불사로 여겨졌다. 그리고 정신문화적으로 매우 소중한 자산인『무생계경』과「무생계첩」이 우리나라에만 현존하고 있다는 사실이 자랑스러웠다. 아울러 무생계에 내포된 사상과 실천이 선禪과 계戒를 아우르는 선율겸행의 전거가 될 수 있음을 체감할 수 있었다. 이와 같은 역사인식으로 무생계를 포함한 선교일치의 사상에 대해 율원, 강원, 기본선원 등의 기본교육기관에서 후학을 대상으로 강의를 한 바 있다.

때마침 이번 전계식에서 성우 전계사의 고구정녕한 격려의 당부와 전등회 도반들의 원력에 힘을 얻어서 선계일치의 사상에 대해 종합적인 정리를 해 보는 기회를 가져 보았다. 그래서 지금까지 강의한 내용 중 참선과 계율에 관한 부분의 원고를 재정리하고, 이번에 새로이 정리한 「무생선과 무생계」 부분을 더하여 용성선사가 "활구참선만일결사"에서 격양激揚한 바 있는 『선율겸행禪律兼行』을 제목으로 하여 본서를 출간하게 되었다.

『선율겸행』의 부제인 '햇빛의 밝음을 피할 곳 어디인가?'는 전계대화상 성우율사의 『보살심지계율품강의초안』 「십중대계」를 강설하는 부분에서 수시垂示한 일전어一轉語이다. 선지禪旨와 계지戒旨를 동시에 드러내어 계선일치를 관통하는 향상일구向上一句로 제시되어 본 책의 부제로 가려 뽑게 되었다.

사실 계율에 대한 공부가 미진함이 많아 차마 드러내기 송구하지만 더 배운다는 심정으로 부끄러움을 반감하고자 한다. 납승의 소박한 염원으로 선계일치의 수증修證가풍이 선양되고, 제방의 수많은 청안靑眼 납자들이 계율정신을 더욱 고취하여 청정승풍이 진작되기를 희망해 본다. 아울러 미진한 점에 대한 강호제현의 질정叱正을 감수하고자 한다.

마지막으로 이 책이 나올 수 있게 동기 부여와 수행의 방양榜樣

을 제시해 주신 무봉성우 큰스님께 엎드려 삼배 올리고, 동수정업同修淨業의 지중한 인연으로 제방에서 정진에 진력하고 있는 전등회 도반들의 호념에 감사드린다.

그리고 『무생계경』을 잘 보존하여 보물 지정에 힘써 주신 영축총림 통도사 방장 중봉성파 대종사와 경을 한글로 번역해 주신 동국대학교 윤영해 교수님, 이철헌 박사께도 멀리서 감사의 예를 올린다. 또 『무생계경』 관련 자료 모두를 제공해 준 통도사 강주 인해스님, 「무생계첩」의 자료를 보내 준 해인사 율원장 서봉 스님께도 감사를 올린다. 그리고 출판을 담당해 준 담앤북스 사장 오세룡 님과 함께한 직원 여러분께도 감사를 전하는 바이다. 항상 가까이서 염려와 후원을 아끼지 않는 불이선회不二禪會 지도법사 예진 스님과 관도 김준현 회장을 위시한 불이가족 여러분과 교정에 애써 준 명정, 진정, 천인 스님과 불연 김지훈 거사에게도 고마움을 표한다.

세존응화 신축년(2021) 하안거 직전에

한산사閑山寺 불이당不二堂에서

月庵 頂禮

목차

제2장
계율과 선수행

제3장
선종의 계율수행

제4장

천태天台의 계율수행

제5장
청규와 수행

서 문

대한불교조계종 전계대화상 성우대종사는『사분비구계본강설』에서 역설하기를, "계율은 불교의 생명이다. 비구의 계율사상에 비례하여 불교의 흥망은 좌우된다."라고 하였다. 거듭 당부하여 말하기를, "비구스님들의 일상생활 모두가 계율을 바탕으로 이루어져야 한다. 출가자들이면 누구든 염원하는 큰 지혜를 이루는 제일 첩경捷徑이 바로 계율정신에 있음은 상식적인 일이다."[1]라고 하였다. 아울러 평소 법문에서도 항상 강조하기를, "계율이 바로 수

1 釋性愚 강의,『사분비구계본강설』, (土房), p. 168.

행이며 불교의 중흥은 바로 계율의 부흥으로 이뤄진다."고 하였다.

기본이 굳건하고 상식을 통하게 하는 바탕이 지계持戒에 있음을 경책하고 있다. 불교가 바로 서고 정법이 오래 머물게 하기 위해서는 계율의 수지가 엄정해야 함은 두말할 필요가 없다. 그것은 출가수행자와 재가불자의 생명이 계율이기 때문이다. 불교를 믿고 견성성불見性成佛·요익유정饒益有情의 수행공동체에 동참한 불자는 반드시 계율로써 스승을 삼고[以戒爲師] 계율로써 수행의 근본[以戒爲本]을 삼아야 한다.

성우 전계사는 거듭 말하기를, "마음을 깨달아 근원 바탕으로 돌아가기 위해서는 무엇을 해야 하는 것인가? 이 마음자리의 바른 계인 심지정계心地正戒에 의지하여 거룩하고 뛰어난 인因을 심어야 한다. 심지정계로써 깨달음의 씨앗을 심고 정진하게 되면 노사나불의 극과極果를 얻게 되는 것이다."[2]라고 하였다.

불교의 교세가 쇠락해지는 요인은 여러 가지가 있겠지만 가장 중요한 것이 계율이 엄정하게 지켜지지 못하기 때문이다. 계·정·혜 삼학 가운데 가장 불교적인 것이 계학戒學이다. 선정과 지혜는 누구든 수행할 수 있지만, 계율의 수지受持만큼은 반드시 불교 수

2 釋性愚 강의, 『梵網經菩薩心地戒律品講義鈔案』「해제解題」, (대한불교조계종 계단위원회), p. 3.

행자만이 가능한 권리이자 의무인 것이다.

그러므로 불교 수행자는 반드시 계율을 법답게 수지하는 것이 근본 바탕이 되어야 하는 것이다. 계율수지의 바탕 위에 선정과 지혜의 완성이 이루어질 수 있다. 그래서 일찍이 청허선사는 "계율의 그릇이 온전하고 견고해야 선정의 물이 맑아지고, 선정의 물이 맑아야 지혜의 달이 비칠 수 있다."[3]라고 하였다. 계율 ·선정·지혜는 셋이면서 하나이기 때문에 선정과 지혜를 닦는 수행은 반드시 지계를 바탕으로 이루어져야 한다. 그러므로 계·정·혜 삼학을 등지等持하면 자연히 계선일치戒禪一致, 선율겸행禪律兼行의 수행가풍이 진작된다.

이러한 원칙에 입각하여 오늘날 한국불교의 수행풍토를 반성적으로 고찰해 보면, 계·정·혜 삼학이 원수圓修되기보다는 오히려 각각 독립된 영역에서 자신들만의 분야에 경도되어 있는 것으로 보인다. 물론 율사·강사·선사가 각자의 전업에 매진하는 것은 자연스러운 순리이지만 그 바탕과 조화에 있어서는 율·교·선이 일체一體가 되어야 할 것이다. 선·교·율이 일치되는 수행가풍이 이루어진다면, 율의 영역에서 교와 선이 원융하게 섭수攝受되고, 교

3 "戒器完固, 定水澄淸, 慧月方現."

의 영역에서 율과 선이 원만하게 수습修習되며, 선의 영역에서 율과 교가 자재하게 상통相通하게 될 것이다. 사실은 영역이란 분별 자체가 없는 것이 불법佛法이다.

본서에서는 삼학일체三學一體 가운데서 선계일치禪戒一致에 대해 중점적으로 탐구해 보고자 한다. 선계일치의 사상이 온전히 정립되면 그것을 토대로 선율겸행의 수행풍토가 한층 고양될 것으로 믿기 때문이다.

이러한 관점으로 먼저 『금강삼매경』의 무생선無生禪과 지공화상의 무생계無生戒에 대해 주목해 보았다. 무생선과 무생계의 사상과 실천이 선계일치·선율겸행의 전거로서 충분한 인소因素가 될 것으로 믿기 때문이다. 다음으로 중국 남산율종에서 선정수행이 어떻게 이루어지고 있는지 조망해 보고, 또한 한국불교에서의 계율전승과 수행을 살펴봄으로써 선율겸행의 면모를 궁구해 보았다.

이어서 중국 선종의 계율수행과 삼학등지가 어떻게 수용되고 있는지를 엿보았다. 그리고 천태종의 개창자 지의대사의 계율관을 살펴보아 지관止觀과 계율이 일치되는 지점을 파악해 보고, 나아가 선원청규와 계율이 서로 어떻게 조화를 이루고 있는지 관심을 환기시켜 보았다.

그 가운데 특별히 선율겸행에 대한 의지를 담아 지공화상에 의해 역출譯出되고 전수傳授된 바 있는 『무생계경』과 무생계無生戒의 사상과 실천을 중심으로 무생선無生禪과의 일치점을 조명하는 것에 우선하기로 하였다. 전체적으로 계율이 바탕이 된 선수행, 즉 선율겸수의 수행전통을 탐색해 보는 것을 목적으로 하여 소략하지만 선계일치의 사상과 실천에 대해 천착해 보기로 하겠다.

본서는 먼저 서문에서 선계일치의 당위를 설명하고, 제1장 무생선과 무생계에서 선계일치의 사상을 고찰하여 선율겸행의 사상적 토대를 구축해 보고자 한다. 구체적으로 먼저 무생법인無生法忍을 핵심종지로 하는 무생선 단락에서는 여래선과 무생선의 상관관계와 그 사상에 대해 살펴보고, 이어서 무생선의 실천인 무생행에 대해 정리하였다. 그리고 무생계 단락에서는 지공선사와 무생계, 『무생계경』의 구성과 사상, 「무생계첩」의 내용과 사상에 대해 서술하고, 맺는말에서 선계일치 사상을 정립해 보는 것으로 구성하였다.

제2장 계율과 선수행에서는 먼저 중국 남산율종에서 선수행의 면모를 엿봄으로써 계선일치의 사상적 연원을 탐색해 보고, 다음으로 한국불교에서 계율전승과 선수행이 어떻게 융회融會되고 있는지 살펴서 선율겸행의 사상적 맥락을 짚어 보았다.

제3장 선종의 계율수행에서는 선종의 계율에 대한 의식과 실천에 대해 대략 살펴보았다. 구체적으로 첫째 달마선에서의 계율관,

둘째 북종 신수의 계율관, 셋째 남종 혜능의 계율관, 넷째 혜능 이후 선종의 삼학등지의 수행가풍에 대해 조망해 보는 것으로 갈음하였다.

그리고 제4장 천태의 계율수행에서는 천태종 지의智顗의 계율사상을 정리하기에 앞서 지의대사의『범망경』에 대한 견해를『보살계의소』를 통해 대략 더듬어 보고, 다음으로『보살계의소』에 나타난 계상戒相과『천태소지관』의 계율사상에 대해 살펴보았다. 이어서『마하지관』에 나타난 계율사상을 살펴봄에 첫째 계명戒名과 계상戒相, 둘째 범계犯戒와 참회懺悔, 사참事懺, 이참理懺 등을 차례로 탐색하였다.

마지막 제5장 청규와 수행에서는 첫째 청규 제정의 의의에 대해 조명해 보고, 둘째 청규와 수행의 연관성을 밝히고자 하였다. 그 상세한 내용으로 1. 청규와 계율 2. 법식쌍운法食雙運 3. 좌선과 일상수행 4. 보청법의 실시 등의 순서로 선원청규 안에서의 다양한 수행면모를 살펴보는 것으로 편성하였다.

결국 이 책은 전체적 내용으로 보아 선율겸행의 종지 아래 그 사상과 실천에 대한 탐색을 통해 이 시대 한국불교에서 어떻게 선풍과 율풍을 진작시킬 수 있겠는가에 관한 고민의 산물임을 밝히는 바이다.

제1장

무생선無生禪과 무생계無生戒

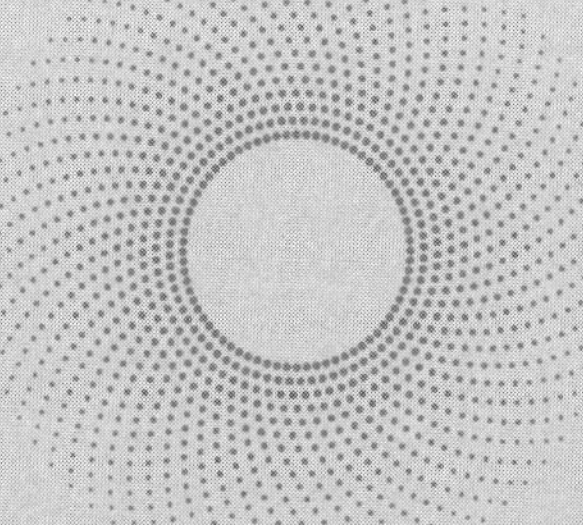

이끄는 말

선수행의 목적은 생사해탈에 있다. 그러므로 『사익경』에서는 "부처님은 중생으로 하여금 생사를 여의고 열반에 들게 하기 위한 것이 아니라, 단지 분별 망념인 생사와 열반의 두 견해를 제도하기 위할 뿐이다."[4]라고 하였다. 또한 대혜선사는 "무상이 신속하니[無常迅速], 생사의 일이 크다[生死事大]."라고 말하였다.

불조의 이 말씀은 생사를 여의고 열반을 성취하라는 것이다. 생사를 여의고 열반을 성취하기 위해서는 생사가 본래 없음[本無生死]을 깨달아야 한다. 생사가 공空함을 알아 생사 없음을 깨치면 생사와 열반이 둘이 아닌 경지에 들어간다. 생사와 열반이 둘이 아니기 때문에 생사로부터 벗어남도 없고, 열반으로 들어감도 없게 되

---

4 『思益梵天所問經』. "當知佛不令衆生出生死入涅槃, 但爲度妄想分別生死涅槃二相耳."

는 것이다. 그러므로 『유마경』에서는 생사가 곧 열반이라고 설하고,[5] 의상조사는 「법성게」에서 생사와 열반이 서로 함께한다[6]고 말하고 있다.

어리석은 중생은 무명번뇌에 가려 생사의 고통 속에서 살아가고 있다. 『열반경』에 설하기를, "일체 존재하는 것은 모두 다 무상하다. 이것은 생멸의 법이기 때문이다. 생멸이 다해 멸하면 적멸의 열반락이다."[7]라고 하였다. 일체의 유위법은 모두 생사 가운데 연기되고 있다. 선禪에서는 한 생각 일어남을 생生이라 하고, 한 생각 사라짐을 사死라고 하기에 일념생사一念生死라고 말한다. 또한 일념에 생사가 이루어져 생각 생각으로 육도를 윤회하기에 일념육도一念六道라고 말하기도 한다.

그리고 생사윤회가 일념 가운데 있기 때문에 일념을 수행하여 생사로부터 해탈하면 일념해탈一念解脫이 되고, 일념을 해탈해 부처를 이루면 일념성불一念成佛이 된다. 선에서의 생사·수행·해탈·성불 모두가 일념상에서 이루어지고 있다. 그래서 『단경』에서는 일념이 미혹하면 중생이요, 일념을 깨달으면 부처라고 말하는 것이다.

---

5 『維摩經』. "生死即涅槃."
6 「法性偈」. "生死涅槃相共和."
7 『涅槃經』. "諸行無常, 是生滅法, 生滅滅已, 寂滅爲樂."

그런데 한 생각[一念]은 일어나도 일어남이 없고[生而無生], 사라져도 사라진 바가 없으니[滅而無滅] 생사 그대로 불생불멸不生不滅의 열반이 되는 것이다. 이것을 가리켜 무생법인無生法忍이라고 한다.

모든 대승경전에서 한결같이 중생본래성불衆生本來成佛[8]을 설하고 있다. 중생이 본래 부처라고 한다면 애당초 생사의 미망은 허공 꽃[空花]이요, 허공 구름[虛雲]일 뿐이다. 허공의 꽃이 눈병에 의해 일어났기에 실체實體가 없고, 허공의 구름 또한 인연으로 생긴 것이기에 실성實性이 없다. 허공 꽃이 허상虛相임을 알면 허공은 그대로 실상實相이며, 허공의 구름이 공상空相임을 알면 허공 그대로 무상無相이다.

따라서 공화空花와 허운虛雲이 무상실상無相實相의 연기緣起임을 단박에 요지了知하면 본래 허공은 허공 그대로의 모습 없는 모습이며[無相實相], 모습 없는 모습 가운데 태양은 그 자리에서 빛나고 있을 뿐이다. 즉 공화와 허운이 인연으로 생겨났다 인연으로 멸하기 때문에, 허공의 입장에서 보면 일어난 바도 없고 사라진 바도 없으므로 그대로 불생불멸不生不滅이요, 본자원성本自圓成인 것이다.

선종은 본원자성本原自性이 청정하다는 바탕 위에서 종지를 드러

8 『法華經』, 『圓覺經』, 『涅槃經』 등 대승경전에서 중생 본래성불을 설하고 있다. 이것은 중생이 본래부처라는 말이며, 일체중생이 모두 불성을 갖추고 있다는 말과 같은 의미이다.

내고 있다. 혜능이 주창한 돈오선의 종지가 돈오자성청정頓悟自性淸淨의 토대 위에 건립되고 있듯이 자성청정이란 말은 대승불교와 선불교에서 핵심사상으로 설해지고 있다.

달마로부터 전래된 선종에서는 자종의 선을 여래청정선이라고 규정한다. 이 여래선의 종지 안에서 다양한 선의 종류들이 함께 언급되고 있다.

하지만 『금강삼매경』에서는 여래선의 사상적 종지를 내포하고 있는 선을 무생선無生禪이라 말한다. 원효는 『금강삼매경론』에서 무생선에 대해 마음이 일어남이 없는[無生] 무루의 선정인 이정理定에 들어감으로 무생선이라 이름한다고 주석하고 있다. 여래선과 무생선은 모두 자성청정의 무생법인을 종지로 하고 있다. 선종에서 언급하고 있는 여래선과 『금강삼매경』에 설해진 무생선의 사상과 실천은 내포하고 있는 종지의 동일성에서 볼 때 일체이명一體異名으로 불리고 있을 뿐이다.

선종에서 말하고 있는 여래선의 다른 표현을 무생선이라고 한다면, 지공화상이 전수한 무생계와는 불가분의 사상과 실천적 일치점이 분명 존재할 것이다. 무생선과 무생계는 모두 사상적으로 무생의 반야종지를 표방하고, 그 실천의 지향점 또한 무생행의 실현에 있다. 그러므로 무생법인의 사상과 실천을 매개로 하는 선과 계의 일치점을 찾는다면 자연스레 선계일치·선율겸행이 이루어질 수 있을 것이다.

그래서 본 단락에서는 선종의 여래선과 더불어 『금강삼매경』의 무생선에 함의된 사상과 실천의 연관성을 조명해 보고, 무생선과 무생계, 『무생계경』과 지공화상의 선사상을 함께 고찰해 봄으로써 선계일치禪戒一致·선율겸행禪律兼行의 전거를 정립해 보고자 한다.

무생선無生禪

1. 여래선如來禪과 무생선無生禪 — 무생법인無生法忍

도선율사는 『속고승전』에서 달마의 선법을 허종虛宗이라 규정하고, 그 현지가 깊어서 사람들이 쉽게 알지 못했다고 말하고 있다. 허종이란 마치 삼론종이 공종空宗이라 불리는 것과 같이 반야성공般若性空으로 종지를 드러내고 있음을 말한다.

달마대사는 『이입사행론』에서 중생과 성인 모두 동일한 진성眞性인 청정자성을 가지고 있다고 말한다. 다만 객진번뇌에 가려져 있으므로 망념을 떨치고 진성으로 돌아가기[捨妄歸眞] 위해 벽관壁觀을 행하면 무위법을 깨달을 수 있다고 하였다. 달마가 말한 벽관이란 마음이 장벽과 같아서 일어남이 없는[心不起] 경지를 가리키는 말이다. 즉 마음이 일어나도 일어난 바가 없고, 일어나지 않아도 일어나지 않는 바가 없는 불이중도不二中道의 도리를 요달하는 것이 달마의 벽관이다.

선禪을 수행한다는 것은 중생의 자성이 청정하여[自性淸淨] 본래 부처임을 깨달아 생사를 바로 열반으로 돌이켜 불이중도不二中道의 삶을 살아가는 것이다. 홍인선사는 일찍이 『최상승론』에서 이렇게 말하고 있다.

> 대저 수도의 본체는 모름지기 몸과 마음이 본래 청정하여 생겨나지도 않고 멸하지도 않아 분별이 없는 줄을 알아차리는 것이다. 자성은 원만하고 청정한 마음이다. ……묻기를, "자기의 마음이 본래 청정하다는 것을 어떻게 해야 알 수 있습니까?" 답하길, "『십지경』에서 설하기를, '중생의 몸 가운데 금강불성이 있다. 마치 태양의 본체와 같아서 밝고 원만하며 광대하여 가없다. 그러나 단지 오음의 먹구름에 가려져 있어서 마치 병 속의 등불처럼 빛을 내지 못하고 있을 뿐이다. 비유하자면 세간의 구름과 안개가 팔방에서 일제히 일어나 천하를 어둡게 가리면 태양인들 어찌 빛날 수 있겠는가. 무슨 까닭에 빛이 없는가. 빛이 원래 없어지지는 않았지만 단지 구름과 안개에 뒤덮여 있을 뿐이다.'라고 하였다. 일체중생의 청정한 마음도 또한 이와 같다. 단지 망념의 번뇌에 끄달려 온갖 견해가

> 먹구름에 휩싸여 있을 뿐이다. 오로지 고요하게 청정한 마음을 지키면 망념이 생겨나지 않아 열반법이 저절로 나타날 것이다. 그러므로 자기의 마음이 본래 청정하다는 것을 알 수 있다."[9]

홍인은 선수행의 본령이 몸과 마음이 본래 스스로 청정하여[本自淸淨] 불생불멸임을 깨치는 것이라고 말하고 있다. 중생의 마음속에 있는 밝고 두렷한 금강불성은 있지도 않고[非有] 없지도 않아서[非無] 늘 그대로[如如]인데 망념에 끄달려 청정본성淸淨本性을 잃어버렸다. 따라서 망념의 구름을 떨치고 청정본성을 드러내는 것이 선수행이라고 말하고 있다. 달마로부터 비롯된 선종의 종지가 바로 중생의 자성이 본래 청정하여 태어남도 없고 죽음도 없어 생사와 열반이 둘이 아님을 깨달아 생사를 해탈하는 것이다. 종밀선사는 『도서』에서 이렇게 말하고 있다.

> 만약 자기 마음이 본래 청정하여 원래부터 번뇌가 없고, 샘이 없는

---

9 『最上乘論』. "夫修道之本體須識, 當身心本來淸淨, 不生不滅無有分別, 自性圓滿淸淨之心. ……問曰: 何知自心本來淸淨. 答曰: 十地經云, 衆生身中, 有金剛佛性, 猶如日輪體明圓滿廣大無邊, 只爲五陰黑雲之所覆, 如甁內燈光不能照輝. 譬如世間雲霧, 八方俱起天下陰闇, 日豈爛也. 何故無光, 光元不壞, 只爲雲霧所覆, 一切衆生淸淨之心, 亦復如是. 只爲攀緣妄念煩惱, 諸見黑雲所覆. 但能凝然守心妄念不生, 涅槃法自然顯現, 故知自心本來淸淨."

> 지혜의 성품이 본래 구족되어 이 마음이 곧 부처여서 필경 다름이 없음을 단박에 깨달아 이에 의지해 수행하는 것이 최상승선이며, 또한 여래청정선이라 하고, 일행삼매라고 하며, 진여삼매라고도 한다. 이것이 일체 삼매의 근본이다. 만약 생각 생각에 닦고 익히면 자연히 점차로 백천삼매를 증득한다. 달마 문하에 전전하여 서로 전해 온 것이 바로 이 선이다.[10]

종밀은 달마로부터 전해져 내려온 선이 바로 여래청정선이라고 규정하고 있다. 중생의 마음이 본래 청정하기 때문에 마음이 곧 부처[卽心是佛]인 것이다. 그래서 본래부처[本來是佛]라고 주장하는 것이다. 본래부처로서의 중생의 마음 바탕에는 무루의 지혜가 갖추어져 있어 애초에 번뇌망념의 자취가 있을 수 없다. 즉 자성이 청정하므로 번뇌망념이 일어나도 일어난 바가 없게 되는 것이다.

대승불교와 선불교에서 청정清淨이란 곧 공空이란 말의 다른 표현에 지나지 않는다. 왜냐하면 공을 아무것도 없는 단멸공斷滅空이나 허무공虛無空으로 잘못 이해하는 것을 경계하기 위해 청정이란

---

10 『都序』. "若頓悟自心, 本來清淨, 元無煩惱, 無漏智性, 本來具足, 此心卽佛, 畢竟無異, 依此而修者, 是最上乘禪, 亦名如來清淨禪, 亦名一行三昧, 亦名眞如三昧. 此是一切三昧根本. 若能念念修習, 自然漸得百千三昧. 達磨門下展轉相傳者, 是此禪也."

말로 바꾸어 쓰고 있기 때문이다.

요약해 보면 마음의 성품이 공空함을 단박에 깨달아[頓悟自性清淨] 중생을 바꾸어 본래 부처로 살아가는 것이 최상승선이며, 여래청정선이라 말하고 있는 것이다. 아울러 종밀은『도서』에서 선禪을 외도선·범부선·소승선·대승선·여래선의 오미선五味禪으로 분류하고, 여래청정선이 최상승선이라고 주장하고 있다.

달마대사는 중국에 와서 4권『능가경』을 크게 선양한 바 있다. 그러므로 달마선을 능가선楞伽禪이라고 부르기도 한다. 달마대사가 혜가선사에게 이렇게 부촉하고 있다. "이『능가경』4권을 너에게 부촉한다. 이 경은 여래심지如來心地의 요문要門이며, 모든 중생을 개시오입開示悟入하게 할 것이니라."[11] "내가 보건대 중국에 오직 이『능가경』이 있을 뿐이다. 어진 이가 이에 의지하여 행한다면 스스로 증득하여 세상을 제도할 수 있을 것이니라."[12]

이러한 능가선의 전통은 동산법문에도 충실히 전승되고 있음이 확인된다. 도신선사는『입도안심요방편법문』에서 이렇게 말하고 있다.

---

11 『楞伽阿跋多羅寶經』蔣之奇「序文」.

12 『續高僧傳』권제16「慧可傳」.

나의 이 법요는 『능가경』에서 설한 "모든 부처님의 마음이 제일이다[諸佛心第一]."라고 한 법문에 의거하며, 또한 『문수설반야경』의 일행삼매一行三昧에 의거한다.[13]

달마선의 소의경전이며, 선경禪經으로서 중국 초기 선종에서 중요하게 전승되고 있는 『능가경』에서는 선禪을 4종으로 분류하고 있음이 나타난다.

또한 대혜여, 네 가지 선이 있으니, 어떤 것들인가? 그것은 우부소행선愚夫所行禪 · 관찰의선觀察義禪 · 반연진여선攀緣眞如禪 · 제여래선諸如來禪이니라. ……어떤 것이 제여래선인가. 부처의 지위에 들어가 자심에서 증득한 성스러운 지혜의 세 가지 즐거움에 머물러 모든 중생을 위해 부사의한 일을 하는 것을 제여래선이라 하느니라.[14]

『능가경』에서 설하고 있는 여래선이란 이미 불지佛地에 들어가

13 淨覺 著, 『楞伽師資記』「道信章」, 元照 박건주 譯註, (운주사), p. 114. "我此法要, 依楞伽經, 諸佛心第一. 又依文殊說般若經, 一行三昧."

14 『大乘入楞伽經』. "復次大慧, 有四種禪, 何等爲四. 謂愚夫所行禪 · 觀察義禪 · 攀緣眞如禪 · 諸如來禪. ……云何諸如來禪, 謂入佛地 住自證聖智三種樂, 爲諸衆生作不思議事, 是名諸如來禪."

성인의 지혜를 자증하여 삼종락(三種樂: 天上樂, 禪悅樂, 涅槃樂)에 머물면서 일체중생을 위해 부사의한 불사를 행하는 것이라고 하였다. 이미 인위因位를 벗어나 과위果位로서의 불지에 들어가 부사의한 방편으로 중생을 제도하는 것을 여래선이라고 정의한다. 『금강삼매경』에서도 여래선에 대해 이렇게 설하고 있다.

> 부처님께서 말씀하셨다. "보살이여, 저 마음이 헐떡거리는 것은 안팎의 번뇌와 수번뇌가 흘러 모여 물방울들이 바다를 이루고, 하늘바람이 두드려 물결치게 하며 큰 용이 놀라게 하니, 놀란 마음 때문에 매우 헐떡거리게 되는 것이다. 보살이여, 저 중생들로 하여금 셋을 간직하고 하나를 지키게 하여[存三守一] 여래선에 들게 하니, 선정으로 인해 마음이 곧 헐떡거리지 않게 된다."[15]

『금강삼매경』에서는 여래선에 들기 위해서는 셋을 간직하고 하나를 지켜야 한다[存三守一]고 설하고 있다. 그 셋은 삼해탈을 말하는데 허공해탈·금강해탈·반야해탈이며, 지켜야 할 하나는 일심이 여여함을 말하고 있다. 또한 여래선에 들어간다는 것은 마음의 여여如如

---

15 『金剛三昧經』「入實際品」. "菩薩, 彼心喘者, 以內外使, 隨使流注, 滴瀝成海, 天風鼓浪, 大龍驚駭, 驚駭之心, 故令多喘. 菩薩, 令彼衆生, 存三守一, 入如來禪, 以禪定故, 心則無喘."

함을 이치대로 관하는 것이니, 이와 같은 경지에 들어가면 곧 실제實際에 들어가게 된다고 말하고 있다. 삼해탈을 간직하고 일심이 여여함을 지켜 진리에 들어가는 것이 곧 여래선에 들어가는 것이다.

이와 같이 여러 경전에서 설하고 있는 여래선의 경지를 관심석觀心釋하여 종밀은 자성청정을 돈오하는 것이 여래청정선이라고 주장하고 있는 것이다. 선문에서는 보편적으로 여래선을 거론하며 혜능, 신회, 마조, 황벽, 영가 등 많은 조사들이 여래선을 논의하고 있다. 그 가운데 황벽과 영가는 여래청정선의 경지를 다음과 같이 논하고 있다.

> 무릇 도를 배우는 사람은 먼저 모름지기 잡다하게 배운 모든 반연을 물리치고, 결정코 구하지도 않고 집착하지도 않아야 한다. 그 깊은 법을 듣더라도 맑은 바람이 귀를 스치는 것처럼 힐끗 보고 지나쳐서 따지고 캐묻지 않으니, 이것이 바로 여래선如來禪에 매우 깊이 들어가 선이라는 생각을 여의는 것이다. 위로부터 역대 조사들께서 오로지 한 마음[一心]만을 전하였고, 결코 두 법이 있을 수 없다.[16]

---

16 『宛陵錄』. "夫學道者, 先須屛却雜學諸緣, 決定不求, 決定不着. 聞其深法, 恰似淸風届耳, 瞥然而過, 更不追心, 是爲甚深入如來禪, 離生禪想. 從上祖師唯傳一心, 更無二法."

> 여래선如來禪을 단박에 깨치니, 육도 만행이 본체 가운데 두렷함이라. 꿈속에선 분명하고 분명하게 육도가 있더니, 깨친 후에는 텅 비고 텅 비어 대천세계가 자취가 없도다. ……누가 생각이 없으며, 누가 남이 없는가. 진실로 남이 없으며, 나지 않음도 없도다. …… 단박에 남이 없음[無生]을 요달하고부터는 어찌 모든 영욕에 근심하고 기뻐하랴. ……법의 재물을 덜고 공덕을 없앰은 심의식心意識으로 말미암지 않음이 없음이라, 그러므로 선문에서는 마음을 물리치고, 남이 없는 지견[無生知見]의 힘에 단박에 들어가도다.[17]

여기서 주목하고자 하는 것은 여래선이란 "선을 행한다는 생각마저 일으키지 않는 것"이며, 또한 "나는 것도 없으며, 나지 않는 것도 없다.", "남이 없음을 요달하여 무생지견無生知見에 단박에 들어가는 것"이라고 설명하는 부분이다. 한 생각도 일으킨 바가 없고[一念不起], 나도 난 바가 없는 경지인 무생지견은 바로 무생법인無生法忍을 가리키는 내용이다. 이러한 무생의 진리를 수증하는 전통은 달마선으로부터 시작된 선종의 전반에 도도한 흐름으로 전

17 『證道歌』. "頓覺了如來禪, 六度萬行體中圓. 夢裏明明有六趣, 覺後空空無大千. ……誰無念誰無生, 若實無生無不生. 自從頓覺了無生, 於諸榮辱何憂喜 ……損法財滅功德, 莫不由斯心意識. 是以禪門了却心, 頓入無生知見力."

개되고 있다.

한편 여래청정선을 설하고 있는『능가경』또한 여래선 수증의 방편으로 무생의 진리를 연설하고 있다. 일체법이 본래무생本來無生이라는 진리, 즉 무생법인無生法忍을 단박에 깨닫는 것이 여래선임을 증명하고 있다.『능가경』에 다음과 같이 설한다.

> 아지랑이와 모륜 등의 비유로써 무생을 드러내나니, 세간의 분별 모두 공이며 미혹이고 환몽과 같은 것이네. 모든 것이 불생이며, 삼계란 의지할 바 없는 것이라고 보아라. 안과 밖 또한 이와 같으면 무생법인을 성취한다네.[18]

> 또 다른 무생無生의 법이 있어, 여러 성인이 얻는 바 법이니, 그 생이 곧 무생인 것을 곧 무생법인無生法忍이라 하네.[19]

달마의 능가선을 계승한 도신·홍인의 동산법문東山法門에서도 마찬가지로 무생법인無生法忍을 닦고 있음을 보여 주고 있다.『속고

---

18 "火焰毛等喩, 以此顯無生, 世分別皆空, 迷惑如幻夢. 見諸有不生, 三界無所依, 內外亦如是, 成就無生忍."

19 "復有餘無生, 衆聖所得法, 彼生無生者, 是則無生忍."

승전』「도준전」에 "석도준은 강릉인이다. 지산의 벽간사에 머무르면서 동산의 무생법문을 닦았으니 바로 도신과 홍인 두 분 조사께서 교화하면서 편 법문이다."[20]라고 하였다. 이를 통해 달마의 능가선을 계승한 동산법문에서도 역시 달마 능가선의 핵심 종지인 여래청정선을 단박에 깨닫기 위해 무생의 진리를 수행하였음을 알 수 있다.

『능가사자기』「홍인장」에 다음과 같이 설하였다.

> 또 말하였다. "생生이 곧 무생無生인 법을 깨닫는다는 것이니, 생법生法을 떠나서 무생이 있는 것이 아니다. 용수보살이 말하길, 모든 존재는 스스로 생기는 것이 아니며, 또한 다른 것으로부터 생기는 것도 아니고, 스스로 생김과 다른 것으로부터 생김이 함께 연유하여 생기는 것도 아니며[不共], 인이 없이 생기는 것도 아니다. 이 때문에 무생임을 안다. 존재하는 것이 인연으로 생긴 것이라면 이는 곧 자성이 없다는 것이 되니, 자성이 없다면 어떻게 존재하는 것이 있을 수 있겠는가."라고 하였다.[21]

---

20 『續高僧傳』 권8「唐荊州碧澗寺道俊傳」."釋道俊, 江陵人也. 住枝山碧澗精舍, 修東山無生法門, 卽信忍二祖號其所化之法也."

21 唐朝의 淨覺 著, 『楞伽師資記』, 元照 박건주 譯註, (운주사), p. 161. "又云, 了生卽是無生法, 非離生法有無生. 龍樹云, 諸法不自生, 亦不從他生, 不共不無因, 是故知無生. 若法從緣生,

홍인선사가 언급한 내용은 용수의 『중론』에 나오는 무생의 논리를 밝힌 게송으로, 생生이 가능하려면 자생自生, 타생他生, 공생共生, 무인생無因生의 네 가지 중에서 어느 하나가 성립해야 한다는 것이다. 그러나 그 어디에도 해당이 되지 않기에 무생법無生法임을 밝히는 내용이다.

한편 초기 선종의 선법을 충실히 계승하고 발전시키고 있는 조사선에서도 마찬가지로 여래선을 언급하고 있는데, 무생법인을 깨달음이 곧 여래청정선이라고 설하고 있음을 볼 수 있다. 마조의 법문을 들어 보자.

> 마음과 경계를 깨달으면 망상은 곧 일어나지 않는다. 망상이 일어나지 않는 이것이 바로 무생법인無生法忍이다. 무생법인은 본래부터 있었고 지금도 있는 것이어서 도를 닦고 좌선할 필요가 없다. 닦을 것도 없고 좌선할 것도 없는 이것이 바로 여래청정선이다.[22]

여기서 마조는 망상이 일어나지 않는 것이 바로 무생법인이라

是則無自性. 若無自性者, 云何有是法."

22 『馬祖語錄』, (『卍藏經』 119, p. 813上). "了心及境界 妄想卽不生 妄想旣不生 卽是無生法忍. 本有今有 不假修道坐禪 不修不坐 卽是如來清淨禪."

말하고, 무생법인은 본유本有하고 금유今有하는 본래부처 자리이기에 수도와 좌선을 행할 필요가 없다고 하였다. 그런데 조사선의 시원이라 일컬어지는 혜능 또한 일찍이 『단경』에서 "온 바도 없고 가는 바도 없으며, 생도 없고 멸도 없음이 여래청정선이다."[23]라고 설하여, 무생무멸無生無滅의 무생법인을 돈오하는 것이 여래선이요, 조사선임을 증명해 주고 있다. 『대지도론』에서 "만약 보살이 『반야경』에서 설한 바와 같이 일심으로 믿고 지녀 사유하며, 바르게 억념해서 선정에 들어 모든 법의 실상을 관觀하여서, 필경공畢竟空의 지혜로 마침내 무생법인을 얻으면 보살의 지위에 들어간다."[24]라고 하였다.

즉 제법의 실상을 깨달아 중도의 지혜로 무생법인을 얻게 된다는 것이다. 무생법인의 인忍에 대해, 『대승의장』에 설하길, "법의 실상實相에 안주함이 인忍이다."라고 하였다. 실상(진리)에 안주하여 여여부동如如不動함이 법인法忍인 것이다. 또한 『주유마힐경』에서는 "인忍은 곧 무생의 지혜이다. 능히 실상을 견디어 얻기[堪受] 때문에 인忍이라고 부르는 것이다."[25]라고 하였다.

23 종보본 『壇經』. "無所從來, 亦無所去, 無生無滅, 是如來淸淨禪."

24 『大智度論』 권64 「釋無作實相品」. "若菩薩如般若中所說, 一心信受思惟, 正憶念, 入禪定, 觀諸法實相, 得畢竟空智慧, 應無生法忍, 入菩薩位."

25 『注維摩詰經』 권1, (『大正藏』 권38, p. 329中). "忍卽無生慧也. 以能堪受實相, 故以忍爲名."

불교에서는 존재의 실상을 나타내는 무상無常·무아無我·고苦를 불변의 세 가지 진리라는 의미에서 삼법인三法印이라 한다. 여기에서 '인'은 진리라는 뜻의 인印 자를 사용하고 있다. 하지만 무생법인無生法忍에서 굳이 인욕을 의미하는 인忍 자를 사용하고 있는 것은 참고 견디는[忍] 정진의 결과로 무생의 지혜를 얻었기 때문인 것이다.

위에서 언급하고 있듯이 실상을 감수堪受하기 위해서는 육바라밀이 요청되고 구체적으로 인욕바라밀에 감응해야 하기 때문에 법인法忍이라고 말하는 것이다. 세간에서도 참고 견디지 않고서 성취되는 것은 아무것도 없다. 하물며 무생의 이치를 체득하여 생사를 해탈하는데 인욕바라밀을 성취하지 않고서 어찌 이루어질 수 있겠는가. 이런 의미에서 『현겁경』에서는 "불퇴전에 이른 불기법인不起法忍[26]은 인욕이라 한다."[27]고 설하고 있다.

이제 경전에서 설하고 있는 무생법인의 의미에 대해 구체적으로 한번 살펴보기로 하자. 『화엄경』「십지품」에 무생법인에 대해 다음과 같이 연설하고 있다.

---

26 무생법인無生法忍을 다른 말로 불기법인不起法忍이라고도 한다.

27 『賢劫經』. "逮不退轉不起法忍, 是曰忍辱."

불자여, 보살마하살이 이미 보살 제7지의 미묘한 지혜행과 청정한 방편도로 조도법을 훌륭하게 쌓고 나서 대원력을 갖추면 ……모든 것이 본래 무생이어서 일어남도 없고, 모양도 없으며, 이루어짐도 없고, 무너짐도 없으며, 오는 바도 없고, 가는 바도 없고, 처음도 없고, 중간도 없고, 나중도 없는 지위에 들고, 여래의 지혜에 드니, 일체의 심의식과 억상臆想분별에 탐착함이 없어 모든 법이 허공의 성품과 같으니, 이것을 보살이 무생법인을 증득하여 제8지에 든 것이라 한다.[28]

일체 법의 본래 나는 일도 없고, 일어남도 없고, 모양도 없고, 이룸도 없고, 무너짐도 없고, 다함도 없고, 옮아감도 없으며, 성품이 없는 것으로 성품을 삼으며, 처음과 중간과 나중이 모두 평등하며, 분별이 없는 진여와 같은 지혜로 들어갈 곳에 들어가느니라. 모든 마음과 뜻과 식으로 분별하는 생각을 여의었으며, 집착함이 없으며, 허공과 같으며, 일체 법에 들어가 허공의 성품과 같나니, 이를 말하여 무생법인을 얻었다 하느니라. 불자여, 보살이 이 (무생법)인忍

28 60권본『華嚴經』권25「十地品」. "佛子, 菩薩摩訶薩, 已習七地妙行慧, 方便道淨, 善集助道法, 具大願力, ……入諸法本來無生, 無起無相, 無成無壞, 無來無去, 無初無中無後, 入如來地, 一切心意識, 臆想分別, 無所貪着, 一切法如虛空性, 是名菩薩得無生法忍, 入第八地."

을 성취하고는 즉시로 제8 부동지에 들어가나니 깊이 행하는 보살이 되어서 알기 어려우며, 차별이 없으며, 일체 모양과 일체 생각과 일체 집착을 여의며, 한량이 없고 끝이 없으며, 일체 성문과 벽지불이 미칠 수 없으며, 모든 시끄러움을 여의어 적멸이 앞에 나타나느니라.[29]

이와 같이 『화엄경』에서는 모든 법이 허공의 성품과 같아서 본래 무생인 진여·여래의 지혜에 들어가는 것을 무생법인을 증득한 보살 제8지의 경지라고 설하고 있다. 그러면 무생법인을 증득한 제8지를 무엇 때문에 부처의 경지라고 말하고 있는가. 여러 대승경론과 조사 어록에서는 시절인연과 방편시설[30]에 따라 법의 의미를 다르게 시설하고 있음을 볼 수 있다. 즉 경론과 어록에서 설하

29 여천무비 강설, 80권본『大方廣佛華嚴經』二十六「十地品」5, (담앤북스). "入一切法, 本來無生無起無相無性無壞無盡無轉, 無性爲性, 初中後際, 皆悉平等, 無分別如如智之所入處. 離一切心意識分別想, 無所取著, 猶如虛空, 入一切法如虛空性, 是名得無生法忍. 佛子, 菩薩成就此印, 卽是得入第八不動地, 爲深行菩薩, 難可知無差別, 離一切相, 一切想, 一切執着, 無量無邊, 一切聲聞辟支佛, 所不能及, 離諸諠諍, 寂滅現前."

30 부처님께서 중생을 교화하는 네 가지 방편시설이 있으니, 곧 4실단이다. 첫째, 세계실단世界悉檀: 세속적인 것을 설하여 중생들에게 부처님의 가르침에 관심을 갖도록 하는 방편. 둘째, 위인실단爲人悉檀: 중생의 근기에 맞춰 설하는 방편. 셋째, 대치실단對治悉檀: 중생의 병통을 치유하기 위해 설하는 방편. 넷째, 제일의실단第一義悉檀: 진리를 바로 설하여 중생을 깨달음에 들게 하는 방편.

고 있는 모든 교설은 모두 방편시설로서 그때 그 장소에 맞게 설해진 대기설법對機說法, 즉 상황언어인 것이다.

그렇기 때문에 경론과 어록에 등장하는 언구言句는 각기 다른 근기의 인물과 상이한 환경에서 설해진 대기對機의 방편법으로 사용한 말이기 때문에 그 내용을 획일적 혹은 평면적으로 이해해서는 혼란을 초래할 수 있다.

이런 방편시설의 의미에서 여래의 지혜에 들어가는 것이 보살 제8지인 부동지에서 이루어진다고 말할 수 있는 것이다. 즉 보살이 수행하여 제8지에 이르러 무생법인을 증득하게 되면 이미 그 이치를 돈오함에 있어서는 불지佛地와 동등하게 되며, 또한 인행因行을 그치고 보행報行(결과의 과보로 얻는 행)에 머무르게 되는 것이다. 다만 그 공능功能에 있어 차이가 있겠지만 이미 무생법인의 이치를 돈오하였기에 8지 · 9지 · 10지는 무공용無功用으로 나아가 등각等覺 · 묘각妙覺 · 불지佛地에 이를 수 있다고 말한다. 이러한 내용을『화엄경』은 이렇게 서술하고 있다.

> 이 보살마하살도 또한 그와 같아서 부동지에 머물면 공들여 작용하는 행[功用行]을 버리고 공들여 작용함이 없는 법[無功用法]을 얻어서 몸과 입과 뜻으로 하는 업과 생각과 일이 모두 쉬어서 과보의 행

에 머무느니라.[31]

「십지품」에서 분명하게 설하고 있는 내용으로 보아서 보살 제7지 이하의 삼현, 십성과 초지로부터 제7지에 이르기까지 보살의 수행은 유공용有功用인 인행因行으로서의 유수지수有修之修(닦음의 공용이 있는 수행)이며, 8지 이상 보살의 수행방편은 무공용無功用인 보행報行으로서의 무수지수無修之修(닦음의 공용이 없는 수행)임을 알 수 있다.

『화엄경』에서 설하고 있는 보살 제8지의 무공용설을 돈점수증론에 차용하여 돈오설을 주장한 경우도 볼 수 있다. 중국 남북조시대에 소돈오小頓悟와 대돈오大頓悟의 논쟁이 있었는데 도안, 승조, 지도림 등이 소돈오를 주장하고, 도생이 대돈오를 주장하였다.[32] 이들이 소돈오를 주장함에 있어서 보살이 제7지 이상을 증득하게 되면 이미 무생법인을 깨달아 제8지로부터 제10지·불지에 이르는 것은 저절로 이루어지는 무공용임을 이유로 제시하는 것[33]도

31 여천무비 강설, 80권본『大方廣佛華嚴經』二十六「十地品」5, (담앤북스). “此菩薩摩訶薩, 亦復如是, 住不動地, 卽捨一切功用行, 得無功用法, 身口意業, 念務皆息, 住於報行.”

32 『三論游意義』, (『大正藏』45, p. 121下). “用小頓悟師有六家也; 一肇師, 二支道林師, 三眞安師, 四邪通師, 五理山遠師, 六道安師也. 此師等云: 七地以上悟無生忍也, 合年天子竺道生師, 用大頓悟義也.”

여기에 연유하는 것이다.

대주혜해선사 역시 『화엄경』에서 설하고 있는 본래무생本來無生의 무생법을 인용하여 무주無住의 불이중도로서의 무생법인을 설명하고 있다.

> 마음이 일어나 사라질 때 곧 따라가지 않으면, 사라지는 마음이 스스로 끊어지며, 마음이 머물러 있을 때 곧 따라 머물지 않으면 머물러 있는 마음이 스스로 끊어져서 머물러 있는 마음이 없음이니 이것이 곧 머무름이 없는 곳에 머무는 것이다. 만약 머물러 있을 때 단지 머물 뿐임을 분명하게 스스로 알면 머무는 곳도 없고 머무는 곳 없음도 없다. 그러므로 스스로 마음이 모든 곳에 머물지 않음을 분명하게 안다면 곧 본래 마음을 밝게 본 것[見本心]이라 말하며, 또한 존재의 성품을 밝게 본 것[見性]이라 말한다. 오로지 모든 곳에 머물지 않는 마음이 곧 부처의 마음[佛心]이니 또한 해탈된 마

33 유규는 「無量義經序」에서 지도림의 소돈오설에 대해 다음과 같이 말한다. "지도림은 무생無生을 주장하였는데, 7지에서는 도혜道慧가 구족하고 10지에서는 군방群方과 능히 함께하니, 그 자취는 다르지만 깨달음을 말하자면 하나이다." 지도림은 전육지前六地에서는 진성眞性을 깨달을 수 없고, 7지에 이르러 비로소 무생을 깨닫는다고 보았다. 7지에서는 도혜가 이미 구족되어 반야지혜가 8지 · 9지 · 10지와 다르지 않으니 법성의 지극한 이치를 깨달을 수 있음을 주장하고 있다.

음[解脫心]이며, 깨달은 마음[菩提心]이며, 남이 없는 마음[無生心]이며, 색의 성품이 공한 줄 아는 마음[色性空]이니, 경에 이르기를 무생법인無生法忍을 깨달았다고 하는 것이 이것이다.[34]

혜해는 마음이 "머무름이 없는 곳에 머무는 것", 즉 중도의 무주無住를 분명하게 깨닫는 것이 견본심이며, 견성이며, 보리심이며, 무생심이라고 말하고, 이것이 모든 경전에서 설하고 있는 무생법인을 깨닫는 것이라고 강조하고 있다. 『금강삼매경』에서도 마찬가지로 머묾 없는 마음이 무생이라고 설하고 있다.

보살이여, 만약 무생을 일으키면 생으로써 무생의 경계가 일어남을 멸해야 한다. 생과 멸이 함께 멸하여 본래의 생이 불생이면 마음이 항상 공적하다. 공적하여 머무름이 없으니, 마음에 머무름이 없어야 이것이 무생이다.[35]

---

34 『頓悟入道要門論』. "心若起去時, 卽莫隨去, 去心自絶. 若住時亦莫隨住, 住心自絶, 卽無住心, 卽是住無住處也. 若了了自知無在住時, 只物住, 亦無住處, 亦無無住處也. 若自了了知心不住一切處, 卽明了了見本心也, 亦名了了見性也. 只箇不住一切處心者, 卽是佛心, 亦名解脫心, 亦名菩提心, 亦名無生心, 亦名色性空. 經云證無生法忍, 是也."

35 『金剛三昧經』. "菩薩, 若生無生, 以生滅生. 生滅俱滅, 本生不生, 心常空寂. 空寂無住, 心無有住, 乃是無生."

일어난 바가 없으니 머무는 바가 없고, 머무는 바가 없으니 또한 일어나는 바가 없게 된다. 진정한 무주는 능소能所가 끊어져 생生이 불생不生일 때 마음이 공적한 경지에 드는데, 그 공적의 경지마저 떨치고 거기에 머물지 않는 것을 말한다. 그래서 무주無住가 무생無生이라고 말하는 것이다.

그런데 앞부분에서 마조선사는 "망상심이 일어나지 않는 것"이 무생법인이라고 말하고, 무생법인은 중생이 본래 갖추고 있고 지금도 작용하고 있는 것이라서 수행을 의거할 필요가 없다고 하였다. 이러한 의미에서 그는 도는 닦을 필요가 없다고 하는 "도불용수道不用修"를 주장하고 있는 것이다.[36]

이와 같이 무생법인을 깨닫는 것은 없던 것을 깨닫는 것이 아니라, 본래 구족한 것을 깨닫기 때문에 다시 새로 깨달았다[始覺]고 하더라도 그것은 전혀 새로운 깨달음이 아니라, 본래의 깨달음[本覺]을 확인한 것에 불과한 것이다. 그러므로 『단경』에서 설하기를, "나의 본래 근원인 자성이 청정하다고 하였다. 마음을 깨달아 자성을 보면 스스로 불도를 성취하는 것이니, 곧바로 활연히 깨달아

---

36 도는 닦을 필요가 없다. 다만 오염시키지 말라. 어떤 것이 오염시키는 것인가? 생사심으로 조작하고 추구하는 것이 모두 오염시키는 것이다(道不用修, 但莫汙染. 何爲汙染. 但有生死心, 造作趣向, 皆是汙染.).

서 본래의 마음을 도로 찾는다."[37]라고 말하고 있는 것이다.

우익지욱선사 또한 『대승기신론열망소』에서 무생無生의 생生이라는 역동적 무생인無生忍을 본각과 시각에 배대하여 설명하고 있다.

> 본래의 깨달음[本覺]은 모든 망령된 생각의 모습을 떠나서 허공계같이 두루 미치지 않는 곳이 없고, 법계는 한 모양이라서 생기고 · 머무르고 · 달라지고 · 소멸하는 양상이 없다. 지금 수행하여 얻은 깨달음[始覺]을 찾아도 또한 생기고 · 머무르고 · 달라지고 · 소멸하는 양상을 얻을 수 없다. 그러니 본래의 깨달음과 무엇이 다르겠는가. ……본래의 깨달음은 이미 평등한 법신으로 모든 망령된 생각의 모습을 떠났다. 그런데 어떻게 두 가지의 차별된 모습이 있을 수 있겠는가. 다만 오염된 환경을 따라 분별함으로써 수행하여 얻은 깨달음이 있음을 설명한다. 그리고 수행하여 얻은 깨달음으로 인하여 비로소 본래의 깨달음의 모습과 작용을 나타낸다. 따라서 무생無生이지만 생生을 설명한다.[38]

37 돈황본 『壇經』. "我本源自性淸淨. 識心見性, 自成佛道, 卽時豁然, 還得本心."
38 蕅益智旭 지음, 『大乘起信論裂網疏』, 樂山志安 감수, 明悟 옮김, (민족사), pp. 190~191.

비록 수행하여 새로 깨달음[始覺]을 얻었다 하더라도 그것은 본래 깨달음[本覺]의 모습과 작용이기 때문에 무생無生의 생生이 되는 것이다. 이러한 무생의 생이라고 하는 무생법인無生法忍에서는 닦을 것도 없고 선禪을 수행할 것도 없는 것이 된다.

이것을 『화엄경』에서는 비유로 설명하고 있다.

"어떤 사람이 꿈에 몸이 큰 강에 빠졌는데 건너가기 위해 큰 용맹심을 내어 수행의 방편을 베풀었고, 수행의 방편을 베풀었으므로 꿈을 깨게 되었다. 꿈을 깨고 나면 강물에 빠진 일도 없고, 수행을 한 일도 없게 된다."[39] 물론 용맹심으로 발버둥치는 수행의 방편으로 인해 꿈을 깨는 것은 대단히 중요하다. 꿈을 깨고자 하는 몸부림(수행)이 없었다면 여전히 꿈속에서 헤매고 있기 때문이다. 하지만 본래 강물에 빠진 일이 없는 무생법인의 입장에서 보면 마조의 주장처럼 닦을 것도 없고 좌선할 것도 없게 되는 것[不修不坐]이다. 마조선사를 계승한 백장선사 또한 무생법인이 곧 여래청정선이라는 기조에서 다음과 같이 대화하고 있다.

---

39 여천무비 강설, 80권본『大方廣佛華嚴經』二十六「十地品」5, (담앤북스). "譬如有人, 夢中見身, 墮在大河, 爲欲度故, 發大勇猛, 施大方便, 以大勇猛施方便故, 卽便覺寤. 旣覺寤已, 所作皆息."

묻기를, "지금 이 땅에 선이 있다고 하는데 어떤 것입니까?"

백장선사가 말했다. "움직이지도 않고 참선하지도 않는 것이 여래선如來禪인데, 선이라는 생각도 여의었다."[40]

백장은 마조가 말한 "닦을 것도 없고 좌선할 것도 없다[不修不坐]."고 하는 여래청정선의 관점을 계승하여 "움직이지도 않고 참선하지도 않는 것[不動不禪]"이 여래선이라고 말하고, 선이라는 생각마저 여의었다고 말하여 스승과 같은 맥락에서 여래선을 정의하고 있다. 그런데 여기서 주의 깊게 살펴봐야 할 사실은 백장이 주장한 "움직이지도 않고 참선하지도 않는 것[不動不禪]"이 여래선이라고 하는 부분이다.

왜냐하면 백장이 말한 "움직이지도 않고 참선하지도 않는 것[不動不禪]"과 똑같은 내용이 『금강삼매경』에서는 무생선으로 정의되고 있기 때문이다. 다시 말하면, 『금강삼매경』에서는 "움직이지도 않고 참선하지도 않는 것[不動不禪]이 무생선無生禪"이라고 말하고 있고, 백장은 똑같은 내용을 가지고 여래선如來禪이라고 말하고 있는 것이다. 이것은 아마도 백장이 『금강삼매경』에 설하고 있는 무

---

40 『百丈語錄』. "問: '如今說此土有禪, 如何?' 師云: '不動不禪, 是如來禪, 離生禪想.'"

생선의 내용을 차용해서 여래선이라고 주장한 것으로 볼 수 있다. 『금강삼매경』의 이 부분을 살펴보기로 하자.

> 부처님께서 말씀하셨다. "보살아, 선이라고 하면 곧 움직임이 되니, 움직이지도 않고 참선하지도 않는 것[不動不禪]이 무생선이다. 선의 성품은 일어남이 없어서 선의 상을 일으킴을 여의었으며, 선의 성품은 머무름이 없어서 선과 움직임에 머무름을 여의었다. 선의 성품에 움직임과 고요함이 없음을 알면, 곧 무생을 얻는다. 무생의 반야 역시 의지하여 머무르지 아니하고, 마음 또한 움직이지 아니하니, 이러한 지혜 때문에 무생의 반야바라밀을 얻는다."[41]

『금강삼매경』에서 설하고 있는 무생선에 대한 설명 또한 지금까지 거론한 여러 선장禪匠들이 언급한 여래선의 범주와 대동소이함을 알 수 있다. 결론적으로 말하면 경론이나 어록 등에 설해진 내용으로 미루어 보아 결국 여래선이 무생선이요, 무생선이 여래선인 것이다.

---

41 『金剛三昧經』 中. "佛言, 菩薩, 禪卽是動, 不動不禪, 是無生禪. 禪性無生, 離生禪相, 禪性無住, 離住禪動. 知禪性無有動靜, 卽是無生. 無生般若, 亦不依住, 心亦不動, 以是智故, 故得無生般若波羅蜜."

그러면 같은 선법을 왜 백장은 여래선이라 하고 경전에서는 무생선이라 하고 있을까? 달마 능가선 이래 줄곧 선가禪家에서는 전통적으로 여래선이라는 명칭을 사용하였음을 이미 확인하였다. 그러나 『금강삼매경』에서는 한편 여래선을 언급하면서도, 또한 무생의 묘리를 터득하는 것을 강조하는 의미에서 무생선을 설하고 있는 것이다. 유추해 보면 생이 곧 무생임을 단박에 깨달아 생사로부터 바로 벗어나게 하는 방편으로써 무생의 선법을 시설한 것이기 때문에 무생선이라 일컫는 것이다.

따라서 무생선이란 무생법인無生法忍의 도리를 깨닫는 것이다. 무생無生 또한 남이 없다[無生]는 뜻이지만, 진정한 무생은 나되 남이 없음이요[生而無生], 남이 없되 나는[無生而生] 불이중도不二中道로서의 무생법인이 되는 것이다.

원효성사는 『금강삼매경론』에서 무생선에 대해 해석하기를, "선을 말하면 곧 이것이 움직인다 함은 세간선世間禪을 이르는 것이니, 세간선은 비록 산란하지는 않지만 경계의 상을 취하니, 상을 취해 마음이 일어나 움직이는 까닭에 능히 이와 같이 생동하는 선을 떠나야 이정에 들어감을 얻기에 이를 일러 무생선이라고 한다."[42]라고

42 『金剛三昧經論』. "言禪卽是動者, 謂世間禪雖非散亂, 而取境相, 取相心生, 生起動故, 能離如是生動之禪, 乃能得入理定, 故言是無生禪."

하였다.

또한 이정理定의 자성은 일어나 움직임이 없기 때문에 선의 성품은 일어남이 없다고 말한 것이며, 일어남이 없을 뿐만 아니라 고요함에 머무름도 없기 때문에 선정의 자성은 머무름이 없다고 말하고 있다. 만약 일어남이 있으면 곧 상相이 되고, 머물러 집착함이 있으면 움직임이 되니, 이제 곧 이와 반대가 되기 때문에 선의 상을 일으킴을 여의었고, 선과 움직임에 머무름을 여의었다고 말한 것[43]이라고 하였다. 선이라는 생각[想]이 일어나면 선이라는 모양[相]이 생기기 때문에 백장은 선이라는 생각을 여의었다고 말하고, 『금강삼매경』에서는 선이라는 모양을 여의었다고 말하고 있는 것이다. 즉 모든 상相은 생각[想]의 상이기 때문이다.

그러면 여기서 다시 여래선이 곧 무생선이 되는 연유를 『능가경』을 통해 유추해 보기로 하자.

> 대혜여, 내가 설한 여래란 없다는 것이 아니며, 또한 불생불멸不生不滅을 취한 것도 아니다. 또한 연緣에 의지하는 것도 아니며, 또한 무의無義도 아니다. 내가 설하는 무생無生이 곧 여래如來이니라. 의

---

43 위의 책. "如是理定, 性無生動, 故言禪性無生, 非直無生, 亦無住寂, 故言禪性無住. 若有生, 則是相, 有住着, 則是動, 今卽反此, 故言離生禪相, ……離住禪動."

생신意生身 · 법신法身은 그 다른 이름이다.[44]

여기서 설하고 있는 "불생불멸을 취한 것도 아니다."라는 말은 외도의 불생불멸을 가리키는 말이다. 외도가 설하는 불생불멸은 실성상實性相이 있어서 유와 무에 떨어져 불생불변不生不變한다는 것이다. 그러나 여래가 설하는 불생불멸은 유도 아니고 무도 아니며[非有非無], 생도 여의고 멸도 여읜[離生離滅] 중도실상中道實相으로서의 열반인 것이다. 즉 외도는 제법의 실성實性을 말해 불생불변의 실체에 집착하게 만들고, 여래는 제법의 실상實相이 공空인 불이중도를 말해 집착을 벗어나 해탈하게 하는 차이가 있는 것이다.

다시 말하면 외도가 주장한 실성이란 제법에 실다운 자성이 있다는 전도된 견해이지만, 여래가 설한 실상은 제법에 실다운 성품이 없는[無自性] 무상실상無相實相의 중도정견을 가리키는 말이다. 무자성의 무상실상이므로 나도 난 바가 없어 생生의 무생無生이요, 나지 않아도 나지 않는 바가 없어 무생無生의 생生이니, 생과 무생 그 어디에도 걸림 없는 불생불멸의 불이중도不二中道가 되는 것이다.

---

44 『大乘入楞伽經』 권제5 「無相品」. "大慧, 我說如來非是無法, 亦非攝取不生不滅, 亦不待緣, 亦非無義. 我說無生即是如來. 意生法身別異之名."

그러므로 『능가경』은 "무생이 곧 여래"라고 설하고 있는 것이다. 이와 같이 무생이란 말과 여래란 말이 무생법인에 있어서 동의어이기 때문에 여래선이 곧 무생선인 것이다.

다만 여래선이라고 말할 때는 무생의 진리를 체득한 주체[能]인 여래를 차용하여 여래선이라고 하고, 무생선이라고 말할 때는 여래가 체득한 바의 객체[所]인 무생법을 차용해 무생선이라고 하는 것이다. 그래서 능소일여能所一如의 경지에서 보면 여래선이라 해도 되고 또한 무생선이라고 해도 무방하다. 다만 능소쌍망能所雙亡의 경지에서 보면 여래선도 없고 무생선도 없는 것이다. 왜냐하면 불법은 불법이 아니요[佛法者卽非佛法] 그 이름이 불법이기[是名佛法] 때문이다.

회당조심선사 또한 무생의 정견에 대해 다음과 같이 서술하고 있다.

> 만약 무생無生의 이치를 바르게 깨친다면 생生도 없고 불생不生도 없는데, 어찌 단정하여 유생有生과 무생無生이라는 두 가지 견해에 집착하겠는가. 그러므로 "무엇이 무념이고 무엇이 무생인가. 만약 실제로 생도 없고 불생도 없다면 꼭두각시 인형에게 물어보라. 부처

가 되려고 공덕을 베풀면 언제 성불하냐고."라고 하였다.[45]

무생법인이란 제법의 공상空相을 철견하여 나되 난 바가 없고[生而無生] 나지 않되 나지 않은 바도 없는[無生而生] 불생불멸不生不滅의 불이중도不二中道를 말하는 것이다. 만약 이러한 무생의 도리가 생사해탈의 실천행으로 드러나지 못하고 관념놀이에 치우친다면 생명력이 없는 꼭두각시 인형이 말로만 성불한다고 하는 것과 무엇이 다르겠는가. 생도 없고 무생도 없는 중도를 아무런 실천이 없이 원론으로만 무생을 외친다면 이는 자칫 관념의 희론戲論에 빠진 죽은 무생법인이 될 것이다. 그렇기 때문에 반드시 중도에 대한 철저한 체득과 실천행이 수반되어야 하는 것이다.

2. 무생선의 실천 — 무생행無生行

무생법인을 종지로 하는 무생선은 단지 무생심無生心으로 공적함에 안주하는 것이 아니라, 중생의 삶 가운데 온전히 무생행無生行

45 회당조심 엮음, 『冥樞會要』, 벽해원택 감역, (장경각), p. 285.

으로 실천될 때 부사의한 생명력을 갖게 되는 것이다. 그렇기에 무생행은 변邊에 치우친 행함이 있는 실천이 아니라, 행함이 없는 가운데 행함이 있고, 행함이 있는 가운데 행함이 없는 중도정행中道正行의 실천이다. 이것이 무생선의 실천인 무생행이다. 이러한 뜻을 원효는 『금강삼매경』의 「무생행품」을 해석하면서 중도정행으로서의 무생행에 대해 분명하게 그 요지를 드러내고 있다.

> 보살이 관행을 성취할 때 스스로 마음을 관찰할 줄 알아서 이치에 따라 수행하되, 일어나는 마음이 있지도 않고 일어나는 마음이 없지도 않다. 또한 행이 있지도 않고 행이 없지도 않다. 다만 증익增益의 변을 여의게 하기 위해서 거짓으로 무생을 설하는 것이다. 일어남이 있다는 것에 대해서 마음을 내지 않고, 일어남이 없다는 것에 대해서도 마음을 내지 않게 한 까닭은, 손감損減의 변을 여의게 하기 위해서 또한 거짓으로 행을 설한 것이다. 비록 행함이 있는 행이 있지는 않으나 행함이 없는 행이 없지 않게 한 까닭에 「무생행품」을 세운 것이다.[46]

46 『金剛三昧經論』. "菩薩觀行成就之時, 知自觀心, 順理修行, 非有生心, 非無生心, 亦非有行, 亦非無行. 但爲離增益邊故, 假說爲無生. 不於有生生心, 不於無生生心故, 爲離損減邊, 亦假說爲行. 雖非有有行之行, 而非無無行之行故, 是故立無生行品."

무생의 법인을 체득한 수행자의 모든 실천행은 이미 "행함이 있는 행[有行之行]"이 아닌 "행함이 없는 행[無行之行]"이 된다. 행함이 없는 행이라고 해서 아무것도 행하지 않는다는 의미가 아니라, 행하되 행함이 없게 되고, 행함이 없되 행함이 없는 것마저 없게 되어 일체를 행하게 되는 것이다. 즉 일체를 행하되 행하는 바가 없고, 행하는 바가 없지만 일체를 행하는 것이 바로 무생행인 것이다. 여기서 행함이 있는 행이란 작의作意적인 유생행有生行을 말하고, 행함이 없는 행이란 무작의無作意적인 무생행無生行을 말하고 있다. 이와 같이 무생선無生禪은 중도정관中道正觀의 이치[理]을 체득하는 것이며, 무생행無生行은 중도정행中道正行의 일[事]을 실천하는 것이다. 이치[理]로서의 선禪과 일[事]로서의 행行을 이사원융理事圓融의 관점에서 보면 선과 행이 일치되어[禪行不二] 선 없는 행과 행 없는 선이 있을 수 없게 되는 것이다. 무생행이 중도정행임을 『금강삼매경』에서는 이렇게 설하고 있다.

> 무생행이란 성품[性]과 모양[相]이 공적하여 봄도 없고 들음도 없으며, 얻음도 없고 잃음도 없으며, 말함도 없고 설함도 없으며, 앎도 없고 모양도 없으며, 취함도 없고 버림도 없는데 어떻게 증득할 수 있겠나이까? 증득했다고 한다면 쟁론諍論이 되리니, 다툼도 없고

논함도 없어야 무생행이 됩니다.[47]

이와 같이 무생행의 성품과 모양이 공적함을 내세워 일체 행이 모두 행하되 행함이 없는 중도행中道行이 되므로 짐짓 증득할 수 있겠느냐고 반문하고 있는 것이다. 즉 무생의 묘리를 터득하여 무생법을 깨달은 보살은 이미 이치[理]로서의 무생을 체득하였기에 자연히 행行으로서의 무생을 실천하게 되는 것이다. 설사 무생의 이치를 증득했다 하더라도 이 무생은 본래 무생이기 때문에 당연히 무소득無所得이 되는 것이다. 무생의 이치가 무소득이므로 무생의 행 역시 무소득이 되는 것이다. 무소득의 행이기 때문에 무생의 실천은 항상 중도행中道行으로 드러날 수밖에 없다.

마음이 만약 본래 여여하여 행을 일으키지 않는다면, 모든 행이 일어난 바가 없어서 일어나지만 일어남이 없는 것이니, 일어나지 않아 행함이 없는 것이 곧 무생행이다.[48]

---

47 『金剛三昧經』. "無生行, 性相空寂, 無見無聞, 無得無失, 無言無說, 無知無相, 無取無捨, 云何證得. 若取證者, 卽爲諍論, 無諍無論, 乃無生行."

48 위의 책. "心若本如, 無生於行, 諸行無生, 生行不生, 不生無行, 卽無生行也."

제법의 성품이 무생임을 깨달은 이는 이미 자성이 여여함을 요달하였기에 행이 일어나도 일어난 바가 없고, 일어나지 않아도 일어나지 않은 바 또한 없다. 이것이 중도정행中道正行으로서의 무생행인 것이다.

무생법인은 일체법이 본래 일어남이 없다. 따라서 모든 행 또한 일어남이 없어서 무생 또한 행할 수 있는 것이 아니다. 행하되 행함이 없기 때문에 무생을 행할 수 있는 것이 아니라고 말하는 것이다. 행하되 행함이 없다는 것은 무생의 법이 본래 생하되 생함이 없는 반야공般若空이기 때문이다. 따라서 원효는『금강삼매경론』에서 "행의 무생을 얻는 것을 무생반야無生般若[49]라고 말하고, 무생반야로 인해서 피안에 이를 수 있기 때문에 반야바라밀이라고 한다."[50]라고 하였다.

이러한 무생반야를 통해 생과 무생, 행과 무행의 이원성을 벗어나 바로 해탈을 성취하게 되는 것이다. 이와 같이 무생반야의 부정을 통해 일체를 부정하다 보면 남는 것은 결국 중도의 실현뿐이다. 하지만 실천행이 없는 부정은 허무공虛無空으로 전락하고 만다. 중생이 무생법인의 삶을 살아가기 위해서는 그 원리적인 무생의

49 "無生般若者, 得行無生故."
50 "由如是智, 能到彼岸, 故言般若波羅蜜也."

공[無生空]에 안주하는 것이 아니라, 공空이 곧 불공不空이며 무생無生이 곧 생生인 중도정관[지혜]을 깨침과 동시에 행함이 없는 중도정행[자비]으로 실천되어야 한다. 그러므로 선종의 종지로 견성성불의 지혜와 요익중생의 자비를 동시에 들고 있는 것이다.

일체의 행을 행하지 않는 무생행으로서의 중도정행中道正行을 대주혜해는 또한 성인의 행이라고 말하고 있음을 볼 수 있다.

> 일체의 행을 행하지 않는 것을 곧 부처의 행[佛行]이라 하고, 또한 바른 행[正行]이라 하고, 또 성인의 행[聖行]이라 한다. 앞에서 말한 바와 같이 유무有無, 증애憎愛 등을 행하지 않는 것이다. 『대율』 권5 「보살품」에 이르기를, "모든 성인은 저 중생의 행을 행하지 않고, 중생은 이와 같은 성인의 행을 행하지 않는다."라고 하였다.[51]

일체의 행을 행하지 않는 무생의 불이중도행이 중도불행中道佛行이며, 중도정행中道正行이며, 중도성행中道聖行이 되는 것이다. 중도정행中道正行이 부처의 행이며 성인의 행이라면, 무생행 또한 성인의 행인 것이다. 보살은 생사에도 머무르지 않고 열반에도 머무르

---

51 『頓悟入道要門論』. "不行一切行, 卽名佛行, 亦名正行, 亦名聖行. 如前所說, 不行有無憎愛等是也. 大律劵五菩薩品云, 一切聖人, 不行於衆生行, 衆生不行如是聖行."

지 않는다. 생사를 싫어하지도 않고, 열반을 좋아하지도 않기 때문이다. 생사와 열반이라는 양변을 떠나는 것이 중도정행으로서의 보살행이기 때문이다. 그래서 범부행도 아니요 현성행도 아닌 것이 보살행이라고 말하는 것이다.

무생의 묘리[無生妙理]에서는 옳고 그름이 없다. 옳고 그름의 시비가 있으면 곧 망념이 일어나게 된다. 한 생각 일어남이 생生이요, 한 생각 일어나지 않음이 무생無生이다. 한 생각 일어나되 일어남이 없음이 중도행中道行이요 보살행이다. 따라서 한 생각 일어남과 한 생각 일어나지 않는 양변에 집착하지 않고 한량없는 보살행을 실천하는 것이 무생행인 것이다.

그래서 혜해선사는 "마음을 일으키면 천마天魔요, 마음을 일으키지 않으면 음마陰魔요, 일으켰다 안 일으켰다 하면 번뇌마煩惱魔이니, 나의 정법 가운데는 이러한 일이 없다."[52]라고 말하고 있다.

선禪은 생각도 아니고 생각이 아님도 아니다. 이러한 중도의 실천이 바로 무생의 실천행이다. 실천행이 없는 선은 사선死禪이다. 그러므로 한 생각 일어나되 일어남이 없음을 보면 견성見性(지혜)이요, 일어남이 없되 일어남 없음마저 없음을 보면 도생度生(자비)

52 위의 책. "起心是天魔, 不起心是陰魔, 或起不起, 是煩惱魔. 我正法中, 無如是事."

이 된다. 즉, 한 생각 일으키는 가운데 이미 견성도생見性度生[53]의 일대사가 시종始終을 이루고 있는 것이다. 지혜와 자비를 함께 운용하는 것[悲智雙運]이 보살행이요 무생행이다. 즉 무생행의 실천에서 보면 지혜가 그대로 자비로 드러나고, 자비가 그대로 지혜로 발현되므로 문수와 보현이 하나 되어 염념念念이 보리심菩提心이요, 처처處處에 보리행菩提行이 실현되는 것이다.

이와 같이 선종 또한 일념의 생기生起와 불기不起를 떠난 중도의 실천행으로 종지를 삼고 있다. 『능가사자기』에서 구나발타라의 법문으로 심불기心不起를 들고 있고, 『단경』에서 혜능은 염불기念不起를 들어서 선수행의 심지법문으로 제시하고 있다. 신회 역시 "생각이 일어나지 않음이 좌坐요, 본래 성품을 깨닫는 것이 선禪이다."[54]라고 말하여 무념선無念禪의 종지를 드러내고 있다. 여기서 말하는 심불기와 염불기는 생기生起와 불기不起의 이원성을 초극한 중도로서의 불기不起임을 알아야 한다.

능가선이나 남종선에서 말하고 있는 심불기의 심지법문 또한 단순히 선정의 입장에서 생각을 일으키지 않는 적멸로써 종지를 삼는 것이 아니라, 생각하되 생각하지 않고[念而不念], 생각하지 않

53 견성성불見性成佛 전법도생傳法度生을 줄여서 견성도생見性度生이라 말한다.
54 『神會和尙禪語錄』. "念不起爲坐, 見本性爲禪."

되 생각하는[無念而念] 중도의 무념행無念行으로 드러나게 된다. 이 무념행의 또 다른 이름이 곧 무생행이다.

그러므로 무생행은 무념無念·무상無相·무주無住에 두루 통하게 된다. 『단경』에서 무념이란 생각에서 생각을 여의는 것이며, 무상이란 모양에서 모양을 여읜 것이며, 무주란 사람의 본래 성품이 생각마다 머물지 않는 것이라고 하였다.[55] 즉 무생이기 때문에 무념·무상·무주인 것이다. 특히 머무는 곳도 없고 머무는 곳 없음마저 없는 것이 참으로 머묾 없음에 머무는[無住而住] 보살의 무주행無住行이다. 따라서 『금강경』에서는 "마땅히 머무는 바 없이[應無所住] 그 마음을 내라[而生其心]."고 하여 무주생심無住生心이 보살심임을 설하고 있다. 마음을 내되 내는 바 없이 내는 무생심無生心이 곧 무생행으로써 무생심을 내는 것이다. 즉 무생심의 체體가 무생행의 용用으로 드러날 때 진정한 무생선의 실천이 되는 것이다.

또한『단경』에서는 무념·무상·무주를 삼학의 실천으로 배대하여 이렇게 말하고 있다. 무념無念이란 생각하되 생각하지 않음[念而不念]이니, 곧 한 생각도 일으키지 않음[一念不生]이 되어 바로 계戒가 되는 것이다. 무상無相이란 모습이 본래 공하기에 모습에 휘둘

---

55 돈황본『壇經』. "無念者, 於念不念, 無相者, 於相而離相, 無住者, 爲人本性, 念念不住."

림이 없어서 항상 고요하여 어지럽지 않게 되어 바로 정定이 되는 것이다. 무주無住란 생각 생각에 머무름이 없으니 생각 생각에 반야의 지혜가 드러나게 되어 바로 혜慧가 되는 것이다.

한 생각 일으키되 일으킴이 없는 무념이 곧 무생이므로 무생계無生戒가 되고, 무생선無生禪이 되는 것이다. 아울러 무념·무상·무주는 삼위일체이므로 무상계無相戒가 되고 또한 무상선無相禪이 될 수 있는 것이다. 이와 같은 무생의 수증행을 『열반경』에서는 중생과 보살과 부처의 실천으로 나누어 다음과 같이 설명하고 있음을 볼 수 있다.

> 선남자여, 세제世諦에 편안히 머물러 처음 태에서 나올 때를 이름하여 나지 않고 남이라[不生生] 한다. 어떤 것을 남도 아니요, 나지 않음도 아니라 하는가? 선남자여, 대열반은 나는 모습이 없으니 이를 이름하여 남도 아니요, 나지 않음도 아니라[不生不生] 한다. 어떤 것을 나되 나지 않는다고 하는가? 선남자여! 세제에서 죽는 때를 이름하여 나되 나지 않는다[生不生]고 한다. 어떤 것을 나고 남이라 하는가? 선남자여, 일체 범부를 이름하여 나고 남이라[生生] 한다. 어찌 된 까닭인가? 나고 나서 끊어짐이 없기 때문이다. 일체 샘이 있는[有漏] 범부가 생각 생각에 이어 나기 때문에 이것을 이름하여 나

고 남이라 한다. 사주四住보살을 이름하여 나되 나지 않음이라 하니, 어찌 된 까닭인가? 태어남에 자재하기 때문에 나되 나지 않는다[生不生]고 말한다.[56]

『열반경』은 생생生生을 범부중생의 삶에, 생불생生不生을 공空의 성품을 체득한 보살의 경지에, 불생생不生生을 중생을 제도하기 위해 세속제에 편안히 머무는 대보살의 실천행에, 불생불생不生不生을 대열반을 성취한 부처의 경지이자 교화행에 배대하고 있다.

이는 모든 부처님의 실천행은 남도 없고 나지 않음도 없는[不生不生] 불생불멸의 불이중도행이며, 중생제도의 원력을 가진 대보살은 나되 나지 않음[生而不生]의 행을 보이며, 또한 나지 않되 나지 않음도 없어[不生而生] 생사에 자재한 실천행을 보여 준 것이다. 이것이 바로 중생으로부터 보살과 부처에 이르는 무생선 수증의 실천행이 되는 것이다. 이와 같이 불보살은 무생법인을 성취하여 온갖 명상名相과 생사의 모습을 모두 끊어 육도를 벗어났기에 중생제도에 자재행을 실천할 수 있게 되는 것이다.

56 『大般涅槃經』「高貴德王品」. "善男子! 安住世諦, 初出胎時, 是名不生生. 云何不生不生? 善男子! 是大涅槃無有生相, 是名不生不生. 云何生不生? 善男子! 世諦死時是名生不生. 云何生生? 善男子! 一切凡夫是名生生. 何以故? 生生不斷故. 一切有漏念念生故, 是名生生. 四住菩薩名生不生. 何以故? 生自在故, 是名生不生."

무생선 수증의 실천행은 결국 생사가 본래 없는 도리를 깨쳐 생사로부터 자유하여 한량없는 중생을 교화하는 것이다. 본무생사本無生死의 도리에 사무쳐 공부를 지어 나가 구경에는 생사에 자재하여 생사 가운데서 해탈의 경지를 구가하는 것이다.

만공선사는 본무생사의 도리를 증득하는 공부 과정을 지무생사知無生死로부터 계무생사契無生死・체무생사體無生死・용무생사用無生死의 네 가지 단계로 설명하고, 용무생사用無生死에 다다라야 비로소 이무애理無碍 사무애事無碍가 성취되는 대자유인大自由人이 된다[57]고 역설하고 있다. 지무생사란 생사가 본래 없음을 아는 것이요, 계무생사란 생사가 본래 없는 도리에 계합하는 것이요, 체무생사란 생사가 본래 없는 도리를 깨달아 체득하는 것이며, 용무생사란 생사에 걸림 없이 자재하여 마음대로 운용하는 경지를 말한다.

무생의 실천은 조사선에 이르러 선정과 깨달음 그리고 교화방편 등으로 확대되어 전개되고 있다. 마조선사는 평상심이 도[平常心是道]라고 말하고, 임제선사는 일 마친 사람은 평상平常에 무사無事하여 일 없고 함이 없는[無事無爲] 삶을 살아간다고 말하고 있다. 이러한 무사무위無事無爲의 도행道行은 대승경전에서 설하고 있는

57 『滿空法語』, (능인선원, 1982년), p. 262.

보살의 공능에 기인하고 있다고 판단된다.

보살의 수증공능修證功能 가운데 으뜸가는 덕목이 불착不着과 수순隨順이다. 불착은 놓아버림이요, 수순은 받아들임이다. 보살은 불착과 수순의 양변에 안주하지 않고 순역의 경계에 자재하여 항상 중생을 이익되게 한다. 백장선사 역시 이원적 집착을 떠나서 일체 경계를 수순하는 선禪의 실천행을 강조한다.

> 다만 지금 여기에서 거울처럼 깨어 있을 뿐, 있음과 없음의 모든 법에 얽매이지 않고, 삼구三句를 투과하고 순역順逆의 온갖 경계를 벗어나면, 백천만억 부처가 세간에 출세한다는 소식을 듣더라도 마치 듣지 않은 것과 같고, 또한 듣지 않는다는 것에도 머물지 않고, 머물지 않는다는 알음알이도 내지 않을 것이다. 그것을 일러 이 사람은 물러나지 않았고 수량으로 그를 얽어맬 수 없으니, 곧 부처가 세간에 상주하면서도 세간법에 오염되지 않는 것이다.[58]

거울처럼 깨어 있다는 말은 거울이 산하대지의 온갖 모습을 모

---

58 『百丈語錄』. "秖如今鑑覺, 但不拔一切有無諸法管, 透三句及逆順境得過, 聞百千萬億佛出世間, 如不聞相似, 亦不依住不聞, 亦不作不依住知解. 說他者箇人退不得, 量數管他不着, 是佛常住世間, 而不染世間法."

두 비추지만, 늘 청정하여 비추어진 갖가지 상을 붙들지 않아 집착하지 않음을 의미한다. 그리고 모든 법에 얽매이지 않고 백천 경계를 대하되 물러나지 않는다고 하는 것은 수순한다는 뜻이다. 이것이 보살의 불착과 수순의 공능이다.

거울이 만상을 비추되 고요한 것을 적寂이라 하고, 고요하되 만상을 비추는 것을 조照라고 한다. 그러면 거울은 고요하되 비추고[寂而照], 비추되 고요하다[照而寂]. 이것을 쌍적쌍조雙寂雙照라 하고 또한 적조동시寂照同時라고 한다. 고요하되 비추는 것이 수순이며, 비추되 고요한 것은 불착이다. 쌍적쌍조의 입장에서 보면 수순과 불착은 둘이자 하나이며, 하나이자 둘이 된다. 따라서 보살은 삶 가운데서 늘 깨어 있되 열려 있고, 열려 있되 깨어 있는 이타자리利他自利의 무생행을 실천한다.

있음과 없음, 순응과 거역, 들음과 듣지 않음 등 온갖 이원적 경계에 물들지 않고 거울처럼 늘 깨어 있고 열려 있는 것은 마치 부처님이 세간에 출세하여 수많은 중생을 교화하되 세간법에 물들지 않고 무생법인을 드러내는 것과 똑같다.

오온이 인연으로 일어나 공하여 실체가 없으므로 남이 없음[無生]을 깨달으면 선악 · 시비 · 이해가 충돌하는 삶의 현장[世間]에서 바로 온전한 해탈의 삶[出世間]을 살아갈 수 있다. 생生해도 생生한 바가 없는 무생선無生禪은 생사의 세간에서 해탈을 성취하는 불이不二의 중도행을 실현한다.

따라서 진정한 해탈이란 생사를 버리지도 않고 열반을 취하지도 않는 불이행不二行의 실천에 있다. 그러므로 『유마경』은 "생사를 버리지 않고서도 번뇌가 없고, 비록 열반을 증득했더라도 머무는 바가 없는 것이 좌선이다."[59]라고 정의하고 있는 것이다. 불이법문不二法門은 무생선의 사상적 근원이자, 무생행 실천의 지표이다.

> 생사와 열반을 분별하면 둘이 되지만, 만약 모든 보살이 생사의 성품이 공함을 깨달아 안다면, 생사에 유전하는 일도 없고 적멸에 안주하는 일도 없다. 이것이 불이법문에 깨달아 들어가는 것이다.[60]

> 열반을 좋아하고 생사를 싫어하면 둘이 되지만, 만약 모든 보살이 열반과 생사를 좋아하거나 싫어하는 마음을 내지 않으면 곧 둘이 없다. 무슨 까닭인가? 만약 생사에 얽매이면 곧 해탈을 구할 것이지만, 마침내 생사에 얽매임이 없음을 안다면 무엇하러 다시 해탈

---

59 『維摩經』. "不捨生死, 而無煩惱, 雖證涅槃, 而無所住, 是爲宴坐."
60 위의 책. "生死涅槃分別爲二, 若諸菩薩了知生死其性本空, 無有流轉亦寂滅, 是爲悟入不二法門."

열반을 구하겠는가. 이와 같이 얽매임도 없고 풀려남도 없음에 통달하여 열반을 좋아하지도 않고 생사를 싫어하지도 않는 것이 불이법문에 깨달아 들어가는 것이다.[61]

불이법문에 깨달아 들어가게 되면 번뇌가 바로 보리이며[煩惱卽菩提], 생사가 바로 열반이며[生死卽涅槃], 중생이 바로 부처[衆生卽諸佛]인 해탈의 삶을 살아가게 되는 것이다. 『유마경』「입불이법문품」에서 32보살이 차례로 나와 각각 불이법문을 설하고 있는데, 가장 먼저 법자재보살이 무생법인을 들어 불이법문을 설하고 있다. 즉 "생겨나고 없어짐이 둘입니다. 그런데 생겨나는 일도 없고 일어나는 일도 없는 경우에는 없어지는 일은 전혀 없습니다. '법은 무생이라는 확신을 얻는 것'이 불이에 들어가는 것입니다."라고 하였다.

이와 같이 분별, 대립, 차별과 언어를 떠난 경지가 불이법문이란 것을 차례로 말하고, 마침내 유마의 침묵으로 불이법문의 절정에 이르게 된다.

---

61 위의 책. "欣厭涅槃生死爲二, 若諸菩薩了知, 涅槃及與生死不生欣厭, 則無有二. 所以者何? 若爲生死之所繫縛, 則求解脫, 若知畢竟無生死縛, 何爲更求涅槃解脫? 如是通達無縛無解, 不欣涅槃不厭生死, 是爲悟入不二法門."

문수사리가 말했다.

"모든 현상에 대해 말하거나 설할 것도 없고, 지시하거나 분별할 것도 없어 모든 문답을 떠나는 것이 불이법문에 들어가는 것입니다."

문수사리가 유마힐에게 물었다.

"우리는 각자 자신의 생각을 말했습니다. 이제는 거사께서 말할 차례입니다. 어떤 것을 보살이 불이법문에 들어가는 것이라 합니까?"

그때 유마힐은 묵묵히 말이 없었다. 문수사리가 감탄하면서 말했다.

"훌륭하고 훌륭합니다. 문자와 언어가 없는 것이 참으로 불이법문에 들어가는 것입니다."

이와 같이 문수는 설하되 설하지 않음으로써 불이문不二門으로 삼고, 유마는 침묵함으로써 불이문으로 삼고 있다. 문수의 일설一說과 유마의 일묵一默이 결코 둘이 아닌 것이 바로 불이법문이다. 『능가경』의 일자불설一字不說[62] 또한 유설有說과 무설無說이 둘 아닌 불이의 경지에서 이해되어야 하는 것이다.

승조대사는 불이법문에 대해 주석하기를, "모든 보살은 모두 법

---

62 일자불설一字不說이란 『능가경』에서 부처님께서 49년 설법하셨지만 결국 한마디의 말도 설한 적이 없다고 한 것을 가리킨다. 이것은 설하되 설함이 없는 도리[說而無說]를 깨우쳐 준 것이다.

의 모습을 말하니 곧 유문有門이요 문수는 말하지 않음으로써 말하니 이것은 곧 공문空門이다. 정명淨名(유마)의 침묵은 공도 아니고 유도 아닌 문이다[非空非有門]."라고 하였다. 공도 아니고 유도 아닌 문이 바로 불이중도문不二中道門인 것이다.

그러나 불이법에서 보면 유문과 공문과 중도문의 삼문이 어찌 각기 따로 세워질 수 있겠는가. 삼문이 모두 공空·가假·중中의 방편문이기 때문이다. 유문을 들면 공문과 중도문이 융섭되고, 공문을 들면 유문과 중도문이 회통되고, 중도문에 들면 유문과 공문이 포섭되게 되는 것이다.

조선의 청허선사 또한 "교敎는 말 있는 곳에서 말 없는 곳에 나아가는 것이고, 선禪은 말 없는 곳에서 말 없는 곳으로 나아가는 것이다."[63]라고 하여 선과 교의 종지가 구경에는 유마의 중도불이문으로 나아감을 설파하고 있다.

> 만약 무명의 인연을 관하여 둘 아닌 법문에 들어가면 부사의해탈에 머문다. 그러므로 이 경에서 둘이 아닌 법문에 들어감을 밝히니 곧 이것이 중도이다. 이제二諦를 쌍조雙照하면 자연히 일체지의 바

63 『禪敎訣』. "敎也者 自有言至於無言者也. 禪也者 自無言至於無言者也."

다에 들어간다.[64]

불이법문의 귀결은 중도이다. 이 중도의 실천이 중도행이며 무생행이다. 또한 중도행의 실현이 무생선無生禪이며, 불이선不二禪이 되는 것이다. 조사선에서는 『유마경』「보살행품」의 보현보살의 말을 인용해서 불이중도의 실천행으로 "유위를 다하지 아니하고[不盡有爲], 무위에도 머물지 않음[不住無爲]"을 들고 있다.

> 불법은 유위有爲를 다하지 아니하고 무위無爲에도 머물지 아니한다 하니, 어떤 것이 유위를 다하지 아니하고 무위에도 머물지 아니하는 것입니까? 유위를 다하지 아니한다는 것은 처음 발심으로부터 드디어 보리수 아래에서 등정각을 이루고 마침내 쌍림에 이르러 열반에 들 때까지 그 가운데 일체법을 모두 다 버리지 않음이 곧 유위를 다하지 아니하는 것이다.
>
> 무위에도 머물지 아니한다는 것은 비록 무념을 닦는다 할지라도 무념으로써 깨달음을 삼지 않으며, 비록 공空을 닦으나 공으로써 깨달음을 삼지 않으며, 비록 보리 · 열반 · 무상 · 무작을 닦으나 무

64 『維摩玄疏』, (『大正藏』 38권, p. 534). "若觀無明因緣, 入不二法門, 住不思議解脫也. 故此經, 明入不二法門, 即是中道. 雙照二諦, 自然流入薩婆若海."

상 · 무작으로써 깨달음을 삼지 않음이 곧 무위에도 머물지 아니하는 것이다.[65]

"일체법을 모두 다 버리지 않고, 보리열반을 깨달음으로 삼지 않음"은 바로 보현행을 성취한다는 말이다. 중생은 생사에 머물러 고통을 받고 있으며, 이승二乘[성문, 연각]은 생사를 싫어해 생사를 벗어나서 보리열반에 머물러 있지만, 보살은 지혜로써 생사의 더러움을 보지 않기 때문에 싫어하지도 않고, 또한 자비로써 열반의 깨끗함을 보지 않기 때문에 좋아하지도 않아서 생사에도 머물지 않고[無住生死], 열반에도 머물지 않는다[無住涅槃]. 이것이 보살의 무주묘행으로서 바로 보현행원인 것이다.

『선문염송』 고칙 434에 "참부처[眞佛]가 어디에 있는가?"라는 물음에 대해, 목암牧庵선사가 대답하기를, "참부처는 머무는 곳이 없으니, 걸음걸음마다 자취가 없다. 그러므로 말하기를 '부처 있는 곳에도 머물지 않고 부처 없는 곳에서는 급히 지나간다.'라고 말하는 것이다."라고 하였다. 이 또한 무생無生의 이치를 체득한 보살이

65 『頓悟入道要門論』. "問: 佛法, 不盡有爲, 不住無爲, 何者是不盡有爲, 何者是不住無爲? 答: 不盡有爲者, 從初發心, 至菩提樹下成等正覺, 後至雙林入般涅槃, 於中 一切法, 悉皆不捨卽是不盡有爲也. 不住無爲者, 雖修無念, 不以無念爲證, 雖修空不以空爲證, 雖修菩提涅槃無相無作, 不以無相無作爲證, 卽是不住無爲也."

머무는 바 없이 머무는 무주묘행無住妙行을 드러내 보여 주는 것이라 하겠다.

결국 무생선은 그 사상적 기조로 보아 여래선과 동일선상에서 파악되는 선이며, 무생행의 실천으로 무생이 원리적 공상空相에 함몰되지 않고, 중생의 생사 가운데서 바로 열반을 실현하는 실천행으로 그 구경을 삼고 있다.

지금까지 살펴본 바에 의거하면 여래선과 무생선은 이름만 다를 뿐 모두가 불생불멸의 불이중도행을 실천종지로 표방하고 있는 일미선一味禪인 것이다.

무생계無生戒

1. 지공선사와 무생계

지공화상은 부처님으로부터 전해져 내려온 정법혜명正法慧命의 서천 108대 조사이다. 지공은 인도에서 중국을 거쳐 고려 말에 개경에 당도하였다. 그가 당시 고려불교에 끼친 영향은 심대하다. 그 가운데『무생계경』을 역출譯出하고, 출재가자들에게 무생계법無生戒法을 설해 준 것은 희유한 법연이 아닐 수 없다.

지공은 고려 말 선수행의 주류를 이루고 있던 간화선풍看話禪風 속에서 무심선無心禪의 가풍을 심었으며, 또한 계율戒律과 교학敎學의 방면에서도 혁신적인 방양榜樣을 제시함으로써 쇠미衰微한 고려 말 불교계의 전반에 새로운 기풍을 진작시켰다. 비록 짧은 기간인 2년 7개월 정도 고려에 머물렀지만 그가 남긴 족적은 오래도록 한국불교사에 빛을 더하게 될 것이다.

고려 말은 이미 국운이 기울어 가던 시기이며, 국교로 자리매김한 불교 또한 혼탁한 모습을 연출하고 있던 때였다. 이러한 시기에 인도 석가족 출신이며 나란다대학의 율현律賢논사 문하에서 수학했으며, 스리랑카에서 보명존자로부터 선법禪法을 전수받은 지공화상이 대소승의 선·교·율의 종풍을 선양하는 데 크게 기여하였음은 너무나 당연한 결과일 것이다.

타락한 고려 말 불교의 현실에서 새로운 선풍의 기폭제로 작용했을 지공의 출현으로 결실된『무생계경』의 번역과 무생계법의 전수는 당시 고려의 백성들에게 큰 빛으로 다가왔을 것이다. 특히『무생계경』은 지공이 고려에 와서 직접 한문으로 번역하였기에 현재 한국, 중국, 일본의 대장경 목록에도 등재되지 않은 소중한 경전으로 간주되고 있다. 무생계無生戒는 비로자나불께서 설해 주시고 문수보살이 전수해 준 최상승계법最上乘戒法으로서 오직 지공에 의해서 시계施戒되어 원나라와 고려사회에서 크게 유행하였던 바, 중국 혜능의 무상계無相戒와 어깨를 나란히 할 수 있는 정신 문화적 가치가 있다고 할 수 있다.

『지공화상선요록』의「서문」[66]에 의거하면 지공이 개경에 당도했

---

66 『西天百八代祖師指空和尙禪要錄』「佛祖傳心西天宗派旨要序」.(이하『禪要錄』「旨要序」)『禪要錄』은 지공화상의 선禪에 대한 여러 저술을 합본하여 편집한 책이다.

을 때 고려 사람들은 "석존이 다시 태어나 먼 곳으로부터 이곳에 도착하셨으니 어찌 찾아뵙지 않겠는가?"라고 하며, 이른 새벽부터 성안의 사부대중이 몰려들어 문전성시門前成市를 이루었다고 한다.[67] 이때 사람들은 지공이 석가의 환생이며 달마의 서래西來라고 여길 정도였다고 하였으니, "호승胡僧 지공이 연복정演福亭에서 계율을 설법하자 남녀가 다투어 달려가서 들었다."[68]라고 『고려사』에서도 지공의 업적을 증명하고 있다.

이와 같이 한국불교사에서 『무생계경』을 번역하고, 병행하여 정통율사正統律師가 아닌 선사禪師에 의해 많은 사부대중에게 계법戒法이 전수傳授·설계說戒된 것은 획기적인 사건이 아닐 수 없다. 지공에 의한 이러한 전계불사傳戒佛事는 계선일치戒禪一致의 정신에서 실행된 선율겸행禪律兼行의 표본이라 할 수 있을 것이다. 또한 선의 정신과 수행이 선사禪寺라는 한정된 공간의 영역을 넘어 사회화·대중화됨으로써 선과 바라밀행이 하나 되는 선행일치禪行一致의 조화를 이루게 되었던 것이다.

오늘날과 같이 계율과 참선이 이원화二元化되고, 선과 실천행이

67 위의 책. "城中士女咸曰, 釋尊復出, 遠來至此, 盍往觀乎. 莫不鷄鳴, 而起奔走往來, 道路如織, 寺門如市者. 幾於二旬."

68 『高麗史』, 世家 忠肅王 15년 7월조.

하나 되지 못하는 수행풍토에서 볼 때 지공, 나옹, 무학, 함허로 계승되는 선장禪匠들의 선교겸수, 선계일치의 모범은 승중僧衆의 귀감龜鑑이 될 수 있을 것이다. 이런 의미에서 지공에 의해 역출되고 전수된『무생계경』과 무생계법의 사상과 실천을 조명해 봄으로써 오늘날의 수행풍토를 성찰해 보는 계기가 될 것으로 믿는다.

2.『무생계경』의 구성과 사상

1)『무생계경』의 구성

『문수사리보살무생계경』「서」[69]에 이르기를, "지공선사께서 말씀하시길, '사람의 마음을 바로 가리켜[直指人心], 성품을 깨달아 부처를 이룬다[見性成佛]. 나의 이 도道 또한 그러하나 법을 설하고 계를 주는 것은 노파심이 간절하기 때문이다."[70]라고 하였다. 이른바 '직지인심, 견성성불'은 달마로부터 사자상승한 선종의 종지이

69 『文殊師利菩薩無生戒經』(이하『無生戒經』)은 인도승 지공화상께서 역출하였으며, 한국, 중국, 일본의 대장경 목록에도 없는 희귀본으로 현재 유일하게 간행본이 보물로 지정되어 통도사 박물관에 보존되어 있다. 그「序文」은 원나라 봉훈대부奉訓大夫 위소危素가 썼다.

70 『無生戒經』「序」. "師之言曰, 直指人心, 見性成佛, 我道則然, 說法放戒老婆心切故."

다. 지공이 기존의 선종 가풍을 그대로 수용하면서 그에 더해 설법과 수계를 통한 적극적인 교화활동을 전개하여 보현행원을 실천하였음을 엿볼 수 있는 대목이다.

예나 지금이나 선의 종풍이 견성見性과 도생度生을 양족兩足하는 것임에도 불구하고 선수행자들의 입지는 늘상 견성에 치우쳐 있음도 사실이다. 그러나 지공은 선문의 본색종사를 표방하면서도 항상 "지혜와 자비를 함께 운용하여 중생을 이익되게 접인하고, 널리 군생을 제도하여 함께 깨달음의 언덕에 오르게 한다."[71]는 것을 강조하며 실천에 옮기고 있다.

『무생계경』의 서문을 쓴 위소는 위에 말한 '직지인심 견성성불'이라는 말뿐만 아니라, 굳이 서문의 첫머리에 양나라 무제 때 달마의 서래西來를 환기시키고 있다. 이것은 앞에서 언급한 것처럼 당시 민중들이 지공을 선종의 초조 달마의 환생이라고 여기고 있다는 방증이다. 아울러 달마의 선법이 『능가경』의 불심종佛心宗에 있음을 밝혀[72] 『무생계경』의 종지와 지공의 선법이 달마선과 동일한 종지를 드러내고 있음을 명시하고 있다고 하겠다.

---

71 『禪要錄』「頓入無生大解脫法門指要序」, (이하 「指要序」). "運智興悲, 利生接物, 廣度群生, 同登覺岸."

72 『無生戒經』「序」. "梁武帝時達摩, 至于金陵問答不契, ……楞伽經曰, 此可傳佛心宗."

또한『무생계경』이 현상으로 인해 이치를 깨닫도록[因事證理] 반복해서 자세히 밝히고 있으니, 이 경을 독송하는 이는 마치『능가경』첫머리에서 (능가의 종지가) 희유하다고 감탄하는 것과 같다[73]고 말하고 있다. 이는 아마도 지공의 무생계법無生戒法과 달마의 능가선楞伽禪의 종지가 인사증리因事證理에 있음을 강조하여 선계일치禪戒一致를 드러내고 있음을 보여 주는 것이다.

지공화상의『선요록』과 이색의「지공부도비명」에 의거하면, 지공은 인도 마갈다국왕의 셋째 왕자 출신이다. 일찍이 8세에 출가하여 나란다대학에서 율현으로부터 대반야를 수학하고, 20세에 능가국 길상산의 보명존자로부터 의발과 마정수기를 전해 받아 서천 108대 조사가 되었다.[74] 이후 인도와 티베트를 거쳐 천신만고의 여정을 통해 원元의 수도 연경에 당도하여 황실의 귀의를 받으며 다년간 적극적인 전법도생傳法度生에 진력하였다.

이후 중국 원나라 황제의 어향사御香使 자격으로 고려국의 금강산 법기도량法起道場을 참배하고자 고려 말에 개경에 당도하였다.

---

73 위의 책. "是經因事證理, 反覆詳明, 讀者若楞伽之初至歡息希有."

74 지공의 108대 조사설은 중국 선종의 달마 28대 조사설과는 다른 계통의 법통설이다. 초대 마하가섭으로부터 22조 마나라존자까지는 같은 맥으로 전승되어 오다가 23조에 와서 학륵나존자에 의해 달마선종으로 계승되고, 좌타구파존자에 의해 다른 유파流派로 전승되어 능가국 보명존자에 이르러 108대 지공화상에게 전해지고 있다.

앞에서 이미 언급한 바와 같이 고려에서 2년 7개월 동안 교화 활동을 하면서 『무생계경』을 번역하고, 무생계無生戒를 전수傳授하여 왕공대부와 서민에 이르기까지 많은 사부대중을 귀의시켰다.[75] 지공은 선사를 표방하면서도 계법戒法을 전수함으로써 선계일치禪戒一致의 선풍을 고양하였다.

지공이 선사임을 짐작할 수 있는 것은 여러 자료에서 산견散見되고 있지만, 능가국의 보명존자를 참문하고 인가받는 과정에서 분명하게 확인되고 있다.

> 보명존자가 물었다. "중인도에서 이곳에 이르기까지 몇 걸음에 왔는가?" 대답하지 못했다. 물러나 6개월간 석굴에서 좌선한 이후 깨달음을 얻었다. ……지공이 고하여 말했다. "두 다리 사이가 한 걸음입니다." 스님은 의발로써 부촉을 받고 ……지공이 대중에게 운하되, "나아가니 허공이 부서지고, 물러나니 만법이 가라앉는구나."라고 크게 소리질렀다.[76]

75 許興植 著, 『高麗로 옮긴 印度의 등불』, (一潮閣, 1997년), pp. 13~65 참조.

76 李穡 「指空浮屠碑銘」. "師曰, 從中竺抵此, 步可數否. 吾不能答. 退坐石洞六閱月, 吾乃悟. ……告吾師曰, 兩脚是一步. 吾師以衣鉢, 付之摩頂記. ……於衆曰, 進則虛空廓落, 退則萬法俱沈, 大喝一聲."

당시 상좌부 계통에 속해 있던 능가국(스리랑카)에서 마치 중국 조사선에서 유행하던 거량과 인가의 방식을 통해 서천 108대 조사가 되는 장면이다. 위와 같이 이색의 「지공부도비명」을 통해 지공화상은 선사임이 증명되고 있으며, 지공 스스로도 「무생계첩」에서 선사임을 밝히고 있다.

무생계는 지공화상에 의해 『무생계경』의 요지를 간추려 전수되고 홍포된 계법이다. 지공이 원나라와 고려국에서 똑같이 무생계의 설계說戒를 통해 교화의 장을 전개하였으나, 『무생계경』과 「무생계첩」은 우리나라에만 현존하고 있다.[77]

본 단락에서는 『무생계경』과 지공화상의 사상을 통해 무생계에 대해 논구해 보고자 한다. 이는 지공의 선사상과 『무생계경』의 사상이 무생계법에 그대로 녹아 있기 때문이다. 『무생계경』은 전 3권으로 구성되어 있다. 상권은 경의 「서분」에 해당하는 내용이며 그 가운데 중요한 것은 경의 전제이자 요지라고 할 수 있는 부분으로 그 내용을 대략 요약해 보면 다음과 같다.

석가세존께서 삼매에 들어 육계로부터 보배광명이 솟아나고 그

77 「無生戒牒」은 지금까지 3종이 발견되었는데, 첫째 유점사 나옹계첩, 둘째 묘덕계첩, 셋째 해인사 각경계첩이다. 그리고 호림박물관에 계첩의 형식은 아니지만 계법의 내용이 『원각경』과 『육조단경』과 합본으로 된 것이 존재하고 있다.

하나하나 빛 가운데서 팔만사천 광명이 나타난다. 이 빛 가운데 불보살로부터 우바새 · 우바이에 이르는 모든 이가 출생하여 열반에 드는 모습을 일일이 다 나타내고, 또한 천룡팔부로부터 육도중생이 업에 따른 과보와 외도의 신통과 부처님의 상호에 이르기까지 모두 나타내 보이었다. 즉 열반의 세계와 윤회의 세계를 이원적으로 드러내 보인다.

『무생계경』에서도 『범망경』과 마찬가지로 광명으로부터 경의 시작을 알리고 있다. 즉 광명은 모든 어리석음, 모든 어둠을 제거하는 지혜의 빛을 상징하고 있으며, 그 빛은 청정한 계율에 의지하여 나오게 된다는 것을 시사하는 것이다. 『범망경』이 광명으로부터 시작하는 것에 대해 청대清代의 홍찬弘贊율사는 이렇게 설명하고 있다.

> 여래의 마음자리는 본래 이름과 언어와 소리와 모양을 여읜 경지이므로, 지금 마음자리의 정법을 나타내고자 돌이켜 마음의 광명으로써 불사佛事를 지으신 것이다. 바로 이것이 언어로써 고하지 않고 광명으로 고하신 까닭이니라.[78]

78 弘贊『梵網經菩薩戒略疏』. 釋性愚,「梵網經菩薩心地戒律品講義鈔案」, p. 36(재인용).

이 주석을 통하여 볼 때 방광을 나투신 까닭이 곧 마음의 빛으로 마음의 법문을 전하신 것임을 나타내기 위함이라는 것을 알 수 있는 것이다.[79] 그런데 "세존께서 삼매에 들어 육계로부터 보배광명이 솟아나고 그 하나하나 빛 가운데서 팔만사천 광명이 나타났다."라고 하였는데 과연 어떠한 광명인가. 이 광명은 다름 아닌 모든 부처님과 일체중생의 본각本覺의 심지계체心地戒體에서 나오는 빛이다. 따라서 신라의 태현은 "계를 죄의 어둠을 깨뜨리는 광명이라 한다."고 하였다.

이때 금강수보살이 이 광명 가운데서 삼악도의 중생들이 아직 생사윤회를 끊어 버리지 못하는 이유가 무엇인지 의심을 풀어 달라고 하였다. 이에 대해 세존은 이 광명 가운데 나타난 삼매에서는 선과 악을 보지 못하고, 또한 모든 불보살 경계와 모든 지옥 육도중생의 모습이 없고, 시방의 깨끗하고 더러운 국토도 없어서 본래 두 가지 모습이 없다[本無二相]고 설한다.

이에 금강수보살이 이 삼매의 이름이 무엇이며 어떤 수행을 해야 이 삼매를 증득할 수 있느냐고 묻자, 세존은 무념삼매無念三昧라고 대답하고, 오랜 겁 이전에 해탈광여래 회상에서 문수사리보살

79 강의 석성우, 『梵網經菩薩心地戒律品講義鈔案』, (대한불교조계종 계단위원회), p. 36.

을 만나 최상승무생계법을 받고 계를 의지해 수행해서 이 삼매를 얻게 되었다고 말한다. 즉 삼십이상과 팔십종호와 팔만사천 광명으로 언제나 열반에 머물러 육신통이 자재하여 금강보리법좌에서 설법하고 제도하는 것은 진실로 문수사리보살무생계법에 의지해 수행했기 때문이라고 말한다.

여기에서 주목되는 것은 금강수보살의 입장에서는 부처님의 광명 가운데 있는 삼악도 중생들이 생사윤회의 고통 속에 있다고 보는 데 반해, 세존은 이 삼매에서는 본래 선악善惡, 범성凡聖, 정예淨穢의 두 가지 모습이 없다[本無二相]고 말하고 있다는 점이다. 즉 부처님의 삼매 가운데서는 열반과 생사의 이원적 대립이 없고 오직 중도실상中道實相의 정토만 있음을 천명하고 있는 것이다.

이것은 마치 『유마경』「불국품」에서 중생의 눈으로 보면 이 세계가 온갖 차별상이 난무하는 사바세계이지만 부처님 눈으로 보면 사바세계가 그대로 평등무애한 불국토라고 설하는 경우와 궤를 같이하고 있다고 할 수 있다. 그리고 무생계법에 의지하여 수행해서 무념삼매를 증득하였기 때문에 성불하여 중생을 제도할 수 있었다고 설하고 있는 점이다. 즉 말세 중생들이 이 무생계법을 의지해서 수행하면 석가세존과 같이 불과를 이룰 수 있다는 점을 강조하고 있는 것이다.

다시 금강수보살이 이 모임 가운데 있는 대중이 모두 옛적부터 보리심을 일으켜 견고하여 불퇴전의 신심이 있기에 이 회상에서 부처님의 법요를 들을 수 있었다고 고백한다. 아울러 무생계를 의지하여 정진 수행하여 불도를 이루고 중생을 제도할 것을 다짐하면서, 이 계를 설하여 줄 것을 청하므로 세존은 이 무생계법은 법신 비로자나불이 직접 문수보살에게 전한 것으로 모든 중생이 이 계를 받아야 성불할 수 있다고 말씀하시고 본격적으로 무생계법을 설하게 된다.

여기까지가 경의 「서분」에 해당하는 내용으로 계를 설하게 된 연유와 계의 근원을 밝히고 있다. 무념삼매의 성격을 불이중도不二中道로 설명하고 그 원인으로서의 무생계법을 전개시키고 있다.[80] 무념삼매의 무념이란 "망념이 없어져 일어나는 마음이 없는 것"[81]을 가리킨다. 즉 일어난 바 없이 일어나고, 사라진 바 없이 사라진 마음이니, 무생무멸의 경지가 무념삼매인 것이다.

『단경』에서도 "지혜로 비춰 보면 안과 밖이 밝게 통해 자기의 본심을 알게 된다. 만약 본심을 알면 곧 본래 해탈이다. 만약 해탈을

---

80 정성훈(無塵), 『문수사리보살최상승무생계경』의 사상적 특성에 대한 연구, (석사학위 논문, 2016년), p. 45.

81 『金剛三昧經』. "無念法, 無念無生心."

얻으면 곧 반야삼매이며, 반야삼매가 곧 무념이다."[82]라고 하였다. 여기서 안의 마음과 밖의 경계가 함께 공하여 밝게 서로 통하는[內外明徹] 반야삼매가 곧 무념삼매임을 말하고 있다.

「서분」에 해당하는 부분에 이어서 무생계를 받아야 하는 당위성과 수계 대상의 무제한과 계의 기원, 수지受持의 결과 및 수계자의 자세 등이 자세히 설해지고 있다. 이 부분에 대해서는 「무생계첩」의 서문에 해당되는 부분에 인용되어 있으므로 뒤에 나오는 「무생계첩」의 내용 부분에서 다시 상세하게 설명하기로 하겠다.

상권의 후반부터 중권 전체에서는 수계자의 자세와 연관하여 설화 형식을 빌려 보살의 수행과 외도의 수행을 대비하여 줄거리를 전개하고 있다. 경의 내용을 대강 들여다보기로 하겠다. 먼저 설하는 목적으로 "말세의 모든 중생이 대승을 구하는 자가 되어 올바로 살고 지키며 모든 의심과 장애를 부숴 삿된 견해에 떨어지지 않게"[83] 하는 것임을 밝히고 있다.

그리고 그 구체적 내용으로 보살의 실천행과 관련된 다섯 가지 일화와 외도의 삿된 행에 관한 다섯 차례의 비판으로 구성되어 있다.

---

82 돈황본『壇經』. "智慧觀照, 內外明徹, 識自本心. 若識本心, 卽本解脫. 若得解脫, 卽是般若三昧, 般若三昧, 卽是無念."

83 『無生戒經』「上卷」. "能爲末世一切衆生求大乘者, 得正住持, 破諸疑碍, 不墮私見."

첫째, 보살의 애신愛身을 들어 보시행의 실천을 강조하고, 반면 외도의 애신에서는 살생殺生, 식육食肉 등을 비판하며 불살생, 불식육을 권장하고 있다.

둘째, 보살의 사신捨身에서는 불법 수행을 위한 발원과 보리심의 중요성을 강조하고 있으며, 외도의 사신에서는 자아의 실체를 인정하여 유물론이나 단견斷見, 고행주의나 상견常見, 그리고 이상향에 대한 맹신盲信에 빠지지 말 것을 경고한다.

셋째, 보살의 유심有心에서는 시길상이라는 장자 부부가 12년 동안 비구·관리·서민을 위해 보시를 행한다. 심지어 문수보살의 화현인 문둥병을 앓고 있는 비구에게 자식까지 죽여서 보시하게 되지만, 사실은 문수의 신통으로 장자의 자식은 아무 일이 없었다고 설한다. 이것은 극단적 설화를 통해 보살행의 실천을 강조하고 있는 것이다. 외도의 유심에서는 일체법을 유무有無로 판단하는 삿된 견해와 공空과 마음에 대한 단정적 견해를 비판하고 있다.

넷째, 보살의 사심邪心을 들어 소다장자 가족이 무심법無心法으로 수행하여 죽음도 불사하고 간경, 염불, 정업正業, 경전공부 등을 통해 결국 깨달음을 얻어 해탈의 기쁨을 누리게 되었다고 하였다. 외도의 사심에서는 공을 잘못 수행하여 단멸공이나 허무공에 빠져 인과를 부정하고 탐욕과 음행을 찬탄하여 오랜 세월 윤회함을 비판하고 있다.

다섯째, 성과 상을 함께 받음[性相俱受]에서는 지륜이라는 왕이 항상 공정과 평등을 실행하여 선정을 베풀었으며, 누각에 큰 종을 매달아 억울함이 없도록 하였으며, 심지어 태자의 죽음 앞에서도 공정함을 잃지 않았다. 이것은 공정과 평등으로 보살행을 실천함을 보여 주고 있는 것이다. 외도의 수행에서는 허망한 인식과 마음을 궁극으로 삼아 신아神我를 세워 대중을 현혹시키며 신통으로 사도邪道를 행함을 비판하고 있다.

전반적으로 보살의 수행에서는 보리심을 토대로 하여 육바라밀행과 선법의 수행으로 무생법인을 얻게 되는데, 중요한 것은 수행자 자신과 주위의 모든 사람이 다 함께 무생법인을 성취하고 있다는 점이다. 이것은 무생계가 대승보살계임을 명시하는 것이다. 하지만 외도의 수행은 생사윤회의 고통으로 이어지게 된다고 설하고 있으며, 그 내용은 대부분이 악견惡見의 사례들을 열거하여 비판하고 정견正見을 세울 것을 권장하고 있다.

이와 같이 『무생계경』의 상권 말미부터 중권 끝까지 전개되는 보살의 수행 일화와 외도들의 수행에 대한 비판 안에는 분명하게 계목戒目으로서 명시되지는 않았지만 대승보살의 행위규범으로 삼을 만한 지침들을 발견할 수 있다. 이러한 이야기는 『무생계경』이

가지는 근원적이고 선禪적인 경향과는 다소 이질적인 면이 있기는 하다. 하지만 근원적이고 본질적인 것을 강조하다 보면, 자칫 빠져들 수 있는 추상적 궁구에 그칠 수 있는 단면을 보완할 수 있는 기재가 될 수 있을 것이다.[84]

이러한 내용의 전개는『무생계경』이 철저히 대승보살의 자리이타행에 초점을 맞추고 있으며, 중도정견의 확립으로 무생의 묘리[無生法忍]를 깨달아서 생사를 해탈케 하는 것에 목적을 두고 있음을 보여 주는 것이다.

하권에서는 무생계를 직접 수지하는 자의 지극한 마음 자세로 사귀의, 삼업참회, 육대원 등이 차례로 설해지고 있다. 이어지는 내용은 무생계법의 백미라 할 수 있는 "중선불수衆善不修 제악부조諸惡不造"가 설해지고 있다. 사귀의부터 여기까지는「무생계첩」에 설해진 계법의 내용과 거의 일치하므로 뒤에 다시 논술하기로 하겠다.

경의 후반부에는 무생계의 위신력을 열거하고, 그 공덕을 찬탄하며 회중의 모든 대중이 무생계법을 받아 깨달음과 열반을 성취함을 보여 주고, 지금까지 설한 전체 경의 내용을 게송으로 찬탄하

---

84 정성훈(無塵),『문수사리보살최상승무생계경』의 사상적 특성에 대한 연구, (석사학위 논문, 2016년), pp. 34~37 참조.

고 있다. 마지막으로 대범천왕을 위시한 여러 호법신중들의 이 경을 지닌 자에 대한 수호의 서원으로 끝을 맺고 있다.

2) 『무생계경』의 사상

그러면 지금부터 본격적으로 『무생계경』의 사상에 대해 살펴보기로 하겠다.

『무생계경』과 무생계법에서 중요하게 설하고 있는 것이 바로 무생법인無生法忍이다. 즉 무생계법의 핵심종지가 무생법인인 것이다. 『무생계경』에 설하기를, "이 무생계는 모든 세존과 일체 여래의 무생법인이다."[85]라고 하였다. 즉 무생계 자체가 바로 무생법인이라고 말하고 있는 것이다.

또한 『무생계경』에서는 무생계를 수지하면, 해탈의 문을 열어 생사를 벗어나서 "큰 진리의 수레바퀴를 굴리며 큰 법장을 열고 큰 법보시를 하여 깨달음의 무생법인을 성취한다."[86]라고 설하고 있다.

---

85 『無生戒經』.「下卷」. "我今 說此文殊師利菩薩摩訶薩無生戒者, 是諸世尊一切如來, 無生法忍."
86 위의 책. "轉大法輪, 闢大法場, 開大法施, 成就菩提無生法忍."

앞의 「무생선」 단락에서 이미 살펴보았듯이, 무생법인이란 모든 법의 실상을 증득하여서 불이중도의 지혜로 보살의 제8지에 들어가는 것이라고 하였다. 무생법인은 대승불교와 선불교에서 심지법문心地法門으로 언급되고 있는 말이다. 여기에서 무생의 의미는 불생불멸의 불이중도를 깨달아 얻어지는 해탈의 경지를 말하는 것이다.

지공화상이 주창하기를, "무생의 묘리는 고금에 성인과 범부를 초월한 현미玄微한 해탈의 경지"라 하고, "선문에서는 수증이 이어져 본말을 다 통달하며 종지의 근원을 궁구하며 대도의 근본 바탕을 현시하여 무생의 의리를 분별하였다."[87]라고 하였다. 또한 "한 생각도 일어나지 않아 잡된 생각이 없음이 곧바로 조사의 가풍이다."[88]라고 말하고 있는 것을 볼 때 지공 선사상의 종지 또한 철저히 무생의 묘리를 밝히고 실천하는 것으로 드러나고 있다.

생사를 해탈해서 열반을 성취하기 위해서는 반드시 무생법인을 증득해야 한다. 그래서 모든 여래의 무생법인인 무생계법에서는 당연히 무생의 묘리를 체득하는 것이 계를 수지하는 것이며, 계를

---

87 『禪要錄』「指要序」. "原夫無生妙理, 古今越於聖凡, 解脫玄微, 窮通本末, 別究宗源, 顯示大道之根基, 分別無生之理."

88 『禪要錄』「直旨」. "一念無生無雜想, 不疑卽是祖家風."

완성하여 해탈경계로 나아갈 수 있는 것이다. 지공화상의 『선요록』에서는 깨달음을 얻기 위해서는 반드시 무생계를 수지해야 함을 이렇게 말하고 있다.

> 묻기를, "어떤 선법을 닦아야 깨달음을 얻을 수 있습니까?" 선사가 답하길, "오직 최상승의 무생계법이 있다. 만약 능히 수지하면 곧 깨달음을 얻을 수 있다."[89]

무생계법은 최상승의 무생법인이기에 무생계를 수지하는 것이 곧 일체 선법을 닦는 것과 같은 효용이 있게 되는 것이다. 그러므로 『무생계경』에서는 단호하게 "이런 까닭에 모든 중생이 이 계를 받지 않고서 불도를 이루려 한다면 이런 일은 있을 수 없다."[90]라고 주장하고 있다. 무생계를 수지하면 곧 깨달음을 얻을 수 있다는 것은, 마치 『범망경』에서 "중생이 부처님 계를 받으면 곧 모든 부처님의 지위에 오른다."[91]라고 설하고 있는 것과 궤를 같이하고 있다. 이것은 보살계가 일체 제불의 본원이요, 보살도를 행하

---

89 위의 책. "修何善法, 可得證悟. 惟有最上無生戒法, 若能受持, 卽得證悟."
90 『無生戒經』「下卷」. "所以一切衆生, 不受此戒者, 欲成佛道, 無有是處."
91 『梵網菩薩戒經』. "衆生受佛戒, 卽入諸佛位."

는 이의 근본이기 때문이다. 또 법장이 『범망경보살계본소』에서 "만약에 이 계법이 없으면 단 한 명의 보살이라도 불도를 이룰 수 없다."[92]라고 말하는 것도 같은 의미에서 주장되고 있는 것이다.

무생계가 곧 제불의 무생법인이기 때문에 무생계법을 수지하면 무생법인을 체득하여 부처의 지위에 오를 수 있게 되는 것이다. 그렇기 때문에 『무생계경』은 "무생계는 모든 여래의 대해탈이니, 여래의 평등하고 올바른 깨달음의 대삼매를 증득하고, 일체 여래의 경계에 잘 들어간다."[93]라고 설하고 있는 것이다. 무생계가 철저히 반야무생의 불이중도에서 설해지고 있음을 『무생계경』은 이렇게 표현하고 있다.

> 이 계법 가운데 본래 하나도 없고 범부도 없고 성인도 없고 선도 없고 악도 없으니, 만약 비구·비구니·우바새·우바이가 이를 의지하여 받아 지니면 모두 불도를 이루리라.[94]

---

92 「梵網經菩薩戒本疏」. "若無此戒法, 無一菩薩, 得成佛道."

93 『無生戒經』「下卷」. "無生戒者, 是諸如來, 大解脫門, 能證如來, 正等正覺大三摩地, 善入一切如來境界."

94 위의 책. "此戒法中, 本無一無凡無聖無善無惡, 若有比丘比丘尼優婆塞優婆夷, 依此受持, 皆成佛道."

> 이 계법은 감정과 이해가 함께 멸하고, 경계와 지혜를 모두 잊으며, 본체는 치우침과 원만함이 끊어지고, 성품은 동요가 없어 깨달음도 수행도 아니고, 지니거나 범함도 아니고, 진실도 아니요 망령됨도 아니고, 취함도 아니요 버림도 아니다.[95]

이와 같이 무생계법이 불이중도의 무생법인을 체득하는 것으로 수증의 문을 삼기 때문에 이미 언급하였듯이, 『무생계경』의 서두에 세존이 삼매에 들어 경을 설할 때 "본래 선악善惡, 범성凡聖, 정예淨穢의 두 가지 모습이 없다[本無二相]."고 전제하고, 또한 무념삼매에서 무생계법을 수지하는 것이 수증문이 된다고 하는 것이다. 그러면 무생계법에서 구체적인 수행법에 대한 방편은 어떻게 제시되고 있는지 살펴보기로 하자. 지공의 『선요록』에서는 철저히 불이중도의 입장에서 닦음이 없는 닦음의 무수지수無修之修의 수증법을 들고 있음을 볼 수 있다.

> 모름지기 도를 이루고자 하면 도는 닦음이 없이 증득함이요, 법을 깨닫고자 하면 법은 생각 없이 깨닫는다.

---

95 위의 책. "此戒法者, 精解俱泯, 境智雙亡, 體絶偏圓, 性無動搖, 非證非修, 非持非犯, 不眞不妄, 不取不捨."

> 묻기를, "어찌하여 닦지 않고 증득하며 생각 없이 깨닫습니까?"
> 선사가 답하길, "도는 곧 닦아서 증득하는 것이 아니며, 법은 생각으로 깨닫는 것이 아니다. 도법 가운데는 한 법도 없어야 깨달음을 이룰 수 있다."[96]

이른바 "도는 닦음이 없이 증득한다."라고 하는 것은 조사선법에서 말하는 "도는 닦을 필요가 없다[道不用修]."는 것과 같은 말이다. 마조는 이렇게 말하고 있다. "도는 닦을 필요가 없다. 다만 오염시키지 않으면 된다. 어떤 것이 오염인가? 생사의 마음을 일으키고 조작해서 취향趣向하려는 그것이 오염이다. 만약 곧바로 그 도를 알고자 한다면 평상심이 도다. 조작함이 없고 시비가 없고 취사가 없고, 단견과 상견이 없으며, 범부와 성인이 없다."[97] 이것이 조사선에서 주장하고 있는 무수지수無修之修의 수증법이다. 이른바 무수지수란 닦는 바 없이 닦는다는 뜻인데, 바꾸어 말하면 닦되 닦는 바가 없다는 것이 되어 곧 중도의 수행[中道之修]을 의미하는 것이 된다. 무생계법을 설하고 있는 지공 역시 마찬가지로 이른바

96 『禪要錄』「直旨」. "夫欲成於道, 道以無修可證, 欲悟於法, 法以無思可悟. 問日, 云何無修可證, 無思可悟. 師云, 道卽非修而證, 法卽非思而悟. 於道法中, 無有一法, 而得成悟."
97 『馬祖語錄』. "道不用修, 但莫汚染. 何爲汚染. 但有生死心, 造作趣向, 皆是汚染. 若欲直會其道, 平常心是道. 無造作, 無是非, 無取捨, 無斷常, 無凡聖."

"도는 닦아서 증득하는 것이 아니며, 법은 생각으로 깨닫는 것이 아니다."라고 하는 내용의 무수지수를 거론하고 있는 것이다.

지공은 이러한 무수지수의 수증을 바탕에 두고 계·정·혜 삼학을 말하고 있다. "계戒는 좋아함과 싫어함, 있음과 없음을 떠나 있기에 범하지도 않고 받지도 않는 것이 근본이며, 정定은 행주좌와를 떠나 있기에 일으키지도 않고 여의지도 않는 것이 근본이며, 혜慧는 알고 듣고 보고 말하는 것을 떠나 있기에 안도 아니요 밖도 아닌 것이 근본이다."[98]

그러므로 "계戒 가운데는 범성도 없고, 성상도 없고, 유무도 없고, 또한 몸과 마음도 아니고, 선악도 아니면 이것이 곧 계이다."[99] 라고 말하고, 이어서 "만약 이 계를 받으면 짓지 않고 끊지 않고 받지 않고 범하지 않는 곳에서 자재한 가운데 곧바로 해탈을 얻는다."[100]라고 말하고 있다. 지공이 언급하고 있는 계는 다름 아닌 무작계無作戒인 대승 심지계心地戒로서의 무생계에 대한 설명을 하고 있는 것이다.

---

98 『禪要錄』「頓入無生大解脫法門指要序」(이하 「指要序」). "其戒在離 於愛厭有無存, 不犯不受是本. 其定在離, 於行住坐臥存, 不起不離是本. 其慧在離, 於知聞見說存, 不內不外是本."
99 위의 책. "於此戒中, 無凡無聖, 非性非相, 非有非無, 亦非身心, 亦非善惡, 此則是戒."
100 위의 책. "若受此戒, 不作不斷不受不犯處, 自在中, 卽得解脫."

또한 말하길, 선정은 행이 없음으로써 얻을 수 있다고 말하고,[101] 그 이유에 대해서 "선정이라는 것은 행으로써 얻을 수 있는 것이 아니다. 이미 얻을 수 없다는 것은 선정 가운데서 자연히 실상을 관하기 때문이다. 또한 행주좌와에 그것을 구하려고 해도 구할 수 없는 것이다."[102]라고 말한다. 어떻게 행주좌와에 선정을 구할 수 없느냐는 물음에 대해 비유를 들어 이렇게 말하고 있다.

> 만약 행으로써 선정을 구하는 것은, 비유하자면 산중에서 목마른 사슴이 물 마실 마음을 내어서 억지할 수 없을 때 멀리 아지랑이가 샘처럼 보여 달려가서 물을 마시려고 하지만 결국 마실 수 없게 되어 스스로 피곤한 것과 같다. 만약 머물러서 선정을 구하는 것은, 비유하자면 평지의 나무가 그 뿌리가 견고하여 움직이는 모습이 없지만 큰 환란이 다가와서 썩어서 못 쓰게 되면 오래 머물 수 없는 것과 같다. 만약 앉음으로써 선정을 구하는 것은, 비유하자면 미친 원숭이가 폐쇄된 방에서 사면 벽으로 치달아 나아가면 밖으로 나갈 수 없는 것과 같다. 이와 같이 선정을 구하는 것은 선정에

101 위의 책. "定以無行可得."
102 위의 책. "所以定者, 非行可得. 旣無可得者, 於禪定中, 自然定觀實相是也. 又不可行住坐臥, 而可求之."

> 빠지는 것이다. 만약 눕는 것으로써 선정을 구하는 것은, 비유하자면 고양이가 땅에 엎어져 두 눈을 뜰 수 없어 그 마음이 항상 움직여 휴식할 수 없는 것과 같아서 결국 선정을 얻을 수 없다.[103]

그러하다면 참다운 선정은 어떻게 구할 수 있겠느냐는 물음에 또한 이렇게 대답하고 있다. "선정은 속하는 것도 아니요 떠나는 것도 아니며, 닦는 것도 아니요 증득하는 것도 아니며, 말 없음도 아니요 말 있음도 아니며, 움직임도 아니요 고요함도 아니며, 고요히 좌선함도 아니며, 시끄러움을 피하는 것도 아니며, ……고요한 생각으로 구할 수 있는 것도 아니며, 어지러운 생각으로 앉아 그 가운데서 내려놓으면 이것이 곧 선정이다. 만약 선정을 얻어 선정의 관념을 짓지 않으면 곧 바른 선정이라 한다."[104]

이와 같이 불이중도를 증득하여 일체 경계에 집착하지 않고 모두를 내려놓는 것[放下著]이 선정이며, 또한 선정을 얻되 선정을

---

103 위의 책. "若以行而求定者, 譬如山中, 渴鹿思飮之心, 不可抑止, 遠視陽餤如泉, 欲馳飮之, 終不得飮, 而自困之. 若以住而求定者, 譬如平地之樹, 其根堅固, 無有動相, 大限到來, 還歸朽敗, 不能久住. 若以坐而求定者, 譬如狂亂猿猴, 閉在一室, 四壁馳走, 不得出離, 如是求之安能定也. 若以臥而求定者, 譬如猫貌臥地, 兩目不開, 其心常動, 無有休息, 終不得定."

104 『禪要錄』「直旨」. "定是不卽不離, 無修無證, 無默無言, 不動不靜, 不宴坐, 不避塵, ……以靜念而求不可, 以亂心而坐, 於中放下, 此是禪定. 若得禪定, 而不作禪定觀者, 卽名正定."

얻었다는 관념마저 일으키지 않아야 올바른 선정이라고 말하고 있다.

거듭 지혜에 대해 설명하고 있다. "지혜는 앎이 없는 것[無知]으로써 일으킬 수 있다."[105]라고 주장하고, 또한 보고 듣고 알고 말하는 것으로써 지혜를 일으킬 수 없다고 말한다.[106] 만약에 앎으로써 지혜를 일으키면 곧 어리석은 지혜가 되고, 듣는 것으로 일으키면 곧 삿된 지혜가 되고, 보는 것으로 일으키면 곧 미혹한 지혜가 되고, 말하는 것으로 일으키면 곧 세간의 거스르는 지혜가 된다[107]고 말한다.

그렇다면 과연 어떻게 지혜를 낼 수 있겠는가. 이렇게 답하고 있다. "지혜를 일으키고자 하면 과거의 지혜도 알 수 없고, 현재의 지혜도 알 수 없으며, 미래의 지혜도 알 수 없다. 이와 같이 일체의 묘한 지혜는 실로 알 수 없다. 모든 지혜는 이와 같이 끊으면 곧 모든 부처님의 참된 지혜를 얻을 수 있다."[108]

---

105 위의 책. "慧以無知可發."

106 위의 책. "不可以知聞見說, 而可發慧."

107 위의 책. "若以知而發者, 則名愚慧. 若以聞而發者, 則名邪慧. 若以見而發者, 則名迷慧. 若以說而發者, 則名世間橫慧也."

108 위의 책. "欲發慧者, 過去慧不可知, 現在慧不可知, 未來慧不可知,. 如是一切妙慧實不可知, 諸般衆慧, 如斯斷者, 則得諸佛眞智慧也."

여기서 주목되는 것이 지혜를 일으키는 것은 이른바 "과거의 지혜도 알 수 없고, 현재의 지혜도 알 수 없으며, 미래의 지혜도 알 수 없다."라고 하여 "일체의 묘한 지혜는 실로 알 수 없음"으로 규정하고 있는 점이다. 이것은 마치 『금강경』에서 마음을 일으킴에 대해 "과거심불가득過去心不可得, 현재심불가득現在心不可得, 미래심불가득未來心不可得"이므로 "응무소주應無所住 이생기심而生其心"이라고 하는 것과 동일한 방편을 구사하고 있다고 하겠다. 결국 지공이 말하는 혜慧는 일으키는 바 없이 일으키는 무생의 혜[無生之慧]인 것임을 알 수 있다.

지금까지 지공화상이 말한 삼학의 내용을 살펴본 바로는 지공은 무작無作의 계·정·혜 삼학을 주장하고 있는 것이 분명하다. 지공은 그의 행장에서 일찍이 나란다대학의 율현 문하에서 대반야를 수학[109]하였기에 그의 삼학사상은 반야성공般若性空과 불이중도不二中道의 사상을 내포하고 있음은 당연한 결과일 것이다.

예를 들어 계에 대해 "범성도 없고, 성상도 없고, 유무도 없고, 몸과 마음도 아니고, 선악도 아니면 이것이 곧 계"라고 하는 부분, 정에 대해 "선정 가운데서 실상을 관하기 때문에 행주좌와에서 구

---

109 李穡, 『指空浮屠碑銘』. "學大般若."

할 수 없다."라고 하는 입장, 혜에 대해 "지혜는 무지無知에서 일으킬 수 있기 때문에 보고 듣고 알고 말하는 것으로써 지혜를 일으킬 수 없다."라고 하는 주장 등이 모두 『반야경』에서 설하는 필경공畢竟空과 중도실상中道實相의 교설에 입각해 있기 때문이다. 이것은 지공이 『선요록』에서 무엇을 종지로 하느냐는 물음에 대해 "진공무상眞空無相"을 종지로 한다[110]고 분명하게 말하고 있음에서도 알 수가 있다.

> 진공이라는 것은 공도 아니요 불공도 아니며, 상도 아니요 상 아님도 아니며, 있음도 아니요 있음 아님도 아니며, 없음도 아니요 없음 아님도 아니며, 옳음도 아니요 옳음 아님도 아니며, ……깨끗함과 더러움, 길고 짧음도 원래 함께 없으니, 이것을 진공이라 한다.[111]

이것은 진공무상의 종지에 대한 지공의 설명으로 완전한 반야부정般若不定을 통해 불이중도의 이치를 드러낸 것이다. 이와 같이 불이중도의 관점에서 주장하는 삼학은 필연적으로 삼학을 균등히

---

110 『禪要錄』「直旨」. "問曰, 以何爲宗, 師云, 以眞空無相爲宗."

111 위의 책. "眞空者, 非空非不空, 非相非不相, 非有非非有, 非無非非無, 非是非不是, …… 淨垢長短 源來俱無, 斯卽眞空也."

닦는 삼학등지三學等持로 나타날 수밖에 없다.

신회는 일찍이 삼학등지에 대해 "망령된 마음이 일어나지 않는 것이 계이며, 망령된 마음이 없는 것을 정이라 하고, 마음에 망령됨이 없는 줄 스스로 깨닫는 것이 혜"[112]라고 하였다. 지공 역시 "망념이 일어날 때 망심이 본래 공하여 또한 일어난 바가 없어서, 그 가운데서 자재한 것은 곧 망념이 비록 일어나지만 실로 온 곳이 없다."[113]라고 하여 망념불기妄念不起를 주장하고 있다. 신회의 망심불기妄心不起와 지공의 망념불기의 수증을 토대로 한 계·정·혜는 다름 아닌 무작삼학無作三學에 해당되는 것이다.

수계할 때 신·구·의 삼업으로 행하는 의식의 행위를 유작계라 하고, 아울러 수계의식을 통해 한 번 생긴 계체를 상속하여 계의 작용을 보호해 이어 가는 것을 무작계라 한다. 즉 유작계는 오계, 십계, 구족계 등을 수계할 때 신·구·의 삼업을 통해 표현할 수 있는 계상戒相을 가리키는 것이고, 무작계는 수계할 때 몸과 마음에 형성된 계체戒體를 가리키는 말이다. 유작계에서는 계의 조목과 계상을 중요시 여기고, 무작계에서는 계체, 즉 계의 정신에 입각한

112 『神會和尙遺集』, (胡適紀念館, 民國 59년), p. 228. "妄心不起名爲戒, 無妄心名爲定, 知心無妄名爲慧."

113 『禪要錄』「直旨」. "妄念起時, 妄心本空, 亦無所起, 於中自在者, 則妄念雖起, 實無來處."

본체의 자각을 중시하게 된다.

그러나 체를 여읜 상이 없고 상을 떠난 체가 없다. 그러므로 유작의 계상은 무작의 계체를 떠나지 않고, 무작의 계체는 유작의 계상을 여의지 않을 때 원만한 계율수지가 이루어지는 것이다.

백장은 말하기를, "유작계有作戒란 세간법을 끊는 것이며, 다만 몸과 손으로 짓지 않아 허물이 없는 것이다. 무작계無作戒란 또는 무표계無表界, 무루계無漏戒라 하기도 하는데, 마음을 움직이고 생각을 일으키기만 하여도 모두가 계율을 어기는 것이라고 한다."[114]고 하였다.

이러한 무생의 이치를 수증하는 무작삼학의 삼학등지라는 입장에서 보면, 지공의 사상은 자연히 계선일치戒禪一致가 되고, 선교겸수禪敎兼修로 나타날 수밖에 없다.

이와 같이 지공은 삼학의 균수를 강조하면서도 특히 일생을 통해 선계일치의 정신과 실천을 함양하였음을 살펴볼 수 있다. 그 예로 『통도사지』에 지공이 "하루는 선을 설하고 하루는 계를 설했다."[115]는 내용이 있는 것으로도 충분히 입증되고 있다. 이러한 토

---

114 『百丈語錄』. "有作戒者, 割斷世間法, 但不身手作無過. 無作戒, 亦云無表戒, 亦云無漏戒, 但有擧心動念, 盡名破戒."

115 『通度寺誌』. "一日說禪, 一日說戒."

대 위에서 선과 계를 아울러 겸행兼行하는 입장에서 『무생계경』을 역출하고, 또한 무생계를 전수하고 있다고 할 수 있다.

3. 「무생계첩」의 내용과 사상

위에서 이미 살펴보았듯이 지공선사는 고려에 당도하여 『무생계경』을 역출하고, 그 경 가운데서 계법의 내용을 간추려 무생계법을 완성하고 있다. 왕조 말기의 혼란을 겪고 있던 원과 고려의 많은 출가·재가자들에게 무생계를 설하여 신앙적 의지처를 삼게 하였다. 우리나라에서 지금까지 발견된 「문수최상승무생계첩」으로는 금강산 유점사楡岾寺에 전래된 나옹왕사懶翁王師가 수지受持한 계첩, 우바이優婆夷 묘덕妙德이 수지한 계첩, 해인사 금동비로자나불 복장腹藏 속에서 발견된 출가자 각경覺慶이 수지한 계첩 등 3본이 전해지고 있다. 그리고 계첩은 아니지만 호림박물관 소장의 「문수최상승무생계법」도 『육조단경』, 『원각경』과 합본으로 전해지고 있다.

수계자는 각각 달라도 계첩에 실린 계법의 내용은 거의 동일하다. 무생계법의 내용은 지공이 번역한 『무생계경』의 심지법문을 축약한 요체要諦이다. 본 단락에서는 해인사 비로자나불 복장에서 발견된「각경계첩」을 모본으로 하여 그 내용과 사상에 대해 모색해 보고자 한다.

「무생계첩」에 수록된 계법의 구성은 서문序文에 해당하는 내용으로 시작하여 첫째 귀의歸依, 둘째 참회懺悔, 셋째 서원誓願, 넷째 계목戒目 그리고 부촉付囑의 말에 이어 마지막으로 축원祝願의 순서로 구성되어 있다. 지금부터 본격적으로「무생계첩」에 명기된 계법의 내용에 대해 살펴보도록 하겠다.

먼저 계법의 제목부터 살펴보도록 하겠다. 계법의 제목은 "문수최상승무생계법文殊最上乘無生戒法"으로 되어 있다. 제목에 착안해 보면, 이 무생계는 지혜의 상징인 문수보살이 전하여 준 최상승의 계법임을 보여 주고 있다. 범망보살계가 대승의 보살계라고 하는 데 반해, 무생계가 대승을 넘어 최상승임을 천명하고자 하는 의도가 내포되어 있는 말이다. 이것은 아마도 선종에서 달마 이래의 선을 최상승선이며 여래청정선이라고 하는 말과 연관시켜 무생계가 바로 최상승의 계임을 밝히고자 함일 것이다.

『단경』에서 설하기를, "보고 듣고 외우기만 하면 소승이요, 법을 깨쳐 아는 것은 중승이며, 법에 의지하여 수행하는 것은 대승이며, 만법을 다 통하고 만법을 다 갖추어 온갖 것에 물듦이 없이 모든 법의 모습을 여의어서 하나라도 얻을 바가 없으면 이것을 최상승이라 한다."[116]라고 하였다. 『단경』에서 말하고 있는 최상승의 내용 또한 무생계법의 내용과 대동소이한 것으로 파악할 수 있다. 아마도 중국 조사선의 종지를 익히 잘 알고 있는 지공으로서는 당연히 최상승선最上乘禪과 격을 같이한다는 의미로 최상승계라고 명명하였을 것으로 짐작해 볼 수 있다.

앞에서 이미 고찰하였듯이 무생無生이란 불생불멸의 불이중도를 나타낸 말이다. 즉 나지도 않고 멸하지도 않는 중생의 마음자리인 심지계체心地戒體를 표현한 말이다. 계의 이치를 밝혀 중생으로 하여금 받아 지녀 불과를 얻게 하는 법이므로 계법이라 말하는 것이다.

다음으로 계법의 서문에 해당하는 내용을 자세히 조명해 보겠다. 서문의 첫머리는 "무릇 무생계는 천성을 세우는 땅이요[建千聖之地], 만선이 생겨나는 터전이니[生萬善之基], 땅과 터전을 다스리지 않으면 성聖과 선善이 어찌 바로 설 수 있으랴."라고 하여 계의 근본과 효용을 동시에 나타내고 있다.

이는 영명연수의 『수보살계법서』의 서두에 말한 "무릇 보살계는 천성을 세우는 땅이요[建千聖之地], 만선이 생겨나는 터전이다[生萬

116 돈황본『壇經』. "見聞轉誦是小乘, 悟法解義是中乘, 依法修行是大乘. 萬法盡通, 萬法具備, 一切不染, 離諸法相, 一無所得, 名最上乘."

善之基]. 또한 감로의 문을 열고[開甘露之門] 깨달음의 길로 들어서는 것이다[入菩提路]."라고 하는 구절과 첫 문장이 동일하다. 이를 통해 지공이 연수의 서문 첫 문장을 인용하고 있음을 알 수 있다.

일천 성인을 출세시키고 만 가지 선이 생겨나기 위해서는 마땅히 그 땅과 터전을 잘 다스려야 함은 필수불가결한 대원칙인데, 이를 위해서 마땅히 무생계를 받아야 함을 의미하는 것이다. 지공이 무생계법의 첫머리에 연수의 『수보살계법서』의 첫 문장을 인용한 것은 무생계가 비록 지공 당시에 처음으로 설해지고 있지만 범망보살계와 동등한 지위에 있음을 강조하고자 함일 것이다.

『범망경』에 이르시길, "일체 만물은 땅에 의지해 살 수가 있듯이 계戒는 일체 선법이 머무는 곳이다."라고 하여 계를 땅에 비유하여 심지心地라고 표현하였다. 땅에 의지해서 일체 만물이 길러지듯이 심지계心地戒인 무생계에 의지해 일천 성인을 출세시키고 만 가지 선善이 생겨나게 한다고 말하는 것이다.

비유하여 말하길, 무생계는 천성의 땅이요, 만선의 터전이기에 이것을 바로 다스리지 못하는 것은 마치 모래로 밥을 지으려는 것과 같고, 오물로 향을 새기려는 것과 같아서 도저히 이루어질 수 없음을 단언하고 있다. 만선은 수행의 인행因行을 가리키는 말이고, 천성은 과위果位의 깨달음을 가리키는 말이다. 그래서 모래로 밥을 지을 수 없고, 오물로 향을 만들 수 없다는 것은 무생계의 수지(수행) 없이는 결코 깨달음의 불과佛果에 나아갈 수 없다는 것을 보여 준 것이다. 즉 무생계의 수증修證을 통해야 생사해탈이 이루어질 수 있음을 보증하고 있다.

이어서 이 계법을 받아야 하는 당위성에 대해 말하고 있다. 일체중생이 고해를 건너 피안에 이르기 위해서는 자비의 배를 타야 하고, 어두운 사바를 밝히기 위해서는 지혜의 횃불이 필요하듯이, 무생계를 수지하지 않고서는 불법을 성취할 수 없음을 주장하고 있다. 여기서 중요시되는 것은 자비의 배와 지혜의 횃불이라는 말이다. 즉 자비와 지혜가 선행되지 않고서는 고해를 건너 피안으로 나아갈 수 없음을 말하고 있다. 그래서 대승경전에서는 모두 비지쌍운悲智雙運[117]을 강조하고 있는 것이다.

무생계를 받지 않고는 성불할 수 없기 때문에 마땅히 온갖 모양 있는 존재와 모양 없는 존재 모두가 수지해야 한다고 하는 것이다. 또한 유형 무형의 일체중생을 제도하기 위해 비로자나불이 친히 설해 주시고 문수보살이 전수해 준 것이 바로 무생계임을 천명하고 있다.

---

117 비지쌍운悲智雙運이란 자비와 지혜를 함께 운용한다는 뜻이다.

여기서 주목되는 것은 무생계를 비로자나불이 직접 설해 주시고 문수보살이 전수해 주었다는 사실이다. 범망보살계는 보신報身 노사나불이 설주로 되어 있지만, 무생계는 법신法身 비로자나불이 설주로 되어 있기 때문에 두 계의 설주가 다름을 보여 주고 있다. 노사나불이 수행의 계위를 밟아 그 과보로 얻어진 부처인 것처럼 『범망경』 또한 상권에서 사십 지위의 심지수행을 통해 불과를 성취할 수 있다고 말하고 있다. 반면 『무생계경』은 설주가 비로자나불로 되어 있으면서 무생법인의 증득을 통한 깨달음을 강조하고 있는 것이 그 특징이다. 이것은 비로자나불이 설주이며 청자聽者가 밀교적 금강수보살임에도 불구하고 법신의 자각을 설하지 않고[118] 반야중관般若中觀의 입장에서 중도실상中道實相의 깨달음을 설하고 있는 대승경전임을 알 수 있다.

다음으로 유정 무정의 모든 중생이 이 계 안에서 능히 번뇌 없는 법신을 성취할 수 있다고 말하고 있다. 그 이유로는 모든 부처님이 이 계를 의지하여 정각을 이루었고, 모든 보살 또한 이 계를 의지하여 인행을 완성했기 때문이라고 하여 무생계 수지의 당위성을 말하고 있다.

---

118 염중섭(자현), 「指空의 戒律意識과 無生戒에 대한 고찰」, (『한국불교학』 제70집, 2014), p. 269.

다음으로 수계자의 자세에 대해 말하고 있는데, 만약 무생계를 받고자 한다면, 자신을 애착하거나 버려도 아니 되며, 유심이나 무심으로 받아도 아니 된다고 경계하고 있다. 그 이유에 대해 말하기를, 만약 자신에게 애착하면 사마邪魔에 떨어지고, 자신을 버리면 외도外道가 되고, 유심수계有心受戒를 하게 되면 생사윤회를 면치 못하고, 무심수계無心受戒를 하게 되면 단멸공斷滅空에 떨어지며, 성性과 상相 어디에도 치우쳐서는 안 된다고 말하고 있다.

여기서 우리는 무생계는 오로지 애신愛身과 사신捨身, 유심有心과 무심無心, 상견常見과 단견斷見, 성性과 상相의 양변을 여읜 불이不二의 중도심中道心으로 수지해야 함을 알 수 있다.

그리고 서문의 마지막으로 불이중도의 심지계체心地戒體에서는 본래 한 법도 세울 수 없고, 한 물건도 없기 때문에 범성凡聖과 선악善惡의 티끌이 붙을 수가 없다고 말하고 있다. 사부대중은 이와 같은 불이중도의 심지계체에 의지하고 수행해야 성불의 길로 나아갈 수 있기에 마땅히 수지할 것을 당부하고 있다.

지금까지 서문에 해당하는 내용을 열거하면서 살펴보았듯이 이 안에 담고 있는 내용은 모든 불보살이 무생계를 통해 불도를 이루었고, 일체중생 또한 최상승 불이법문을 성취하여 생사해탈하기 위해서는 반드시 무생계를 수지하여야 함을 주장하고 있다.

다음으로 서문에 이어서 설해지고 있는 본문의 내용을 차례로 파악해 보도록 하겠다. 본문에서는 첫째 사귀의, 둘째 삼업죄 참회, 셋째 육대원의 서원, 넷째 최상승 무생계의 순서로 진행되고 있다. 순서에 따라 그 내용과 그에 함의된 사상을 구체적으로 궁구해 보도록 하자.

① 네 가지 귀의계歸依戒를 받아 깨끗이 믿어야 한다

불교에서는 일반적으로 불·법·승 삼보에 귀의하는 것이 상례이다. 한국불교에서는 보편적으로 '귀의불양족존歸依佛兩足尊·귀의법이욕존歸依法離欲尊·귀의승중중존歸依僧衆中尊'의 삼귀의례를 행한다. 원효대사는『대승기신론소』에서 삼보에 귀의함을 강조하기 위해 목숨을 바쳐 귀의한다는 의미로 "귀명삼보歸命三寶"를 말하고 있다. 그리고 나옹선사는 "자심삼보自心三寶"에 귀의할 것을 역설하고 있다. 나옹의 주장에 의거하면, 항상 분명하게 깨달아서 허명虛明하여 영묘靈妙한 천연 자체로서 아무 조작이 없는 것이 그대의 불보이며, 탐애를 영원히 여의고 잡념이 생기지 않고 마음 광명이 시방을 비추는 것이 그대의 법보이며, 청정하여 오염됨이 없고 한 생각도 일어나지 않아 앞과 뒤가 끊어져 홀로 드러나 당당한 것이 그대의 승보라고 하였다.[119] 이것은 일심을 삼보로 하여 자심자도自心自度[120]해야 함를 강조하고 있는 것이다.

무생계법에서는 무형無形의 불보, 무생無生의 법보, 무쟁無諍의 승보에 귀의하는 삼귀의에 최상의 무생계無生戒를 더해 사귀의를 설하고 있다. 불보를 모양이 없는 부처, 즉 법신불로 상정하고, 법보를 일체 법이 일어남이 없는 무생의 법으로 상정하고, 승보를 청정하여 다툼이 없는 화합중으로 상정하고 있다. 거기에다가 무생계를 추가하여 사귀의를 행하는 것으로 되어 있다. 이것은 기존의 불·법·승 삼보에 귀의하는 것 못지않게 무생계를 수지하는 것이 중요하다는 점을 강조하기 위함인 것이다. 다시 말하면 불·법·승·무생계에 귀의하는 사귀의를 행함으로 해서, 무생계에 대한 위상과 수지의 중요성을 환기하기 위한 장치인 것으로 판단된다.

『무생계경』에서는 무생계법의 사귀의 모두를 한결같이 자성으

119 『懶翁語錄』. "須是歸依自心三寶. ……了了覺悟, 虛明靈妙, 天然無作者, 是汝佛寶. 永離貪愛, 雜想不生, 心光發明, 照十方刹, 是汝法寶. 淸淨無染, 一念不生, 前後際斷, 獨露堂堂, 是汝僧寶."

120 자심자도自心自度는 혜능의 『단경』에 자성자도自性自度(스스로의 성품을 스스로 제도함)라는 말에 근거하여 스스로의 마음을 스스로가 제도한다는 수증의 원리를 말하는 것이다.

로 귀결시키고 있음을 볼 수 있다.

> 모양 없는 부처님께 귀의하는 것은 자성에 귀의하는 것이다.
>
> 남이 없는 법에 귀의하는 것은 자성에 귀의하는 것이다.
>
> 다툼이 없는 승가에 귀의하는 것은 자성에 귀의하는 것이다.
>
> 최상의 무생계에 귀의하는 것은 자성에 귀의하는 것이다.[121]

무생계법에서 설하고 있는 불·법·승·무생계에 귀의하는 사귀의는 결국 자성사보自性四寶에 귀의하는 것이 되는 것이다. 일찍이 혜능이 무상계無相戒를 전수할 때 자성삼보自性三寶와 자성삼신불自性三身佛에 귀의할 것을 강조한 적이 있다. 법신·보신·화신이 실제 자성에 모두 구족되어 있다고 보고, 일체 만법이 자기 본성에 다 갖추어져 있음이 법신이며, 한 생각 한 생각 바른 것이 보신이며, 자신의 한 생각의 옳음이 마음의 지혜를 일으키는 것이 화신이라 하고 있다. 그리고 혜능은 자성삼귀의를 계로 승화시켜 제시하고 있는데, 즉 이때의 자성삼보는 깨달음[覺]이 불보이며, 올바름

121 『無生戒經』 卷下. "歸依佛無形者, 歸依自性. 歸依法無生者, 歸依自性. 歸依僧無諍者, 歸依自性. 歸依最上無生戒者, 歸依自性."

[正]이 법보이며, 청정함[淨]이 승보라고 정의하고 있다.[122]

연수선사 역시 무상계에서 설하고 있는 자성삼보의 사상적 토대 위에서 삼보와 계를 말하고 있음을 볼 수 있다. "자신의 마음을 깨달음으로 부처요, 마음의 원리대로 유지됨으로 법이요, 마음이 모든 존재와 화합하여 둘이 아님이 승가요, 마음이 완전무결하게 청정함으로 계이다."[123] 여기서 연수는 '~함으로'라고 하여 구체적 실천행을 강조하고 있으며 특히 "자성 그대로 완전하게 청정함을 계"로 정의하고 있다.

무생계의 사귀의와 혜능의 무상계 및 연수의 보살계에 대한 견해를 살펴본 결과 모두 자성의 본래 삼보에 귀의하게 하는 관점에서 모두 동일한 계법임을 알 수 있다. 다만 무생계에서는 연수의 영향을 받아 삼귀의에 무생계를 더해 사귀의를 설하고, 무상계는 자성삼신불에 귀의하게 하고 다시 자성삼귀의를 계로 승화시켜 귀의하고 있음이 다른 점이라고 할 수 있다. 여하튼 자성의 귀의를 말하고 자성의 수증을 통해 해탈로 나아가고자 하는 점은 일치

---

122 정성훈(無塵), 『문수사리보살최상승무생계경』의 사상적 특성에 대한 연구, (석사학위논문, 2016년), pp. 82~83 참조.

123 영명연수 지음, 『受菩薩戒法序』, 여천무비 풀어씀, (염화실), p. 21. "以覺自心故, 名爲佛. 以可軌持故, 名爲法. 以心性和合不二故, 名爲僧. 以心性圓淨故, 名爲戒."(무비스님께서는 승僧을 스님으로 옮겼으나, 필자는 승가라고 옮겼음을 밝힌다.)

하고 있다. 이것은 조사선 불교에서 자성청정(본래부처)을 전제하고 자성자도自性自度의 무수지수無修之修를 수증의 방편으로 제시하고 있는 것을 지공 역시 그대로 계승하고 있다는 것을 알 수 있다.

② 세 가지 업의 모든 죄를 참회하여 없애야 한다

모든 죄업은 탐·진·치 삼독이 근본이 되어 신·구·의 삼업을 통해 짓게 되고 그 과보를 받게 되는 것이다. 지극한 마음으로 참회하기를, "도는 본래 청정하건만 미혹 때문에 아는 바가 없어서 한량없는 죄를 짓고 이 번뇌의 몸을 받게 되었으니, 내가 이제 간절히 참회하여 하루빨리 부처님의 보리를 증득하리라." 하며 참회행을 실행하라고 지시하고 있다.

도는 본래 청정하다는 것은 중생의 자성이 본래 청정하여 본래 부처란 것을 의미한다. 미혹 때문에 알 수 없다고 하는 것은 한 생각이 미혹되어 본래 청정을 잃어버렸기 때문에 자성의 빛, 즉 지혜가 없기 때문에 아는 바가 없다고 말한 것이다. 그러므로 『단경』에서 일념이 미혹하면 중생이요, 일념을 깨달으면 부처라고 말하고 있는 것이다.

일념이 미혹하여 무명 속에서 생각마다 죄를 짓게 되니 한량없다고 말하고, 이 죄업이 원인이 되어 그 과보로 중생신衆生身을 받게 되었으니, 이제 간절히 참회하는 길밖에 다른 도리가 없게 되었다. 지극한 참회를 통해 자성심지를 밝혀 하루빨리 부처님의 보리과를 증득해야 하는 것이다.

『최승왕경』에 설하기를, "앞마음이 죄를 일으킴은 마치 구름이 허공을 덮는 것과 같으나 뒷마음이 죄를 멸함은 마치 횃불로 어두움을 파하는 것과 같으니, 모름지기 횃불이 멸하면 암흑이 되는 줄 알아서 반드시 항상 참회의 횃불을 밝혀야 한다."라고 하였다. 이와 같이 횃불이 아니면 암흑을 파할 수 없듯이 수계 작법을 통해 죄를 참회하는 것은 어두운 장야長夜에 광명을 밝히는 것과 같다.

지공은 『선요록』에서 죄악에 대해 이렇게 말하고 있다.

> 묻기를, "이미 바른 선정 가운데 들어가면 죄와 복이 없게 됩니까?"
>
> 선사가 답하길, "죄와 복이 없다. 만약 죄와 복이 있다면 바른 선정이 아니다."
>
> 묻기를, "지금 바른 선정을 얻은 후에 예전에 지은 악은 죄를 받습니까?"
>
> 선사가 답하길, "또한 죄가 없느니라."

묻기를, "분명하게 죄를 지었는데 어찌 죄가 없습니까?"

선사가 답하길, "죄가 있다고 하지만, 죄의 체성은 본래 없는 것이다. 지금 이 몸과 육근·육진 및 오온이 모두 다 공적하여, 사대가 예전에 지은 죄가 지금 어느 곳에서 오겠는가. 대상에서 찾을 수 없으니 이 죄란 것은, 마치 꿈 가운데 지은 바가 꿈속에서는 분명하게 죄가 있어 죄의 뿌리가 풀리지 않았지만, 이미 꿈을 깨고 나면 텅 비어 한 물건도 없어 죄가 스스로 어떻게 오겠는가. 바른 선정도 이와 같다."[124]

지공이 주장하는 바는 죄의 업상業相은 존재하지만 그 체성體性은 공적하여 본래 없다는 것이다. 비유하자면 마치 꿈속에서는 분명하게 죄를 짓기도 하고 죄의 과보를 받기도 하지만, 꿈을 깨고 나면 텅 비어 꿈속의 인과가 애초에 없었던 일이기 때문에 한 물건도 없다고 말하여 죄의 체성이 공함을 들어 무죄를 말하고 있는 것

---

124 『禪要錄』「直旨」. "問曰, 旣入正定中, 有罪福否. 師云, 亦無罪福. 若有罪福, 非正定也. 問曰, 今得正定後, 昔所作惡, 還受罪否. 師云, 亦無罪也. 問曰, 分明造惡, 云何無罪. 師云, 若有罪者, 罪體非有, 今於此身, 根塵五蘊, 悉皆空寂, 四大昔作之罪, 今處何處將罪來, 對覓不可得, 是以罪者, 猶如夢中所作, 夢未醒時, 明明有罪, 罪根未釋, 夢已覺矣. 空空無物, 罪自何來, 由正定者, 亦復如是."

이다. 이것은 제법공상諸法空相[125]의 원리적인 입장에서 말하여 죄가 없다고 말하는 것이다. 그러나 꿈을 깨지 못한 미혹한 중생의 입장에서는 여전히 죄업의 인과 속에서 고통을 받고 있는 것이다. 그러므로 백장은 이렇게 말하고 있다.

> 만약 죄를 짓고 나서 죄가 있음을 보지 않는다고 말한다면, 이것은 있을 수 없는 일이다. 만약 죄를 짓지 않았는데도 죄가 있다고 한다면, 또한 있을 수 없는 일이다. 마치 계율 가운데서 "본래 사람을 미혹되게 가르쳐서 서로 살생을 하도록 조종하게 되면, 오히려 살생의 죄가 되지 않는다."라고 하는 것과 같다. 하물며 선종 문하를 서로 계승하여 마음이 허공과 같아 한 물건에도 머물지 않으며 또한 허공이라는 상조차 없다면 죄가 어느 곳에 자리하겠는가?[126]

꿈을 깨지 못한 현실 법에서 죄를 지어 놓고 죄가 없다고 말하여도 아니 될 것이며, 죄를 짓지 않았는데 죄가 있다고 하여도 그릇된 말이 된다. 죄의 상相에서는 분명 죄를 지으면 죄가 있게 되

125 모든 법이 허공처럼 텅 비어 있는 모습이기에 제법공상이라고 말한다.

126 『百丈語錄』, "罪若作了, 道不見有罪, 無有是處. 若不作罪, 道有罪, 亦無有是處. 如律中, 本迷教人, 及轉相殺, 尚不得殺罪. 何況禪宗下相承, 心如虛空, 不停留一物, 亦無虛空相, 將罪何處安着?

고, 죄의 체體에서 보면 지은 바 없이 짓게 되니 죄가 없다. 그래서 죄는 있기도 하고 없기도 하다고 말하는 것이다. 자성이 본래 청정함을 깨닫지 못한 어리석은 중생에게 있어서는 마땅히 지은 죄상이 있고 그 과보도 받게 마련이니, 지극한 마음으로 참회하고 수행을 더하여 죄체罪體의 공성을 체득하여 멸죄滅罪의 작법을 지어야 한다. 이것이 삼업의 죄를 참회하는 방편이다.

③ 여섯 가지 큰 서원을 세워야 한다

첫째, 일체중생이 모두 성불하지 않으면 나 또한 정각에 오르지 않겠습니다.

둘째, 일체중생의 모든 번뇌를 내가 모두 대신하겠습니다.

셋째, 일체중생의 모든 어리석음을 지혜로 밝혀 주겠습니다.

넷째, 일체중생의 모든 재난을 안온하게 하겠습니다.

다섯째, 일체중생의 모든 탐·진·치를 계·정·혜로 바꾸겠습니다.

여섯째, 일체중생이 모두 나와 함께 정등각正等覺에 오르게 하겠습니다.

천태지의는 『법계차제초문』 하권에서 "스스로 마음을 제지하는 것을 서誓라 하며, 원만한 성취를 추구하려는 뜻이 있기 때문에 원願이다."라고 하였다. 대승보살은 자리이타를 실천행의 근본을 삼는다. 그런데 무생계법에서는 자리自利가 없는 이타행利他行만이 서원의 내용이 되고 있다. 그래서 서원의 대상이 모두 일체중생으로 범위가 확대되고 있는 것이다. 이것은 무생의 묘리에서 보면 무생無生이 곧 무아無我이므로 모든 중생을 향한 이타의 서원이 바로 자리가 되어 자타불이自他不二의 실천이 되는 것이다.

무생계에서는 육대원의 서원을 발하라고 하지만, 일반적으로 불교 의례에서는 사홍서원을 주로 행한다. 사홍서원의 원형을 살펴보면 『법화경』 「약초유품」에 이렇게 설하고 있다.

> 첫째, 아직 건너지 못한 자는 건너게 하고
>
> 둘째, 아직 이해하지 못한 자는 이해하게 하고
>
> 셋째, 아직 편안하지 못한 자는 편안하게 하고
>
> 넷째, 아직 열반에 들지 못한 자는 열반에 들게 한다.[127]

127 "未度者令度, 未解者令解, 未安者令安, 未涅槃者令得涅槃."

이것을 지의대사는『보살영락경』에 의거하여 사성제에 배대하여 설명하고 있다. 아직 건너지 못한 자를 건너게 하는 것을 고苦에, 아직 이해하지 못한 자를 이해하게 하는 것을 집集에, 아직 편안하지 못한 자를 편안하게 하는 것을 멸滅에, 아직 열반에 들지 못한 자를 열반에 들게 하는 것을 도道에 각각 배대하고 있다. 즉 사성제의 법을 성취하는 것으로 사홍서원으로 삼고 있는 것이다.

현대 대만의 자재공덕회주 증엄화상의 "보천삼무普天三無"의 서원 또한 무생·무아의 경지에서 실천되는 대승보살의 서원으로 자리매김하고 있다.

1. 온 천하에 내가 사랑하지 않는 사람이 없기를.
2. 온 천하에 내가 믿지 않는 사람이 없기를.
3. 온 천하에 내가 용서하지 않는 사람이 없기를.[128]

모든 보살이 자비로써 열반에 들지 않고 화광동진和光同塵하고자 서원하는 것은 중생과 부처가 둘이 아니라는 불이중도로서의 무아와 무생의 법을 체득했기 때문이다. 보천삼무에서 말하고 있는

128 "普天下沒有我不愛的人. 普天下沒有我不信任的人. 普天下沒有我不原諒的人."

나[我]는 이미 나 아닌 나[無我之我]인 것이다. 그러므로 일체중생을 사랑할 수 있고, 일체중생을 믿을 수 있고, 일체중생을 용서할 수 있는 것이다. 이렇게 할 수 있는 것은 일체중생이 본래 부처임을 자각하여 철저히 무아행의 서원이 실현되고 있기 때문이다. 이러한 육대원과 보천삼무의 연장선에서 나옹선사의 행선축원을 이해할 수 있을 것이다. 행선축원 가운데 중요한 서원의 부분은 다음과 같다.

원컨대 내가 세세생생 나는 곳마다	願我世世生生處
언제나 반야(불법)에서 물러나지 않고	常於般若不退轉
……	
시방세계 어디라도 화현하지 않음이 없어	十方世界無不現
널리 중생들로 하여금 깨달음에 들게 하소서	普令衆生入無爲
나의 이름 듣는 이는 삼악도를 벗어나고	聞我名者免三途
나의 모습 보는 이는 해탈을 얻게 하시어	見我形者得解脫
이와 같이 영원토록 교화할 수 있게 하사	如是敎化恒沙劫
필경에 모두 함께 부처를 이루게 하소서	畢竟無佛及衆生

선의 종지가 '견성성불 요익중생'이다. 심지계체를 깨달아 견성

성불에 나아가고, 심지계법을 수지하여 요익중생에 계합하는 보살의 목전에는 오직 큰 서원만이 생명으로 출렁이고 있는 것이다. 그래서 보살의 생명은 서원이 되는 것이다. 진정한 대승보살계의 수지자는 업력으로 살아가는 업생業生에서 불보살의 원력으로 살아가는 원생願生으로 삶이 전환되어야 한다. 즉 불보살의 서원을 자기 서원으로 받아들여 견성도생見性度生하는 것이 보살의 실천행이다. 그러므로 대승의 수행자는 일체중생을 맹세코 건지겠다는 대비심과 대서원을 일으켜야 한다. 지장보살은 한 중생도 남김없이 모두 제도하여 모든 중생이 다 정등각에 이르게 하고 나서야 성불하겠다는 서원을 세운 보살이다. 이것이 곧 문수의 지혜로, 보현의 행원으로 나아가는 대승계법의 서원인 것이다.

④ 최상승最上乘의 무생계

모든 선을 닦지 말고[衆善不修], **모든 악을 짓지 말라**[諸惡不造].

위의 내용이 무생계법에서 유일하게 설하고 있는 계의 조목이라고 할 수 있다. 그런데 전통적인 성문계율은 방비지악防非止惡을 목적으로 한다. 즉 그릇됨을 방지하고 악을 그치게 하는 것이 계율제정의 목적이다.

『보살지지경』에서는 대승의 계를 삼취정계三聚淨戒로 정의하고, 섭율의계攝律儀戒·섭선법계攝善法戒·섭중생계攝衆生戒로 분류하고 있다. 섭율의계는 율의를 지킴으로써 자신을 청정하게 하는 것이며, 섭선법계는 금계를 바탕으로 이타적인 선행을 닦아 가는 것을 말하며, 섭중생계는 중생을 제도하여 이익되게 하는 것을 말한다. 선의 종지 가운데 하나가 요익중생이듯 대승계 역시 섭중생계를 설하고 있다. 이런 취지에서 무생계 또한 중생의 이익을 중요시하는 대승의 계법임에 분명하다.

최상승을 표방하는『무생계경』에서는 대승계경인『범망경』이나『보살지지경』에서처럼 구체적인 계의 조목이 설해지지 않고 오로지 "중선불수衆善不修, 제악부조諸惡不造"라는 말로 행위규범을 제시하고 있다. 그런데 이른바 "모든 선을 닦지도 말고, 모든 악을 짓지도 말라."고 하는 계조戒條의 원형은 제불통계諸佛通誡의 게송에서 찾아볼 수 있다.

모든 악을 짓지 말고	諸惡莫作
모든 선을 받들어 행해	衆善奉行

스스로 그 마음을 맑게 하라　　　　自淨其意
이것이 모든 부처님의 가르침이다　　是諸佛教

다시 말하면 악을 짓지 않고 선을 행해 마음을 청정하게 하는 것이 불교라고 하는 것이다. "제악막작諸惡莫作 중선봉행衆善奉行"은 세간이나 출세간을 막론하고 보편적 윤리 덕목으로 제시되는 구절이다. 중요한 것은 제3구인 "자정기의自淨其意"에 있다고 하겠다. 악을 짓지 않고 선을 행한다는 것은 상대적 윤리규범으로는 적절하지만, 절대적 윤리규범이 될 수는 없다. 이는 지공의 『선요록』에서도 지적하고 있는 바이다.

만약 선을 닦으면 곧 인천의 과보를 받을 것이며, 만약 악을 지으면 윤회의 과보에 떨어질 것이다. 그러므로 선악의 두 길은 도법의 실다운 이치가 아니다.[129]

사실 악을 짓지 않고 선을 행한다는 심리적 이면에는 악을 싫어하고 선을 좋아하는 호好와 불호不好, 애愛와 염厭이라는 이원적 분

129 『禪要錄』「直旨」. "若修善者, 則受人天之果也. 若作惡者, 則墮輪廻之報也. 是故善惡二途, 非是道法之實理也."

별이 내재되어 있다. 이러한 이원적 분별심을 불이중도不二中道로 승화시키는 것이 바로 제3구인 자정기의自淨其意이다. 그 뜻을 밝힌다는 것은 그 마음을 밝힌다는 말로 대치될 수 있다. 마음을 밝히는 것은 마음자리가 불생불멸의 무생법인임을 자각하는 것이다. 마음이 본래 둘이 아닌 무생법인으로서의 마음이라면 여기에는 선악·시비·유무의 이원적 분별이 근원적으로 존재할 수 없게 된다. 불이중도에서 보면 선악의 이원적 분별을 떠나서 이미 선은 선이 아니요, 악도 악이 아닌 것이 된다. 이렇게 되면 제불통계의 앞 두 구절인 제악막작과 중선봉행은 중생을 접화接化하기 위한 방편으로 유용한 것이며, 자정기의야말로 실제實際로서의 중도정행中道正行의 실천으로 제시된 것이다.

이러한 의미로 제불통계를 이해한다면 무생계법에서 제시하고 있는 "중선불수 제악부조" 또한 이미 방편을 내포하되 방편을 초월한 중도정행으로서의 계목이 되는 것이다. 따라서 지공은『선요록』에서 "이 계 가운데는 범성凡聖도 없고, 성상性相도 없고, 유무有無도 없고, 또한 몸과 마음도 아니고, 선악도 아니면 이것이 곧 계이다."[130]라고 말하여, 무생계가 중도정행으로서의 심지계心地戒임

130 위의 책. "於此戒中, 無凡無聖, 非性非相, 非有非無, 亦非身心, 亦非善惡, 此則是戒."

을 강조하고 있다.

그리고 이 계를 수지하는 자세에 대한 물음에 답하길, "만약 좋아하는 마음[愛]으로써 받으면 곧 사마邪魔에 떨어지고, 만약 싫어하는 마음[厭]으로써 받으면 곧 외도라고 하고, 만약 유심[有]으로써 받으면 곧 생사가 계속되고, 만약 무심[無]으로써 받으면 곧 단멸에 들어간다."[131]라고 하였다. 이와 같이 무생계가 중도정행으로서의 심지계이며, 이 심지계를 어떻게 수지해서 해탈을 얻는지에 대하여『선요록』은 이렇게 문답을 이어 가고 있다.

> 묻기를, "이미 선을 닦지 않고 악도 행하지 않는다면 어떻게 정견을 세워 이 계법을 받을 수 있으며, 어떻게 해탈법문에 들어갈 수 있습니까?"
> 선사가 답하길, "만약 이 계를 받으면 짓지 않고 끊지 않고 받지 않고 범하지 않는 곳에서 자재한 가운데 곧바로 해탈을 얻는다."
> 묻기를, "어떤 곳에서 자재의 법으로 해탈을 얻습니까?"
> 선사가 답하길, "시비를 생각하지 않고, 선악을 생각하지 않고, 또한 참됨을 생각하지 않고, 또한 망상도 하지 않아서, 그 가운데 모두 내

---

131 위의 책. "若以愛而受者, 則墮邪魔. 若以厭而受者, 則名外道. 若以有而受者, 則續生死, 若以無而受者, 則入斷滅."

려놓으면 이것을 곧 대자재를 얻었다고 한다. 이미 자재를 얻었지만 또한 자재의 관념마저 짓지 않는 이것이 곧 해탈이다."[132]

이러한 최상승의 계법은 이미 선악善惡·시비是非·진망眞妄을 여읜 중도정행의 심지계법이다. 따라서 짓지 않고 끊지도 않으며, 받지 않고 범하지 않는 무념처에서 오직 자재를 얻되, 얻었다는 생각마저 짓지 않는다면 이것이 진정한 해탈이 되는 것이다.

이른바 "선도 닦지 말고, 악도 짓지 말라."고 하는 중도정행으로서의 심지계법은 수행의 경지가 고준한 상근보살들에게는 그대로 수증의 방편으로 수용될 수 있었겠지만, 아직 수행이 일천한 초심자의 입장에서는 자칫 원리적 관념론에 빠질 위험에 노출될 수 있다. 실제로 당시 세간의 사대부와 출세간의 전문 수행자들에게는 이 무생계법이 그대로 수지되었음이 문헌을 통해 알려지고 있다. 하지만 일반 대중들의 입장에서는 무생계법을 보완해 줄 방편의 금계가 분명 함께 시계施戒되었을 것으로 추정된다.

지공화상이 원나라로 건너오는 유행遊行 과정을 살펴보았을 때

132 위의 책. "問曰, 旣然不修善, 不行惡作, 何正見而可受此戒法, 如何昇入解脫法門. 師云, 若受此戒, 不作不斷不受不犯處, 自在中, 則得解脫. 問曰, 云何處, 自在之法, 而得解脫. 師云, 以不思是非, 不念善惡, 亦不思眞, 亦不妄想. 於中放下, 此則名得大自在. 旣得自在, 又不作自在觀者, 此則解脫."

곳곳에서 희생제와 살생을 금지시키고, 제사에 육류 사용을 금지시킨 일들이 기술되어 있다. 아울러 동정호에서 풍랑을 만나 삼귀의, 오계를 설하여 파도를 잠재웠다는 일화와 일반 대중들에게 계를 설했다는 내용도 함께 볼 수 있다. 이러한 일련의 사건을 통해서 지공이 평상시에 불교의 기본계율의 수계를 통해 교화행을 펼쳤음을 알 수 있다. 이로써 무생계와 더불어 기본계율인 삼귀의, 오계를 함께 설했을 가능성이 높아 보인다.

만약 최상승의 무생계와 기본계율을 함께 수계했다면 서로 보완적인 기능으로 작용했을 것이다. 이러한 상보적 기능과 수계라는 대중의례를 통해 당시 원나라와 고려의 일반 서민들에게 교화의 폭을 넓혀 갈 수 있었을 것이다. 지공화상이 수계라는 종교의식을 통해 교화의 장을 넓힘으로 해서 계의 정신을 함양하고, 계의 실천적 이익을 담보할 수 있었을 것이다.

선악을 초월하는 무념의 심지법문은 일찍이 『단경』에서도 이미 제시된 바가 있었다. 혜능선사는 원적을 앞두고 마지막으로 이렇게 읊고 있다.

> 우뚝하여 착한 일도 닦지 않고
> 높이 솟아 악한 일도 짓지 않네.

고요하여 보고 들음 모두 끊고

툭 트이어 마음에 집착 없네.[133]

선과 악의 성품 모두 공空하여 선을 닦되 닦음 없고, 악을 끊되 끊음이 없어 선과 악 어디에도 집착 없음이 우뚝하여 높고 높음이 되는 것이다. 혜능의 심지법문과 심지계체에 대한 사상은 제목을 달리하여 자세히 조명해 보기로 하겠다. 그리고 영명연수도 역시 대승 심지계율에 대해 지공과 동일한 관점을 피력하고 있음을 볼 수 있다.

자성의 미묘한 계율은 완전히 이치가 밝고 밝아서 범부와 성인을 나누지 않는다. 일찍이 미혹한 것도 깨달은 것도 없기 때문이다. 『법구경』에 말씀하시기를 "계의 성품은 허공과 같건만 계를 가지는 사람들이 미혹하여 잘 알지 못한다."라고 하였다. 또 『대반야경』에 말씀하시기를 "계를 지키는 비구는 천당에 올라가지 못하고, 계를 깨뜨리는 비구는 지옥에 들어가지 못한다."라고 하였다. 왜 그런가? 진리의 세계에는 계를 가지거나 범하는 일이 없기 때문이며

133 종보본 『壇經』. "兀兀不修善, 騰騰不造惡, 寂寂斷見聞, 蕩蕩心無著."

일체법이 텅 비어 없기 때문이다.[134]

이로 보아 무생계는 성문계의 지지止持와 작지作持를 넘어선 중도정행의 심지계임을 알 수 있다. 즉 선善을 짓되 지은 바 없이 지어 선에도 머물지 않고, 악惡을 그치되 그침의 상에도 머물지 않아서, 선악 그 어디에도 머묾 없는 심지계心地戒로서의 무생계無生戒임을 나타내고 있다. 이 무생계를 수지함으로써 바로 불생불멸不生不滅의 무생법인無生法忍을 증득하여 다함없는 바라밀행이 성취되는 것이다.

여기서 알 수 있듯이 무생계는 금계禁戒와 같은 성문계가 아니라, 중도정관中道正觀과 생사해탈 같은 근원적 문제에 대한 수증을 강조하고 있다. 무생계의 이러한 수증방편은 반야의 공사상에 입각한 중도행의 실천으로 심지계체를 밝히는 것을 목적으로 하고 있다.

북종 신수선사는『대승무생방편문』에서 말하기를, "보살계는 심계心戒를 지키는 것이니, 불성佛性으로써 계성戒性을 삼는다. 마음이

134 영명연수 지음,『受菩薩戒法序』, 여천무비 풀어씀, (염화실), pp. 61~62. "自性妙律, 圓理昭然, 靡隔凡聖, 未嘗迷悟. 法句經云, 戒性如虛空, 持者爲迷倒. 大般若經云, 持戒苾蒭, 不昇天堂, 破戒比丘, 不入地獄. 何以故. 法界中, 無持犯故, 一切法空故."

언뜻 일어나면 곧 불성에 위배되니, 보살계를 파하는 것이다. 마음이 일어나지 않게 잘 호지하면 곧 불성에 위배되지 않으니, 이것이 보살계를 잘 지키는 것이다."[135]라고 하였다. 그리고 또 말하기를, "마음이 일어나지 않으니 심진여이고, 색이 일어나지 않으니 색진여이다. 심진여이기 때문에 심해탈이며, 색진여이기 때문에 색해탈이다."[136]라고 하고 있다. 즉 신수의 계율관에서는 불성佛性이 바로 계성戒性이 되기 때문에 심별기心瞥起 즉 파계요, 심불기心不起 즉 지계가 되는 것이다.

지공화상은 『선요록』에서 오직 최상승의 무생계법을 닦아야 능히 깨달음을 얻을 수 있음을 강조하고 있다. 『무생계경』에서도 이르기를, "모든 중생이 이 계를 받지 않고서 불도를 이루려고 한다면 이런 일은 있을 수 없다."[137]라고 하고, "이 계법은 형상이 있거나 형상이 없는 모든 이가 받아 지닐 수 있다."[138]라고 수계대상의 문을 활짝 열어 놓고 있다.

여기서 주목되는 것이 유정 무정의 모든 중생이 모두 다 무생계

---

135 『大乘無生方便門』, (『大正藏』 85, p. 1273 中~下). "菩薩戒, 是持心戒, 以佛性爲戒性. 心瞥起, 卽違佛性, 是破菩薩戒. 護持心不起, 則順佛性, 是持菩薩戒."

136 『大乘無生方便門』. "心不起心眞如, 色不起色眞如. 心眞如故心解脫, 色眞如故色解脫."

137 『無生戒經』 上卷. "所以一切衆生, 不受此戒者, 欲成佛道, 無有是處."

138 위의 책. "此戒法者, 一切有形無形, 皆應受持."

를 수지할 수 있다고 하는 부분이다. 성문의 모든 바라제목차는 수계 대상자가 한정되어 있고, 심지어 범망보살계법에도 일곱 가지 큰 역죄를 지은 이는 받을 수 없다고 제한을 두고 있는 반면, 이 무생계는 수계 자격에 어떠한 제한도 두지 않고 있는 점이 수승한 점이다.

마지막으로 위에서 설한 모든 조문을 여법하게 잘 지닐 것을 당부하고 있다. 문聞·사思·수修를 통해 미혹의 나루를 벗어나 보리의 언덕에 오를 수 있음을 전하는 동시에, 계법 수지의 수승한 공덕이 광대무궁함을 찬양하고 있다.

한문으로 된 원문 계첩의 마지막 부분에는 축원이 들어 있다. 이 부분의 설명은 생략하기로 하겠다. 계첩의 말미에 수지자의 법명[覺慶]이 적혀 있고, 여래유교제자전수일승계법서천선사如來遺敎弟子傳受一乘戒法西天禪師 지공指空이라는 전계사의 이름이 서명 형태로 적혀 있다. 이것은 이 무생계가 일승계, 즉 부처님으로부터 전수받은 불계佛戒임을 분명히 하고 있는 것이다.

아울러 전계사가 부처님으로부터 정법안장의 혜명을 이어 받은 108대 조사로서의 서천선사 지공임을 분명하게 명시하고 있다. 이는 율사가 아닌 선사의 자격으로 계법을 전수하고 있음을 증명하고 있음을 보여 주고 있다고 하겠다.

이상으로 해인사 비로자나불 복장에서 발견된 「무생계첩」의 구성과 내용에 대해 조명해 보았다. 비록 짧은 계첩의 내용이지만 최상승계로서의 면모를 자세히 밝히고 있다. 말법 시대에 혼탁한 삶을 살아가는 중생의 입장에서는 마땅히 최상승무생계를 수지하여 전미개오轉迷開悟로 무생법인을 증득하여 고통의 차안을 열반의 피안으로 전환시켜야 할 것이다.

맺는말

선계일치禪戒一致

달마선의 소의경전은 4권『능가경』이다. 도선율사는『속고승전』에서 달마선의 소의경인『능가경』에 대해 이렇게 평가하고 있다. "그 경은 본래 유송劉宋 시대 구나발타라삼장이 번역하였으며, …… 후에 달마선사가 남북에 전했다. 말을 잊고 생각을 여의며[忘言忘念], 얻을 바가 없는 올바른 관[無得正觀]을 종지로 한다.[139]

이른바 "망언망념忘言忘念, 무득정관無得正觀"의 종지는 중도정관을 내용으로 하는 중관반야의 핵심사상이다. 여기서 "말을 잊고 생각을 여읜다."라고 하는 것은 생명의 근원은 언어가 미칠 수 없고 생각으로 나아갈 수 없기 때문에 이렇게 표현한 것이다. 모양

139 "其經本是宋代求那跋陀羅三藏翻, ……於後達摩禪師傳之南北, 妄言妄念無得正觀爲宗."

이 있는 모든 것[色]은 인연으로 이루어졌기 때문에 일체개공一切皆空이라고 말하고, 공空 역시 고정된 모습을 지키지 않기 때문에 공 또한 공[空亦空]이라고 말한다.

그러므로 색色과 공空이 고정된 모습으로 색이 다하여 공이 되고 공이 다하여 색이 되는 것이 아니고, 색 그대로 공이요 공 그대로 색이기 때문에 즉색즉공卽色卽空이라고 말하는 것이다. 즉색즉공이기에 무엇 하나 더 보탤 것도 없고 덜어 낼 것도 없이 본연 그대로 완전하다. 즉 있는 그대로 본래부처인 것이다. 이러하기 때문에 얻을 바가 없다[無得, 無所得]고 말한다. 이와 같이 얻을 바 없는 무상실상無相實相을 바로 보는 것이 무득정관無得正觀인 것이다. 이것은 반야중관에서 제법의 이치를 밝힌 도리이다. 도선은 이 무득정관이 달마선의 종지라고 보고 있는 것이다.

달마선이 『능가경』을 소의로 하면서 그 사상적인 측면에서는 무득정관無得正觀의 반야사상을 종지로 삼고 있듯이, 지공의 무생선에서도 역시 불이중도를 내용으로 하는 반야성공般若性空의 사상이 핵심을 이루고 있다. 이색의 「지공부도비명」에서도 기록하고 있듯이 지공화상 또한 출가 초기에 대반야를 수학[學大般若]했음을 상기해 볼 때, 그의 선사상이나 그가 전수한 무생계법의 바탕이 불이중도사상에 기반을 두고 있음은 당연한 결과일 것이다. 그러므로 무생선과 무생계 모두가 불이중도의 실천을 핵심 종지로 삼는 것으로 일치하고 있다고 말할 수 있게 된다.

종밀이 주장하고 있듯이 달마 이래의 선이 여래청정선이라고 한다면 동산법문, 남종선, 조사선의 전통에서도 마찬가지로 여래선을 계승하고 있음을 살펴보았다. 여래선의 종지와 무생선의 사상이 일치하여 여래선이 무생선이며, 무생선이 여래선임을 이미 앞에서 확인하였다.

무생선과 무생계 둘 다 불생불멸不生不滅의 무생법인無生法忍을 체득하는 것으로 수증문을 삼고 있음 또한 동일하다. 무생선은 무생법인을 증득하여 해탈의 길로 나아간다고 역설하고 있고, 무생계 시설의 목적 또한 무생묘리無生妙理의 체득이고 무생법인의 실현이라고 말하고 있다.

달마선에서 4권『능가경』을 번역한 구나발타라가 능가의 요지는 "모든 부처님의 마음이 제일이다[諸佛心第一]."라고 말하고, "모든 부처님의 마음이란 마음이 일어남이 없는 자리[心不起處]"라고 하여[140] 심불기心不起를 역설하였다. 혜능과 신회 또한 염불기念不起를 무념의 종지로 삼고 있음 또한 위에서 언급한 바 있다.

140 淨覺 著,『楞伽師資記』「解題」, 元照 박건주 譯註, (운주사), p. 21.

『역대법보기』에서도 "망념이 일어나지 않음[念不起]이 계문戒門이요, 정문定門이며, 혜문慧門이다. 무념無念은 계·정·혜를 구족한다. 삼세의 모든 부처님도 이 문을 통해 깨달았다."라고 말하고 있다. 신라 출신인 정중종의 무상無相선사가 주창한 삼구설법三句說法[141]에도 망념이 일어나지 않는 염불기念不起를 내용으로 하는 무념無念의 경계가 심지법문心地法門으로 설해지고 있다. 이와 같이 선문에서는 염불기가 선정임과 동시에 계·정·혜를 모두 아우른다고 주장하고 있다.

그리고 북종 관련 돈황 출토의『사자칠조방편오문』에서도 정사正邪의 법에 대한 물음에 "무심無心의 법이 정正이고 기심起心의 일체법이 사邪이다. 망념이 일어나지 않음이 보살이요, 일체 상을 여의는 것이 부처이다."[142]라고 대답하여 망념불기妄念不起가 정법임을 역설하고 있다.

---

141 『曆代法寶記』에 의거하면, 무상은 먼저 인성염불引聲念佛을 하게 하고, 한 염불의 숨이 다하고 목소리가 끊어졌을 때 삼구설법三句說法을 행하였다고 기록하고 있다. 이른바 삼구란 무억(無憶: 기억을 없앰), 무념(無念: 망념을 없앰), 막망(莫忘: 망각하지 않음)으로 계戒·정定·혜慧 삼학을 말하는 것이다. 종밀의『원각경대소초』에서 설명하기를, 마음에 지난 일들을 추억하지 않는 것이 무억無憶이며, 미래의 영고성쇠에 염려하지 않음이 무념無念이며, 항상 지혜와 상응하여 어지럽지 않음이 막망莫忘이라고 하였다. 여기서 말하고 있는 무억이 바로 망념불기에 해당하는 것이다.

142 『師資七祖方便五門』. "問曰, 何名一切法正, 何名一切法邪. 答曰, 無心法正, 起心一切法邪. 妄念不起名菩薩, 離一切相名佛."

지공화상의 무생계 또한 문수의 지혜인 반야성공의 지혜로서 불이중도의 증득과 실천으로 계를 구현하고 있다. 아울러 무생계가 무념삼매無念三昧의 수행을 통해 완성되고 있음 또한 망념불기妄念不起를 계의 근본으로 삼고 있음을 엿볼 수 있다. 『무생계경』에서는 "중선불수, 제악부조"의 계법을 설하면서 무생계체無生戒體에 대해 "일어나는 마음 작용과 알음알이가 함께 없어지고, 경계와 지혜를 모두 잊으며, 바탕은 치우침과 원만함이 끊어졌고, 성품은 움직임이 없어 증득함도 닦음도 아니고, 지니거나 범하는 것도 아니고, 진실도 거짓도 아니고, 취함도 버림도 아니다."라고 말하고 있다. 이것은 지공이 말한 일념불생一念不生 혹은 망념무생妄念無生이라는 무생의 종지를 나타낸 것이다.

그리고 지공의 『선요록』에서 망념불기妄念不起에 대해 "망념이 일어날 때 망심이 본래 공하여 또한 일어난 바가 없어서[妄念無起], 그 가운데서 자재한 것은 곧 망념이 비록 일어나지만 실로 온 곳이 없다."라고 부연하고 있다.

이것으로 볼 때 무생선과 무생계에서는 다 같이 망념불기의 무념으로 바탕[體]을 삼고 또한 수증의 작용作用을 삼고 있기에 자연히 선계일치·선율겸행이 성립되는 것이다.

그리고 대승의 계율은 모두 보살계임과 동시에 최상승계이며,

불성佛性을 계체로 하는 심지계법心地戒法이다. 특히 보살계는 『범망경』의 원래의 경 제목이 『범망경보살심지계품』이라는 데서 알 수 있듯이 불성, 즉 심지心地를 계체로 삼고 있는 것은 널리 알려진 사실이다. 무생계 또한 "계戒 가운데는 범성도 없고, 성상도 없고, 유무도 없고, 또한 몸과 마음도 아니고, 선악도 아니면 이것이 곧 계"라고 말하고 있듯이, 심지心地로써 계체戒體를 삼고 있음을 분명히 하고 있다. 여기에다 신수는 더 나아가 불성佛性이 바로 계성戒性이라고 말하고 있다.

계성이 불성이기 때문에 보살계가 바로 성불의 종자인 정인불성正因佛性이 되는 것이다. 『열반경』에서 이른바 '일체중생에게 비록 불성이 있다 하더라도 반드시 지계로 인한 연후에야 볼 수 있으며, 불성을 보는 것으로 인해 아뇩다라삼보리를 이룬다.'라고 설하였다. 그러므로 우익지욱은 『범망경합주』에서 지계성불持戒成佛이 바로 견성성불見性成佛이라고 강조하고 있다.

이러한 심지계체에서 보면, 마음이 본래 청정하여 한 법도 일어난 바가 없어서[一法不生] 한 생각이 문득 일어나면[一念瞥起], 선禪에서는 윤회의 생사가 되고 계戒에서는 파계가 되는 것이다. 또한 한 생각이 일어나지 않는 것[一念不起]은 선에서는 견성이요 해탈이며 계에서는 지계가 되는 것이다. 이것이 실천수행으로서의 계선일치요 선율겸행이 이루어지는 지점이다.

그리고 선원청규에서도 마찬가지로 심지로써 청규의 본체를 삼고 있음을 볼 수 있다. 백장선사는 "초목을 베고 땅을 개간하면 죄보를 받느냐?"는 물음에 대해 이렇게 대답하고 있다.

> 죄가 있다고 단정하지도 못하고 죄가 없다고 단정하지도 못한다. 죄가 있고 없고는 사실 당사자에게 달린 것이다. 만약 있다 없다 하는 등의 온갖 법에 탐착하고 물들어서 버리고 취하는 마음이 있어 삼구三句[143]를 꿰뚫어 지나가지 못한다면, 이 사람에게는 죄가 있다고 분명히 말한다. 만약 삼구를 꿰뚫어 지나가서 마음이 허공과 같으면서도 또한 허공이라는 생각도 내지 않는다면, 이 사람에게는 죄가 없다고 분명히 말한다.[144]

여기서 삼구를 투과하여 마음이 허공과 같다는 것은 죄가 되

143 백장의 삼구三句법문은 초선初善, 중선中善, 후선後善을 말하는데, 처음에는 그가 좋은 마음을 내도록 해야 하고, 중간에는 그 좋은 마음을 부수도록 해야 하고, 뒤에는 매우 좋은 것을 비로소 밝히는 것을 말한다. 즉 긍정, 부정, 절대 긍정으로 수증문을 시설하고 있는 것이다.

144 『百丈語錄』. "問, 斬草伐木, 掘地墾土, 爲有罪報相否. 師云, 不得定言有罪, 亦不得定言無罪. 有罪無罪, 事在當人. 若貪染一切有無等法, 有取捨心在, 透三句不過, 此人定言有罪. 若透三句外, 心如虛空, 亦莫作虛空想, 此人定言無罪."

고 안 되고는 심지계체의 미오迷悟에 있다고 말하는 것이다. 백장은 청규를 제정하여 율종사원으로부터 선종을 독립시키고, 그 규범 가운데 하나로 선농일치禪農一致의 보청법普請法을 시행하게 하였다. 청규와 기존의 계율을 비교하여 죄의 유무를 판단함에 있어서 심지계체의 미오를 제시함으로 인해서 결국 선계일치의 관점에서 응대하고 있는 것이다.

만약에 죄를 짓고도 죄의 체성이 공하다고 말하면서 죄가 없다고 해서도 안 될 것이며, 또한 죄를 짓고 죄책감으로 죄상에 갇혀 고통의 윤회를 벗어나지 못하는 것 또한 어리석음이 되는 것이다. 이는 죄의 체성이 공성空性임을 알아 참회하여 멸죄의 해탈로 나아가지 못하기 때문이다. 그러므로 유작의 계법을 철저히 지키되 무작의 계체를 체득하여 계를 지킨다는 상마저 짓지 않아야 참으로 계를 잘 수지하는 것이다. 단지 무작의 계체에만 치우쳐서 막행막식莫行莫食이 무애행無碍行이라고 주장하게 되어 유작계를 파하게 되면 생사의 업보를 면치 못하게 될 것이다.

따라서 원효는 「대승육정참회」에서 이렇게 말하고 있다.

> 모든 죄는 실제로 있는 것이 아니며, 여러 가지 인연이 화합하여 거짓 이름으로 업이라고 한다. 연緣에 업이 없으며, 연을 떠나도 또한

업은 없는 것이다. 안에도 없고 바깥에도 없으며, 또한 중간에도 있지 않다. 과거는 이미 없어졌으며, 미래는 아직 오지 않았고, 현재는 머무름이 없다. 그러므로 죄 지은 바가 머무름이 없고, 머무름이 없으므로 생함도 없다. ……

본래부터 남[生]이 있지 않으니, 마땅히 어느 곳에 나지 않음[無生]이 있겠는가. ……중생이 지은 바 모든 업은 선업과 악업으로서 안에도 없고 밖에도 없다. 업의 성품이 있는 것도 아니고 없는 것도 아닌 것 또한 이와 같다.

본래 없다가 이제 있으니, 원인 없이 생긴 것도 아니며, 지음도 없고 받음도 없으나 때[時節]가 되면 과보果報를 받는다. 수행하는 사람이 만약 능히 자주자주 이와 같은 실상實相을 사유하여 참회하면 네 가지 무거운 죄와 오역도 능히 어떻게 하지 못할 것이다. 마치 허공이 불에 타지 않는 것과 같다.

원효성사는 죄는 실로 있는 것도 아니요 없는 것도 아니라는 중도의 관점에서 생生이면서 무생無生임을 말하고 있다. 이것은 위에서 백장선사가 말한 죄의 유무와 같은 맥락에서 파악하고 있는 것이다. 앞에서 언급한 바 있는 꿈과 꿈 깸의 비유로 거듭 설명해 보면, 꿈속에서는 분명하게 죄상이 있고 그 과보가 엄연하지만, 꿈을 깨고 나면 텅 비어 몽중사夢中事가 한낱 허망에 불과함을 알게 되어 근본적으로 죄상이라는 흔적도 없는데 그 유무를 어떻게 논할 수 있겠는가. 이것은 마치 『증도가』에서 "꿈속에서는 분명하게 육도가 있더니, 꿈을 깨고 나니 텅 비어 대천세계도 없더라."[145] 고 노래하는 것과 상통하는 원리이다.

다시 말하면 꿈속에서 꿈을 꾸고 있는 자는 미혹하여[迷] 생사윤회가 분명하지만, 꿈을 깬 자는 깨달아서[悟] 생사를 벗어나 해탈의 법락을 누리게 되는 것이다. 그러니 꿈속의 미망을 벗어나지 못한 중생은 허공과 같은 심지계체를 의지하여 꿈 깨는 몸부림(공부)으로 참회하고 수행하여 해탈의 길로 나아가야 하는 것이 너무나 당연한 처사이다. 심지계체에 의지하여 수행한다는 것은 심지불성이 심지계체이므로 심지불성을 수증修證하면 선이요, 심지계체를 수지受持하면 계가 되는 것이기 때문에 선禪과 계戒가 하나로 통일되어 자연히 선율겸행이 이루어지게 된다.

이와 같이 선계일치의 심지법문에서 보면, 선이 선상禪相에 갇혀 있는 선이 되지 않고 행주좌와에 활발발한 활선活禪이 될 것이며, 계가 계상戒相에 갇혀 부자유한 것이 아니라 지범개차持犯開遮로 자

145 『證道歌』. "夢裏明明有六趣, 覺後空空無大千."

유자재한 활계活戒가 될 것이다.

도선율사는 『사분율행사초』에서 계율을 계법戒法 · 계체戒體 · 계행戒行 · 계상戒相으로 설명하고 있다. 계법은 부처님께서 제정한 계율의 법이고, 계체는 계법을 받는 주체가 마음에 받아들인 계의 본체를 가리키는데, 항상 비행을 막고 악을 그치며 만선이 일어나는 작용을 한다. 계행은 계법을 낱낱이 행동으로 드러내는 실천행을 말하며, 계상은 계행에 따른 여러 가지 차별상을 말한다.

이것은 도선이 성문 계율인 사분율을 대승의 관점에서 재해석하여 계체를 대승 유식의 장식藏識(아뢰야식)에 둠으로써 대승보살계의 심지계체와 동일한 입장에서 이해하고자 함인 것이다. 성문계에서는 계를 받은 몸이 소멸되면 계체마저 소멸되는 것으로 보지만, 대승계에서는 계체를 심지계체로 보아 다생으로 지속되는 것으로 보기 때문에 계체를 매우 중시하고 있다.

무생계 또한 금계禁戒와 같은 계상에 치우치지 않고 중도정관의 확립과 심지계체의 자각 등 근원적 문제를 밝히는 것으로 계의 성격을 드러내고 있다. 이러한 입장의 연장선에서 무생계에서 설하고 있는 "모든 선을 닦지도 말고[衆善不修], 모든 악을 짓지 말라[諸惡不造]."는 계목을 화두선話頭禪의 각도에서 그 의의를 다시 한 번 조명해 보면 어떨까 한다.

『단경』에서 혜능이 말하기를 "선도 생각하지 않고, 악도 생각하지 않을 때 바로 어떤 것이 혜명상좌의 본래면목인가?"[146]라고 묻고 있다. 이때 혜명상좌가 곧바로 깨달음을 증득하게 된다. 근대 중국선의 대종장으로 추앙받는 허운선사는 『참선요지』에서 화두에 대해 이렇게 설명하고 있다.

> 무엇을 화두라고 하는가? 화話는 말이요, 두頭는 말 이전이다. 예컨대 아미타불을 염할 때 이 구절은 화話이고, 염하기 전이 곧 화두話頭이다. 이른바 화두話頭란 것은 한 생각 일어나기 전이며, 한 생각이라도 일어났다 하면 화미話尾가 된다. 이 한 생각 일어나기 전을 불생不生이라 한다. 마음이 들뜨지도 않고, 혼침에 빠지지도 않고, 고요함에 집착하지도 않고, 공에 떨어지지도 않을 때 이를 불멸不滅이라고 한다. 시시각각 오롯하고 또렷하게 일념으로 빛을 돌이켜 이 불생불멸不生不滅을 비추는 것을 화두를 참구한다[看話頭]라고 하고 혹은 화두를 비추어 살핀다[照顧話頭]라고 하는 것이다.[147]

이른바 생각 이전 자리를 화두라고 한다면, 보살계와 무생계에

---

146 종보본『壇經』. "惠能云, 不思善, 不思惡, 正與麽時, 那個是明上座本來面目."
147 허운화상 말씀,『參禪要旨』, 대성大晟 옮김, (탐구사, 2012), p. 48.

서 말하는 심지계체가 바로 화두가 되는 셈이다. 다시 말하면, 선악으로 분별되는 일념 이전의 심지계체가 그대로 본래면목으로 치환이 되어 이것이 무엇인가라는 근원적 물음으로 물어질 때 바로 "이뭣고[是甚麽]?"라는 본참화두가 되는 것이다.

지공선사 또한 말하기를 "성품과 본체를 함께 잊고 염착하는 마음이 일어나지 않으면, 움직임과 고요함이 한 근원이고 색과 공이 다르지 않아, 삼문을 해탈하여 한 법도 일어나지 않는다."[148]라고 하여 무심의 심지법문을 선수행의 요체로 삼고 있다.

따라서 무생의 묘리인 무생법인의 심지법을 몸에 걸치면 계가 되고, 입에서 말하면 교가 되고, 마음에 두고 참구하면 선이 된다. 선·교·율은 하나이자 셋이요, 셋이자 하나이다. 그러므로 부처님 마음을 선이라 하고, 부처님 말씀을 교라 하고, 부처님의 행을 율이라고 하는 것이다. 이러한 선·교·율이 하나로 회통되면 그 안에서 저절로 선율겸수가 이루어지게 되는 것이다.

마지막으로 나옹선사가 스승 지공화상을 참례하고 올린 게송으로 결어를 대신하고자 한다.

---

148 『禪要錄』「指要序」. "且性體俱忘, 而不生染着之心, 動靜一源, 色空無異, 解脫三門, 無生一法."

미혹한즉 산하대지가 경계가 되고

깨달은즉 진진찰찰이 비로의 전신이로다.

미혹과 깨침 두 물건을 함께 부수어 버리니

아침마다 닭이 오경을 향해 우는구나.[149]

149 許興植 著, 『高麗로 옮긴 印度의 등불』 부록 「釋覺宏 : 懶翁和尙行狀」. “迷則山下爲所境, 悟來塵塵是全身, 迷悟兩頭俱打了, 朝朝鷄向五更啼.”

부록

문수최상승무생계법文殊最上乘無生戒法

무릇 무생계는 천성千聖을 세우는 땅이요, 만선萬善이 생겨나는 터전이니, 땅과 터전을 다스리지 않으면 성聖과 선善이 어찌 바로 설 수 있으랴. 이는 마치 모래를 쪄서 밥을 지으려는 것과 같으니 어찌 이루어질 날이 있을 것이며, 또 오물 덩어리를 깎아 향을 구하는 것과 같으니 끝내 얻을 수 없으리라.

고해를 건너려면 반드시 자비의 배를 빌려야 하고, 어두운 거리를 밝히려면 반드시 지혜의 횃불을 밝혀야 하느니, 그러므로 일체 중생이 이 계법을 받지 않고서 불도를 이룰 수는 없으리라. 이 계법은 온갖 형상 있는 존재이거나 형상 없는 존재이거나를 막론하고 모두 받아 지녀야 하나니, 이러한 까닭으로 비로자나부처님께서 직접 말씀하시고 문수보살께서 몸소 전해 주신 것이니라.

모든 부처님께서도 이로 말미암아 깨달음을 이루셨고, 모든 보살들 또한 이 계를 의지하여 인행因行을 완성하셨나니, 번뇌를 없애는 청량함이며, 법신을 장엄하는 보배라 할 것이니라. 이 계 안에서는 유정有情 무정無情 가릴 것 없이 모두 능히 번뇌 없는 법신을 성취할 수 있음이라.

만약에 선남선녀가 이 계를 받고자 한다면 자신에 대해서 애착하거나 그렇다고 하여 자신을 버리거나 또는 유심有心 무심無心으로써 받아도 안 되느니라. 자신에 대해서 애착하면 사마邪魔에 떨어지고, 자신을 버리면 외도外道라 불리게 되느니라. 유심으로 받으면 생사를 계속하게 되고, 무심으로 받으면 단멸斷滅에 빠지게 되며, 성품[性]과 형상[相]으로 함께 받아도 성취할 수 없느니라.

이 계법은 본래 한 물건도 없고, 범부도 없으며, 성인도 없고, 선도 없고 악도 없다. 저 비구, 비구니, 우바새, 우바이가 이를 의지하여 수행함에 모두 받아 지닐지니라.

1. 네 가지 귀의계歸依戒를 받아 깨끗이 믿어야 한다.

모양 없는[無形] 부처님께 귀의합니다.

남이 없는[無生] 법에 귀의합니다.

다툼 없는[無諍] 승가에 귀의합니다.

최상最上의 무생계無生戒에 귀의합니다.

2. 세 가지 업의 모든 죄를 참회하여 없애야 한다.

도는 본래 청정하건만 미혹 때문에 아는 바가 없어서
한량없는 죄를 짓고 이 번뇌의 몸을 받게 되었으니,
내가 이제 간절히 참회하여
하루빨리 부처님의 보리를 증득하리라.

3. 여섯 가지 큰 서원을 세워야 한다.

첫째, 일체중생이 모두 성불하지 않으면 나 또한 정각에 오르지 않겠습니다.

둘째, 일체중생의 모든 번뇌를 내가 모두 대신하겠습니다.

셋째, 일체중생의 모든 어리석음을 지혜로 밝혀 주겠습니다.

넷째, 일체중생의 모든 재난을 안온하게 하겠습니다.

다섯째, 일체중생의 모든 탐·진·치를 계·정·혜로 바꾸겠습니다.

여섯째, 일체중생이 모두 나와 함께 정등각正等覺에 오르게 하겠습니다.

4. 최상승最上乘의 무생계

모든 선을 닦지 말고, 모든 악을 짓지 말라.

위에서 설명한 모든 조문을 여법하게 잘 지닐 것이니라. 한 번 귀에 스치기만 하여도 모두 보리를 증득할 것이며, 사유하고 닦아 익힌다면 영원한 배를 만들어 함께 미혹의 나루를 벗어나 깨달음의 언덕에 오르리니, 이와 같이 수승한 이로움은 넓고 커서 다함이 없으리라.

태정泰定 3년(서기 1326년 8월)

받아 지니는 제자 각경覺慶

여래如來 유교遺教 제자이며 일승 계법을 전수하는

서천선사 지공指空

文殊最上乘無生戒法

夫無生戒者 建千聖之地 生萬善之基 基地不營 聖善何立 如蒸沙之作飯 豈有成時 似刻糞而求香 終無得理 欲渡苦海 必假慈航 擬破昏衢 須然慧炬 所以一切衆生 不受此戒法者 欲成佛道 無有是處 此戒法中 一切有形無形 皆應受持 是故毘盧遮那親宣 文殊菩薩傳授 諸佛由玆成道 菩薩賴此因圓 除煩惱之淸凉 嚴法身之瓔珞 於此戒內 不分有情無情 皆能成就 無漏法身 若有善男信女 浴受戒者 不得愛身捨身 有心無心 若愛身者 卽墮邪魔 若捨身者 卽名外道 若以有心受者 卽續生死 若以無心受者 卽入斷滅 若以性相俱受 不能成就此戒法者 本來無一 無凡無聖 亦無善無惡 若有比丘比丘尼 優婆塞優婆夷 依此行者 皆得受持

一受淨信四歸依

歸依佛無形 歸依法無生 歸依僧無諍 歸依最上無生戒

二懺除諸三業罪

本來淸淨道 爲迷無所知 造作無邊量 受此煩惱身 我今求哀懺 早證佛菩提

三發弘誓六大願

一者一切衆生未成佛我亦不證正覺

二者一切衆生所有諸煩惱我皆代受

三者一切衆生所有諸昏愚今得明智

四者一切衆生所有諸災難今得安隱

五者一切衆生諸貪瞋癡今得戒定慧

六者一切衆生悉皆與我同證正等覺

四最上乘無生戒

衆善不修諸惡不造

右條具前 如法精持 一歷耳根 皆證菩提 思惟修習 永作舟航 同出迷津 濟登覺岸 如斯勝利 廣大無窮 祝延皇帝聖壽萬歲 太子諸王壽算千秋 皇后皇妃金枝永茂 國王殿下 福壽無窮 文正官僚 高遷祿位 天下大平 風調雨順 國泰民安

佛日增輝 法輪常轉者

泰定三年八月 日

受持弟子 **覺慶**

如來遺教弟子傳授一乘戒法西天禪師 **指空**

제2장

계율과 선수행

이끄는 말

정법이 구주久住하기 위해서는 계율수지가 바탕이 되어야 한다. 그러므로 『사분율』에서 부처님은 이렇게 설하고 있다. "사리불아, 갖가지 꽃을 책상 위에 놓되 실에다 꿰어 두면 바람이 불어도 흩어지지 않나니, 왜냐하면 실로써 잘 꿰었기 때문이니라." 또한 거듭 설하기를 "여러 산 가운데 수미산이 가장 높고, 여러 강 가운데 바다가 제일이며, 여러 경전 가운데 계율의 경전[戒經]이 으뜸이다. 그러므로 제일가는 진리를 구하려면 계율을 굳게 지켜 목숨이 다하도록 범하지 말아라."고 하였다.

도선은 『속고승전』에서 말하길 "계율은 도적을 잡는 것과 같으며, 선정은 도적을 묶는 것이요, 지혜는 도적을 죽이는 것과 같다."[150]

150 『續高僧傳』. "戒如捉賊, 定是縛賊, 慧如殺賊."

라고 하였다. 이와 같이 불교 수행의 덕목은 계·정·혜 삼학의 등지이다. 그 가운데 가장 불교적인 핵심이 계율이다. 계율이 제대로 수지되지 못한다면 불법의 유전이 위태롭게 된다.

오늘날처럼 출가사문들의 계율의식이 희박한 시대에는 불법이 홍왕하기 어렵다. 불법이 홍포되기 위해서는 반드시 출재가자를 막론하고 계율수지가 엄정해야 한다. 굳건한 계의 바탕 위에 정·혜가 현전할 수 있다.

따라서 본 장에서는 계선일치戒禪一致의 입장에서 계율과 선수행의 관계를 조망해 봄으로써 수행자들에게 선율겸행禪律兼行의 정신을 되새겨 수행가풍을 진작시키며, 동시에 말법 시대의 많은 불자들이 선불장選佛場으로 나아가 정·혜를 성취하는 토대를 마련하고자 한다.

『속고승전』「혜원」조에는 여산廬山에서 승속僧俗이 모여 수행의 모범을 보인 "백련결사白蓮結社"[151]에 대하여 당시 통치자 환현의 말

151 중국 동진 시대東晋時代(402년) 혜원선사가 여산廬山에서 백련결사白蓮結社를 조직하였다. 이 결사는 18명의 명사를 포함한 혜원의 문도 123명이 아미타불상 앞에서 극락세계에 태어나기를 발원하는 집단적 수행공동체였다. 백련결사는『반주삼매경』의 교설에 의거한 미타신앙운동이었으며, 그들은 엄격한 지계持戒와 선정禪定으로써 아미타불을 염하여 서방정토에 왕생하기를 염원했다. 이 결사는 불교 수행결사의 효시가 되었다.

을 빌려 이렇게 평가되고 있음을 보여 주고 있다.

"출가사문沙門은 경전의 가르침을 베풀고 그 뜻을 말할 수 있어야 한다. 또한 계율을 닦아 바른 행동으로 큰 교화를 널리 펼 수 있어야 한다. 이것에 위배됨이 있는 사람은 모두 집으로 돌아가도록 하라. 오직 여산만은 도道와 덕德이 있는 곳이니 수색하지 않아도 좋다."

동진 시대에 본격적으로 선법禪法이 크게 유행하지 않았음을 감안한다면 참선수행에 대한 언급은 차치하고, 계율을 철저히 지키고 경전공부에 매진하여 말과 행동으로 교화에 진력하는 것이 출가사문의 기본적인 수행 기준임을 말하고 있는 대목이다. 당시 계율을 지키지 않고 교학의 연찬을 등한시하고, 교화로 세상을 이익되게 하지 않는 출가인은 환속시킴으로 해서 세간과 출세간이 함께 불법의 은혜를 공유할 수 있다고 여긴 것이다.

이것은 경전에 두루 통하고 계율을 수지하며 널리 교화를 펴서 중생을 이롭게 하는 것이 출가사문의 기본 덕목임을 대변해 주고 있으며, 세속으로부터 비난받지 않고 승단이 유지될 수 있는 토대임을 시사해 주고 있는 것이다.

혜원선사의 『사문불경왕자론』에 의거하면, 출가사문의 권위는 세속의 권력[王權]을 추구하는 것이 아니라 열반을 구하는 것[求宗]

을 목적으로 지향하기 때문에 오로지 생사生死를 해탈解脫하여 중생을 교화함으로써 달성될 수 있다고 하였다. 어느 시대를 막론하고 계·정·혜 삼학의 수행으로 깨달음과 전법교화에 진력함으로써 출가사문의 위상이 갖추어지는 것이다.

현대사회는 자본주의의 병폐로 인해 물신풍조物神風潮가 만연하고 있다. 출가인들의 삶의 양태 또한 물신주의의 폐해로부터 자유롭지 못한 것은 마찬가지이다. 청빈淸貧을 방양으로 삼던 승가의 수행가풍 역시 물질만능의 위력 앞에 맥을 추지 못하고 있다. 악화惡貨가 양화良貨를 구축한다더니 도가 있어야 할 자리에 어느새 돈(재물)이 자리를 잡고 맹위를 떨치는 형국이 되어 버렸다. '춥고 배고픔에 도심이 일어난다[飢寒發道心]'는 경구는 이미 사구死句가 되어 버린 지 오래다.

세상이 아무리 오욕락에 물들고 물신풍조가 만연하였다 하더라도 출가인의 삶은 출가자다운 청빈과 절제를 유지해야 수행의 근간이 유지되고 인천人天의 사표師表로서의 위상이 정립될 수 있는 것이다. 수행의 근간이 유지되고 세간의 귀의를 받기 위해서는 첫째도 둘째도 계율이 제대로 수지되어야 한다. 청정계율이 무너진 승가는 더 이상 중생의 복전이 될 수 없다.

오늘날 계율경시 풍조로 인해 승단의 기강이 무너지는 것은 말할 것도 없고, 결국 부처님 교법 자체가 훼멸될 위기에 처하게 될 것이다. "슬프다. 옛 스님들은 계율과 규정을 생명처럼 지켜 오늘을 이었건만 오늘의 우리들은 준율정신遵律精神이 어느 정도인지 깊이 성찰하지 않으면 안 될 것이다."[152]

지금 한국불교는 대단히 혼탁한 질곡의 시대를 맞이하고 있다. 삼학을 근수하는 것이 출가수행자의 근본임에도 불구하고 현재 우리 승단은 지계의 정신이 허물어지고, 수행 또한 형식주의로 흘러가고 있으며, 불조佛祖의 혜명慧命이 단절될 위기에 처해 있다. 다시 말하면 계·정·혜 삼학이 법답게 수행되지 못하고 있기에 불교의 토대가 흔들리고 있는 것이다.

그나마 계·정·혜 삼학에 대해 각 분야별로 전문성을 담지擔持하고 있다고 자처하는 율원, 강원, 선원을 중심으로 한국불교의 수행면모를 조망해 보더라도 삼학등지가 제대로 이루어지고 있는지는 회의적일 수밖에 없다. 다시 말해 계戒를 말하면 정定과 혜慧가 따라오고, 정을 말하면 계와 혜가 겸수되고, 혜를 말하면 계와 정이 두렷이 닦아지는 삼학원수三學圓修가 이루어지지 않고 있는 실정이다.

---

152 伽山智冠 著, 『한국불교계율전통』, (伽山佛敎文化硏究院), pp. 96~97.

정상적인 수행풍토라면 율사는 교학과 참선을 아우르는 율사이어야 하며, 선사는 계율과 교학을 균등히 닦는 선사가 되어야 하며, 강사는 지계와 참구를 함께 행하는 강사여서 삼학정족三學鼎足이 이루어져야 함에도 불구하고 현재 한국불교의 수행 행태는 계·정·혜(선·교·율)가 각각 따로 행해져서 삼학원수의 수행가풍이 미미함에 그치고 있는 실정이다.

계·정·혜가 하나이자 셋이며, 셋이면서 하나인 삼학등지三學等持가 이루어져야 선과 교와 율이 일체一體가 되는 수행가풍이 진작될 수 있을 것이다. 이것은 삼학등지의 가풍 속에서만이 선율겸행禪律兼行, 선교일치禪敎一致, 계교병수戒敎幷修 등의 수행모범이 이루어질 수 있기 때문이다. 본 장에서는 이러한 삼학등지의 토대 위에서 특히 "계율과 선수행"에 대한 탐색을 진행해 보고자 한다. 구체적으로 중국불교 율종에서의 수행과 한국불교에서 계율전승과 수행에 대한 고찰을 진행해 보겠다.

어느 시대를 막론하고 수행풍토의 혼란상은 있어 왔다. 그러나 소금은 짠맛을 잃어버릴 수 없고, 목탁은 깨어 있는 소리를 내는 것이 종교의 본령이기에 혼탁한 승풍을 바로잡아 정법안장正法眼藏과 청정지계淸淨持戒의 당간을 세우는 것이 이 시대 출가사문의 목구멍이어야 한다.

중국 남산율종과 수행 — 계선일치戒禪一致

선·교·율의 종파불교로서의 율종律宗은 계율(사분율)수지를 종지로 하는 남산율종南山律宗이 가장 영향력이 크다고 할 수 있다. 남산율종은 당조唐朝 시대에 도선율사道宣律師에 의해 개창되었다. 멀리 도선을 계승하고 있는 송대宋代 영지원조靈芝元照의 『남산율종조승도록』에 의거하면, 남산율종은 시조인 인도의 담무덕曇無德존자로부터 이조 담마가라존자, 삼조 북대법총北臺法聰율사, 사조 운중도복雲中道覆율사, 오조 대각혜광大覺慧光율사, 육조 고제도운高齊道雲율사, 칠조 하북도홍河北道洪율사, 팔조 홍복지수弘福智首율사, 구조 남산도선南山道宣율사로 전승되어 왔다고 주장하고 있다.

여기서 주의하여 짚어 보아야 할 것은 남산율종의 모든 조사들이 한결같이 『사분율』에 의거하여 율맥을 전수하고 있다는 사실이다. 남산율종을 실질적으로 개창한 도선율사를 제외하고는 거의

가 다 『사분율』에 대한 송출誦出이나 수계受戒, 강설講說 등의 활동과 소疏, 소초疏鈔 등의 저술을 남기고 있을 뿐이다. 유독 도선율사만이 "율종뿐만 아니라 경·율·논 및 외서外書에까지 박통博通하여 무려 61부 267권이나 되는 방대한 저서를 남긴 전무후무한 학승이면서 율승이다."[153]라고 기술되고 있다.

율종의 중흥조라 일컫는 원조元照율사 또한 "율종도 남산도선율사 이후에는 천하가 동풍同風으로 잠잠하여 누구도 건립중흥建立中興을 위한 공을 끼친 자가 없으면서 쉽사리 끼어들었으나 이 어찌 용납할 수 있겠는가!"[154]라고 하여 도선율사 이후 송대에 이르기까지 중국 율종의 맥이 제대로 전승되지 못해 율풍律風이 잠잠하게 되어 뛰어나게 중흥불사에 공을 세운 율사가 없었음을 기술하고 있다. 이로 미루어 볼 때, 중국의 남산율종은 도선에 의해 『사분율』을 종지로 개창되고 그 당대에 최고의 융성기를 맞이했음을 알 수 있다.

도선은 16세에 출가하여 지수智首율사로부터 구족계를 받고 또한 그에게 율을 배웠다. 몇 년간 종남산에서 선禪수행을 했으며, 백천사를 창건하고 이곳에서 『사분율』을 연구하고 선양하였다. 또

153 伽山智冠 著, 『한국불교계율전통』, (伽山佛敎文化硏究院), pp. 63~64.
154 위의 책, p. 68.

한 상부相部율종을 개창한 법려로부터 수학하였으며, 홍복사弘福寺에서 현장이 주도한 역경불사에 감문가堪文家로 참여하여 율부律部 수백 권과 전기를 써 냈으며 법상종의 활동무대인 서명사西明寺의 주지에 임명되기도 하였다.

도선은 『사분율행사초』에서 계율을 그 성격에 따라 지지계止持戒와 작지계作持戒로 나누어 설명하고 있다. 지지계에 대해 "지지止持라는 것은 본래 받은 계를 호지하여 모든 악을 짓지 않는 것을 '지止'라 하고, 계체가 청결하게 빛나 본래 받은 것에 수순하는 것을 '지持'라고 한다. '지持'가 '지止'로 인해서 이루어지기 때문에 '지지계止持戒'라 한다."라고 하였다. 또한 작지계에 대해 "작지作持라는 것은 악을 이미 여의고 나서 계행을 수습하여 선을 닦는 것을 '작作'이라 하고, 이것에 의해 본래 받은 계에 수순하는 것을 '지持'라고 한다. '작作'으로 말미암아 '지持'가 이루어지기 때문에 '작지계作持戒'라고 한다."[155]라고 하였다.

도선은 또한 대·소승의 교판의 입장에서 사분율을 "분통대승分通大乘"으로 정의하였는데, 이는 성문의 사분율이 "부분적으로 대승에 통한다."는 의미이다. 그는 『사분율』을 중심으로 율종을 개

155 『四分律删繁補闕行事鈔』 中卷, (『大正藏』 40권, p. 91上).

종開宗하고 대·소승의 율전을 회통시켜 모든 의식과 규범을 통일시키고 있다.

그리고 도선은 『사분율행사초』에서 일대시교를 화교化教와 제교制教로 교판하고 있다. 여기서 제교는 율장을 말하며, 화교는 경전을 지칭한다. 또한 계율에 대해서 그 교리를 계법戒法, 계체戒體, 계행戒行, 계상戒相의 4과로 설명하였다. 그의 계체사상戒體思想은 계체를 법상유식法相唯識의 장식藏識(아뢰야식)에 두고 있는 것이 큰 특징이라 할 수 있다.

원래 사분율四分律은 인도의 하리발마가 저작한 『성실론成實論』의 내용 중에서 나온 것이다. 하리발마는 부파의 유부有部 출신이지만 대소승이교大小乘二教를 절충, 종합해서 『성실론』을 저작하였다. 사분율이 비록 『성실론』에 의거하고 있지만 분통대승分通大乘의 뜻이 있으므로 그 계체戒體를 제8 아뢰야식의 종자로 삼아 종자계체설種子戒體說을 주장하게 된 것이다.

수계자가 계를 받을 때에 "능히 지키겠다[能持]."라고 생각(대답)하는 심소心所를 발동시키는데, 이 심소의 종자가 바로 아뢰야식이므로 이를 상속하여 그른 것을 막고 악을 그치는 공능이 있으므로 계체를 삼는 것이다. 계체는 수계할 때에 표색작용表色作用에 의하여 일어나는 것이므로 색色이라는 이름을 붙였지만, 실은 심법心法

이 된다고 하는 것이다. 이 심법이 바로 종자식으로서의 아뢰야식인 것이다. 따라서 그 계체가 바로 장식藏識이므로 종자계체설種子戒體說이 이루어지는 것이다.

특히 도선은 사분율이 대승이라는 것을 다섯 가지 뜻을 들어 설명하는데, 율종을 대승일실원돈大乘一實圓頓의 묘종妙宗으로 규정하여 대·소승의 계율에 관한 구별은 수기隨機(근기에 따름)에 있다고 보고 이를 온전히 대승의 근본으로 해석하고 있는 것이다.

당나라 때의 지승은 『개원석교록』에서 도선에 대해 "외전外典으로 구류九類에 박통하며, 내전內典으로 삼학에 정통했다. 계의 향기는 향기롭고 맑았으며, 선정의 물은 투명하고 특별했다. 불법의 성역을 보호하기 위해 저술에 멈춤이 없었다."라고 평가하고 있다. 이로 미루어 볼 때 도선은 율종 조사의 지위에 머문 것이 아니라, 삼학을 균수하고 세상을 밝혀 이익되게 하고 불법의 당간을 수호하려는 육신보살로서의 원력을 다한 대종사였음이 분명하다.

도선은 율사로서의 두타행에 철저하여 "삼의는 언제나 모시였으며, 음식은 오직 콩뿐이었다. 규칙을 행하는 것으로 채찍을 삼았으며, 앉되 걸상에 의지하지 않았다."라고 하여 청빈가풍을 몸소 실천하였음을 짐작하게 한다.

이와 같이 도선은 율학의 정초를 다졌을 뿐만 아니라, 율종의 창

시자로서 율풍진작律風振作에 매진하였으며, 대승경전을 두루 열람하고 정혜定慧를 닦음에 게을리하지 않았다. 그 자신이 율사로서 율종의 창종조사이면서 계율수지를 바탕으로 교학과 선관을 닦음으로써 삼학을 근수하는 수행가풍을 실천하고 있다.

이것은 초기불교로부터 중국불교에 전승된 삼학근수의 전통에 기반하여 불법의 수행은 반드시 "계율로 인해 선정이 생기고[因戒生定], 선정으로 인해 지혜를 발현[因定發慧]" 하는 차제에 의하기 때문에, 그의 율학사상의 체계가 "수행에는 지계보다 중요한 것이 없다는 본분율本分律에 입각하여 충실하게 제정되고 있음"[156]을 알 수 있다.

『사분율』이란 부파불교 시대 상좌부 담무덕曇無德존자가 집성한 것을 불타야사가 축불염과 함께 번역한 율장으로서 4부로 분류하여 전해졌기 때문에 붙인 이름이다. 비구 250조, 비구니 348조와 건도부 등이 있다. 그런데 중국에서는 처음에는 『십송율』을 많이 연구하였지만 광통율사 혜광을 비롯하여 지수智首와 그의 제자인 도선의 남산종, 같은 율종인 상부종相部宗의 종조인 법려法礪, 동탑종의 회소懷素 등 모두가 『사분율』에 근거하여 율종을 열고 있는 것

156 伽山智冠 著, 『한국불교계율전통』, (伽山佛教文化研究院), pp. 123~124.

이 특징이라고 할 수 있다.

위에서 언급한 『사분율행사초』 외에 도선의 대표 저작으로 『사분율계본소』와 『사분율갈마소』, 『 정심계관법』, 『속고승전』, 『광홍명집』 등이 있다. 이 가운데 제자 자인慈忍에게 보낸 편지글인 『정심계관법淨心誡觀法』은 계선일치戒禪一致, 행화일치行化一致의 사상을 간절하면서도 선명하게 드러낸 작품이라 할 수 있다.

본 단락에서는 주로 『정심계관법』의 내용에 의거하여 도선의 계율관과 수행에 대한 면모를 살펴보기로 하겠다. 여기서 "마음을 깨끗이 한다[淨心]"라고 하는 것은 오정심관五停心觀을 닦아 육식六識의 마음을 깨끗이 하여 현행의 번뇌를 없애고 마음을 맑고 밝게 하여 선정에 들고 지혜를 일으키게 함을 말하며 더 나아가서는 자성청정自性淸淨의 신심을 일으켜 이타행을 행하여 큰 행원을 실천함을 말한다. '계誡'란 것은 경계를 대하여 다스리는 처음을 알게 함이니 재물과 색色이 악업의 근본임을 알아 제거하며 병을 알고 약을 알아 마음을 지키고 말을 조심하여 열심히 도를 닦아 허물을 없애는 것을 의미한다. 여기서 '계誡'는 '계戒'와 동일한 뜻으로 사용되고 있다. '관觀'이란 것은 관찰함이니 이 계가 불법과 상응하는 것인지를 관찰하여 도道를 장애하는 허물을 없애고 도에 나아가 물러남이 없게 함으로 법이라 하니 관법觀法이 되는 것이다.

도선은 당시 부패한 불교계와 타락한 승풍을 바로 세울 수 있는 방약이 바로 지계청정에 있음을 주장하고 있다. 당시 당조唐朝에서 유행하고 있던 불교의 세속화와 승가의 타락상에 경종을 울리고자 제자에게 보내는 스승의 간절한 경책으로 『정심계관법』을 집필한 것이다. 그가 생각하기에 출가자의 본분사를 환기시키고 청정승가를 구현하기 위해서는 계율을 수지하는 것이 제일 관건이 되는 것이었다.

도선은 『사분율행사초』에서 당시 승풍에 대해 "내심은 불법을 믿지 않으며, 교학에 대한 지식도 없고, 승려로서의 품위도 완전히 결여하고 있으며, 불상이나 경전에 대해서도 공경하는 마음이 없다." 따라서 "속인들로부터 경멸되고 정법을 훼손하고 있다."라고 강력하게 비판하고 있다.

도선의 이러한 호법정신은 『정심계관법』에서도 그대로 여실히 드러나고 있다. 먼저 계율의 수지를 강조하고 파계의 현실을 적시하여 지계청정의 수행풍토를 세우는 것이 그의 간절한 염원이었음을 알 수 있다. 그는 당시 타락한 승단에 대해 이렇게 질타하고 있다.

슬프다! 말법 시대에는 비구 비구니가 머리를 깎고 가사는 둘렀으

> 나 오히려 탐 · 진 · 치를 가까이하는구나. 거짓으로 우바새의 이름을 빌려 우바이를 유혹하여 부정한 짓을 하니 이름 가운데서는 오계를 부르짖지만 진실로 한 가지도 갖추지 못하였도다. 입으로는 항상 약방藥方을 외우지만 심병心病을 치료하지 않으니 악업에 덮인 까닭에 사명邪命으로 다른 재물을 구하는구나.[157]

도선은 이른바 계와 위의를 파괴하는 것으로는 "교만한 자와 아첨하는 자"임을 지적하고, 계율을 잘 호지하는 것은 "보이는 곳과 보이지 않은 곳에서 구별이 없는 것"이라고 정의하고 있다. 즉 사문의 위의가 보이는 곳과 보이지 않는 곳에서 모두 한결같아야 지계이며, 보이는 곳과 보이지 않는 곳에서 차이가 나면 파계가 되는 것이다. 이것은 도선이 계율수지를 간결하면서도 명쾌하게 정의한 것이다.

또한 성문의 삼천 위의와 보살의 팔만 위의를 지킬 것을 당부하고, 계와 위의를 범한 과보는 반드시 돌아옴을 환기시킴으로써 계율수지의 의식을 고취시켰다. 이른바 "보이는 곳과 보이지 않는 곳에서 구별이 없는 것"이 호계의 원칙임을 천명함은 안의 양심과

157 道宣律師 著, 『淨心誡觀法 · 스승이 제자에게 보내는 글』, 智雲 譯註, (土房), p. 88.

밖의 위의가 일치함을 강조하는 덕목으로 오늘날까지도 절실하게 요구되는 경구이다.

총 30장으로 된『정심계관법』의 25장까지는 번뇌망상을 끊는 방법과 마음가짐에 대한 가르침이고 26장부터는 이타행을 설하였다. 마지막 1장은 이 계를 수지하여 계·정·혜 삼학을 잘 닦아 보리를 이루고 다른 사람을 가르칠 것을 당부하는 내용으로 이루어져 있다.

그런데 여기서 한 가지 주목할 것은 도선이 주장하고 있는 삼학근수는 앞에서도 언급하였듯이 "계로 인해 정이 생기고[因戒生定], 정으로 인해 혜가 발휘되는[因定發慧]" 차제적 삼학등지로서 전통적인 경향을 보여 주고 있다. 뒷날 남종선의 혜능, 신회 등에 의해 발휘되는 계 가운데 정과 혜가 융섭되고, 정 가운데 계와 혜가 녹아 있고, 혜를 들면 계와 정이 함께 수행되는 삼학일체三學一體로서의 일체등지一體等持의 색채를 띠고 있지 않고 순수한 차제次第적 삼학등지三學等持의 경향을 보여 주고 있는 것이다.

> 마음을 깨끗하게 한다[淨心]는 것은, 너에게 현행하는 번뇌의 모든 허물을 교教와 수修로 다스려서 너로 하여금 곧바로 능력에 따라 해탈케 하는 것이다. 번뇌가 점점 소멸하면 마음도 차차 밝고 깨끗해

져서 선정과 지혜가 생겨나고 대승의 청정한 신심을 일으키게 되니 보리종성菩提種姓이 사는 곳에 나아가게 되는 것이다. ……먼저 번뇌를 제거할 때는 계로써 청정하게 하고 계가 완전히 갖추어지면 선정으로 다시 청정하게 한다. 계·정의 청정함으로써 지혜를 청정하게 하며, 지혜가 청정하게 되면 자신의 근원이 드러난다. 이러한 뜻이 있기 때문에 정심淨心이라고 명명하였다.[158]

도선은 정심淨心이 현행하는 번뇌를 경교經教에 의지하여 수선修禪으로 제거하여 곧바로 해탈케 하는 것이라고 하였다. 다시 말하면, 번뇌를 다스리는 방법으로 교教와 수修에 의거하여야 하며 그 구체적인 방편이 계·정·혜 삼학의 수행임을 밝히고, 이 삼학의 수행이 대승의 청정한 믿음을 일으켜서 종국에 깨달음으로 나아갈 수 있다고 하였다. 즉 계·정·혜 삼학 청정이 바로 정심임을 가리키고 있다. 도선은 삼학 가운데 먼저 계로써 청정하게 하고 계가 완전히 갖추어지면 선정으로 다시 청정하게 하여, 계와 정이 청정해지면 지혜가 청정해진다고 하는 차제적 삼학을 닦아 나아갈 것을 강조하고 있다.

158 위의 책, p. 25~27.

> 너는 반드시 계誡를 의지해서 설한 대로 수행을 하여야 한다. 병에 따라 대치對治하고 분수에 따라서 해탈하라. 입으로 말하지 않아야 청정해진다. 삼독三毒과 오결五結 어떤 것에 편중할 것인가? 먼저 무거운 것을 다스리면 가벼운 것은 자연히 낫는다. 계·정의 갑옷을 입고 마음의 마적魔賊을 꺾어 없애라. ……일체 모든 즐거움의 인과는 계율과 선정이 근본이 된다.[159]

> 삼학 가운데 마지막으로 지혜를 성취하기 위해서는 먼저 계戒와 정定을 수습할 것을 당부하고 있다. 처음 도의 문에 들어와서 계·정을 닦지 않고 뛰어넘어 공종空宗(일체종지一切種智)을 배운다면 부처님이 기뻐하지 않을 것이다.[160]

도선은 수행의 시작은 계율의 엄수로부터 시작된다는 것을 환기시키며 "계를 의지해서 수행할 것"을 당부하고, 동시에 계선겸수戒禪兼修의 입장에서 계율과 선정을 함께 닦을 것을 말하고 있다. 그가 가장 강조하며 멀리해야 할 계의 덕목이 재물과 색(이성)임을 밝히고, 그가 강조하는 닦아야 할 선정으로는 오정심관五停心觀

---

159 위의 책, p. 32.
160 위의 책, p. 238.

을 들고 있다.

불문에 들어 처음 계를 받은 사람은 먼저 5년 동안 율을 배워 익힌 후에 경을 배울 것을 주장하면서, 먼저 금계를 청정하게 한 연후에 비로소 경교를 익힐 것을 거듭 설하고 있음을 볼 수 있다. 계는 수행자 개개인이 지켜야 할 덕목이지만 계에 율이 더해지면 개인의 차원이 아니라 승가 전체의 청정을 의미한다. 계율을 지키지 않으면 깨달을 수 없고 타락한 승가를 회복시킬 수 없다. 이것 또한 출가자가 명심해서 지켜야 할 "출가란 무엇인가?"라고 하는 출가자의 본분을 상기시키는 덕목이 아닐 수 없다.[161] 먼저 계율에 대한 도선의 생각을 구체적으로 살펴보기로 하자.

> 무릇 도를 닦고자 한다면 삼업 가운데서 먼저 재물과 색, 이 두 가지를 끊어야 한다. 재물을 탐하지 않으면 아첨과 다툼이 없고, 색을 탐하지 않으면 끓어오르는 번뇌도 없다. ……무엇 때문에 여타의 허물을 금제禁除하지 않고 먼저 재물과 색을 경계하여야 하는가? 대승경에 "팔만사천 가지의 도를 장애하는 죄업은 다 재물과 색에 의한 것으로써 근본이 된다."라고 하였다. 왜냐하면 시방의 중생이

161 위의 책, 「解題」. p. 254.

무시이래로 재물을 위해서 살생을 하는 자가 헤아릴 수 없이 많고, 색을 위해서 살생하는 자의 수는 이보다 더하기 때문이다.[162]

도선이 생각하기에 계의 조목 가운데 우선 투도偸盜와 불음不婬계에 해당하는 재물과 색을 경계한 것은 이 둘 모두 살생을 일으키는 엄중한 악업에 해당하기 때문이라는 것이다. 즉 무시이래로 중생이 재물과 색을 위해서 살생의 업보를 지어 왔기 때문에 재물과 색이 도를 장애하는 가장 큰 허물임을 명시하고 있다. 도선의 이러한 재색財色에 대한 경계警戒는 이후 선종의 『선원청규』의 계율관을 거쳐 보조의 『계초심학인문』에도 영향을 미치고 있음을 볼 수 있다.[163]

중국 남산종의 조사로 거론되는 율사들이 『사분율』의 전승으로 율맥을 전수하고 있듯이, 도선 또한 『사분율』에 대한 많은 저작을 남긴 반면 대승계인 보살계에 대한 저작은 보이지 않는다. 그렇다 하더라도 그의 계율관은 이미 언급하였듯이 『사분율』의 대승적 해석이라고 말할 수 있다. 출가사문의 생활규범과 승가공동체의 규

162 위의 책, pp. 30~33.

163 『계초심학인문』에서는 종색의 『선원청규』를 인용해 "재물과 색의 허물은 독사보다 심하다[財色之禍甚於毒蛇]."라고 표현하고 있다.

율을 제정한 사분율에 대해 도선율사는 지지止持의 악과 작지作持인 선의 종자를 장식藏識(아뢰야식)에 둠으로 해서 성문계를 대승계로 회통하는 율로 규정하고 있다. 그러므로 남산율종에서 계체戒體는 장식藏識의 종자가 되는 것이다.

도선은 『정심계관법』 제26 「보리심菩提心을 발생하는 법을 계관誡觀함」에서 "도심道心을 발함에 있어서 자비와 보리분법(37조도품)을 근본으로 삼아서 깨달음으로 나아갈 수 있다."라고 주장하면서 다음과 같이 성문계와 보살계의 차이를 설명하고 있음을 볼 수 있다.

> 만약 근본이 없다면 곧 깨달을 수 있는 종성種姓에서 멀어진다. 이 때문에 보살은 원願이 다한 후생에도 보살계를 파괴하지 않지만, 성문은 사람의 몸(형상)을 받았을 적에만 계를 갖춘다. 그대는 두 계의 차별을 잘 알 수 있을 것이다.[164]

이것은 도선 역시 성문계인 사분율은 금생에 목숨이 다하면 계체戒體가 다하지만, 대승계인 보살계는 성불할 때까지 세세생생 계

164 道宣律師 著, 『淨心誡觀法 · 스승이 제자에게 보내는 글』, 智雲 譯註, (토방), p. 184.

체가 유전됨을 설명하고 있는 것이다. 아마도 그가 사분율의 계체를 대승유식의 장식에 둠으로써 "분통대승分通大乘"을 주장하는 근거가 되는 것이다. 비록 사분율이 성문의 계율이지만 계체가 대승인 유식의 장식이기 때문에 대승보살계의 심지계체心地戒體와 동일하게 다생으로 유전되는 계체로 설명하려는 의도인 것이다. 따라서 사분율이 성문계로서 사람의 몸이 유지되는 금생뿐만 아니라, 그 계체만은 대승의 심지계체와 마찬가지로 다생에 파괴되지 않게 된다고 하는 것이다.

그러므로 도선은 소승과 대승을 아우르는 계율관을 정립하여 "항상 사성제와 십이연기와 생사가 불만족 덩어리임을 관찰하고, 언제나 사홍서원을 일으켜 대승의 뜻을 건립하고, 항상 사섭법으로써 중생을 요익되게 하며, 언제나 사무량심을 닦아서 원친怨親을 평등하게 대하며, 항상 육바라밀을 행하여 자타를 이익되게 하며, 언제나 만덕萬德을 닦아 무상보리를 구하며, 십력十力 사무외四無畏 삼념주三念住 대비大悲 등 불공법不共法을 이루라."[165]고 하여 계율수지와 참선수행이 보살의 바라밀행과 둘이 아닌 선행일치禪行一致의

165 위의 책, p. 186.

사상을 고취하고 있는 것이다.

이와 같이 성문계인 사분율을 대승보살의 바라밀행의 실천으로 융회하는 것이 도선율사의 계율과 수행관에 나타난 또 다른 특징의 하나라고 할 수 있다. 이러한 입장에서 정심淨心을 진성眞性, 청정淸淨, 불성佛性으로 해석하고 있는 것이다. 도선에 있어서 정심은 '계誡' 혹은 '계戒'의 다른 이름에 분명하다. 그렇기 때문에 그가 주장하는 계는 자연스럽게 진성眞性의 계이며, 청정淸淨의 계이며, 불성佛性의 대승계로 회통되는 계임을 알 수 있다. 이것으로 미루어 볼 때 도선은 성문의 사분율을 종지로 정하고 있지만, 계로서의 정심淨心을 대승의 보살심지계의 내용인 진성, 청정, 불성으로 해석함으로써 사분율의 계체를 자성청정의 불성계佛性戒로 승화시키고 있는 것이다.

이어서 선정관禪定觀으로써 오정심관을 닦을 것을 다음과 같이 설하고 있다.

> 다섯 가지 망상도 오정관五停觀을 닦아서 오과五過를 꿰뚫어 쉬어야 하는 것이다. 그쳐서 일어나지 않게 함으로 정심관停心觀이라 하며, 이 관을 닦아서 현행의 번뇌가 진행되지 않으면 소해탈小解脫을 얻는다. 마음이 지나는 자리마다 계 · 정으로 잘 조화하여 점

차 신통을 증득하는 것을 대해탈大解脫이라 하고, 십장十障이 다 없어지는 것을 진해탈眞解脫이라 말한다. 바로 지금 오정관법을 닦지 않으면 안 되는 것이니 이와 같이 닦아 들어가는 것을 정심淨心이라 말한다.[166]

전통의 교설에 따르면, 오정심관이란 ① 부정관不淨觀 ② 자비관慈悲觀 ③ 연기관緣起觀 ④ 계분별관界分別觀 ⑤ 수식관數息觀을 말한다. 탐욕이 많은 중생은 부정관을 닦고, 진에가 많은 중생은 자비관을 닦으며, 우치번뇌를 대치하기 위해 연기관을 수행하며, 아집의 장애를 끊기 위해 분별관을 닦으며, 산란 중생이 닦아야 할 관법이 수식관이라고 한다. 도선 또한 게송으로 욕정, 진에, 우치, 아만, 산란을 대치하기 위해 이에 대응하는 정심관을 닦을 것을 주문하고 있다.

중국 선불교의 역사에서 보면, 도선이 활동한 시기에는 이미 천태선의 지관구행止觀俱行의 선풍이 자리 잡았고, 초기 달마선의 반조선법返照禪法이 정초되던 시기였으므로 이에 대응하고자 그는 수선의 주요 방편으로 부파불교의 관법인 오정심관을 대승적 입장

166 위의 책, pp. 38~39.

에서 수용하고 있음을 볼 수 있다. 따라서 그는 오정심관이 제일 방편임을 내세워 대·소승을 막론하고 모두 이 관을 닦을 것을 주장하고 있는 것이다. 이와 같이 대승의 입장을 취하는 도선의 선관禪觀은 급기야 "무주무위無住無爲"와 "무주생사無住生死"의 조사선적 선미禪味를 띠게 된다.

> 보살은 삼계에 물들지도 않고, 삼계를 싫어하지도 않으며, 무위無爲의 도를 구해도 무위에 머물지 않으며[求無爲道 無住無爲], 항상 생사에 처해도 생사가 없다[恒處生死 而無生死]. 무슨 까닭으로 삼계에 물들지 않는가? 번뇌가 다하여 없기 때문이며, 업에 얽매이지 않기 때문이다. 삼계를 싫어하지 않는 것은 중생을 불쌍히 여기기 때문이며, 대자대비하기 때문이다. 무위도를 구하는 것은 자타를 이롭게 하고자 하기 때문이며, 대승에 수순隨順하기 때문이다.
>
> 무엇 때문에 무위에 머물지 않는가? 정법을 받아들이고, 중생을 거두기 때문이다. 무슨 까닭으로 항상 생사에 처하는가? 이행利行·동사同事하고, 본원이 무진無盡하며, 생사업의 종자가 다하지 않고 대자재를 획득하여 해탈의 바다에 들어가기 때문이다.[167]

---

167 道宣律師 著, 『淨心誡觀法 · 스승이 제자에게 보내는 글』, 智雲 譯註, (토방), pp. 184~185.

위에서 도선이 주장하고 있는 "무위의 도를 구해도 무위에 머물지 않으며[無住無爲], 항상 생사에 처해도 생사가 없다[而無生死]."라고 하는 무주무위無住無爲, 무주생사無住生死의 선사상은 『유마경』의 불이不二사상을 수용한 남종선의 핵심 종지이기도 하다. 무주무위를 주장하는 남종선이 본격적으로 전개되던 시기를 훨씬 앞서서 도선이 이러한 종지를 표방하고 있다는 것은 선율겸행禪律兼行의 주장을 넘어 일정 부분 남종선사상 태동의 맹아萌芽 역할을 하고 있다고 볼 수 있다.

도선의 수행관에 있어서 또 한 가지 중요한 사실은 사분율로써 계를 청정하게 하고 오정심관으로 선정을 부지런히 닦되, 강론을 추구하지 못하게 하고 있다는 점이다. 강론을 추구하지 못하게 한다는 것은 수행의 이론에만 치우쳐 실질적으로 관법을 닦지 않음을 경계한 것을 말하는 것이다. 수행을 하지 않고 단지 불법의 이치만을 토론한다든지 경론을 강의하는 강론에 그친다면 이는 본말이 전도된 공부가 된다는 것이다. 즉 선정수행의 바탕 위에서 경론을 공부할 것을 강조하고 있는 것이다.

그리고 또한 강론을 추구하지 못하게 하는 한편 오정심관을 닦게 하는 것은 수행의 목적이 번뇌를 다스려 생사를 해탈케 하는 데 있기 때문이며, 오편의 정계淨戒를 호지하기 위함이라고 말하고 있다. 도선의 이러한 주장은 오정심관을 닦는 선정수행 또한 계율의 토대 위에서 이루어져서 선율겸행禪律兼行으로 나아가야 함을 내포하고 있음을 나타내는 것이다.

도선은 이와 같이 선율겸행의 가풍과 더불어 선행일치禪行一致의 선풍을 전개하고 있음을 볼 수 있다. 이미 앞에서 언급하였듯이, 선행일치의 수행가풍은 오늘날 선자가 선수행과 바라밀행이 일치하지 않는 사선死禪에 함몰되어 무기력한 선수행 행태를 연출함에 비해 선수행의 모범이 되는 활발발한 선풍이 아닐 수 없다.

이러한 입장에서 불성을 해석함에 있어서도 생동하는 수행형태인 네 가지 친근법親近法으로 이를 규정하고 있다. 즉 "1) 선지식을 가까이하고, 2) 정법을 가까이하고, 3) 정사正思를 가까이하고, 4) 설법대로 수행하는 것"을 불성이라 규정함은 해행상응解行相應의 수행가풍을 정립하고자 한 것이다. 이것은 깨달음과 실천행이 일치하는 것을 조사[解行相應爲祖]로 규정하는 달마선의 종지와 일맥상통한다고 할 수 있다.

이미 도에 나아가기로 마음먹었다면 마땅히 만덕萬德을 닦아라. 종지와 강요綱要는 두 가지를 넘지 않는다. 첫째는 자리自利이며, 둘째는 이타利他이다. ……먼저 자비를 베풀어 삼계의 고통을 생각한다. 또 인도人道에 나아가서 중생을 교화하여 이익하게 하되, 친근하고 부드러운 말로 조복하여 따르도록 한다. 인과를 알고 믿으며 불·법·승 삼보에 귀의하도록 하고, 근성의 날카로움과 둔함, 넓고 좁은 것을 헤아려서 바른 법[正法]에 도달할 수 있는 모든 가르침을 베푼다.[168]

너는 반드시 고苦의 원인인 탐·진·치 등의 번뇌를 닦아 무연자비無緣慈悲로 힘을 따라서 권유하여 교화시켜야 한다. 신명을 다 바쳐 자신에게 권하고 다른 사람에게도 권하는 것이 대승이기 때문에 인색하지 말라. 한 중생을 위해서 오랜 시간이 걸리더라도 여러 가지 방편을 준비하고 다양한 불법을 설하여 깨닫게 해서 생사의 고통을 버리고 자재의 낙을 얻게 해야 한다. 많은 중생을 위하여 또 다시 그와 같이 하는 것을 이타로 중생을 교화하는 것이라 한다. ……이타의 육바라밀은 다른 사람의 번뇌를 제거하기 위한 것이다. 스스로 보시·지계·인욕·정진·선정·지혜 등을 행하는 것도 이와 같다.[169]

---

168 道宣律師 著, 『淨心誡觀法 · 스승이 제자에게 보내는 글』, 智雲 譯註, (토방), pp. 190~191.

169 위의 책, pp. 201~203.

이것은 한 중생을 위해 기꺼이 신명을 바칠 수 있을 때 많은 중생을 위해 생사의 고통을 여의게 할 수 있다. 한 중생도 버리지 않는 것이 대승보살의 원력이요, 삼학수행자의 본분이다. 이것이 도선이 바라고 있는 수행자상이다.

도선의 『정심계관법』의 또 한 가지 특기할 만한 점은 "부모는 칠생七生의 인연이지만 사승師僧은 누겁累劫의 인연"임을 강조하면서 제자를 생각하여 잊지 못하는 스승의 고구정녕한 사랑이 묻어나는 경책의 편지를 쓰고 있다는 점이다. 삼학등지의 가르침을 토대로 하여 너무나 인간적이고 참된 사랑이 묻어나는 『제자에게 보내는 글』[170]의 일부를 발췌하여 싣고자 한다. 이 글을 통해 오늘날 스승이 스승으로서의 위상이 흔들리고 있는 현상에 대해 사제師弟 모두가 성찰의 계기로 삼았으면 하는 바람이 있기 때문이다.

> 자인慈忍에게 말한다. 부모는 7생이지만 사승師僧은 누겁이어서 의義가 깊고 은혜가 중하다는 것을 어리석은 자는 알지 못한다. 너는 처음 불도에 들어와서 바로 다시 스승과 헤어졌다. 아침저녁으로 너를 생각하는데 너는 나를 생각하는가? 의지할 호인好人을 얻었다

---

170 도선의 『淨心誡觀法』을 송광사 강주 시절 지운화상이 번역하여 『제자에게 보내는 글』이라는 제목을 붙여 출판하였다. (토방)

면 주야로 도리에 맞게 해라. 만약 선장善匠이 없다면 마음을 어디에 의지하겠는가? 너는 이미 출가를 하여 여래의 계를 받았으니, 잠깐이라도 뜻을 저버리면 장겁長劫에 고통을 받으리라.
요즘 말법 중생의 마음은 옒어서 은혜恩惠와 절의節義를 배반하며, 쉽게 사승師僧을 싫어해 홀로 지내고 노는 것을 좋아하며 정을 따라 마음대로 하여 여법하지 못하니 악도에 떨어질까 염려된다. ……
바로 너의 마음을 깨끗이 하는 것이 오히려 천구千句를 초월하는 것이다. 네가 목이 말라 물을 마실 적에 씹지 않듯이, 고요한 곳에서 이 『정심계관법』의 책을 펼칠지언정 어떻게 남의 견해에 번민하겠는가? 나의 작은 뜻도 너는 알지 못한다. 설사 세상 사람들이 상세하게 다 인지하지 못해도 오직 천안天眼이 있는 자만은 나의 마음을 알 것이다. 네가 의지하여 수행하는 데 의심이 들거나 틀리지 않을 것이다. 무엇 때문에 고요한 곳을 찾아서 사람이 방문하지 않게 하여야 하는가? 오직 성인은 성인과 함께하고 중생은 무리를 지어 나뉜다. 어리석은 자와 지혜로운 자는 삶의 방법을 달리해서 바야흐로 끼리끼리 모인다.
요즘의 배우는 자는 의견이 달라서 서로서로 시비를 하니, 남을 헐뜯고 자기를 칭찬하며, 자기를 칭찬하면서 남을 헐뜯으며, 삿된 정으로 야릇하게 웃으며, 중요하지 않은 말은 경쟁하듯이 다투어 기록하여 지니면서도 긴요하고 절실한 말은 천히 여겨 가볍게 본다. 널리 알고자 하면서도 널리 행하려 하지 않으니 원컨대 많이 깨달아서 무리 중에 홀로 뛰어나와 허망한 명성을 탐하는 것을 경계하고, 총명하다는 평판을 버려라. 신심을 등지고 야비하게 명리를 훔치면 삼악도가 다가와 결국 면할 기회가 없다.

·········

무릇 경론에 계誡의 뜻이 두 가지가 있다. 첫째는 순리順理이니 여래의 비장으로서 공空하고 평등한 법으로 상을 없애고 진眞에 들어간 것이니, 비고 고요하여 비밀한 경계는 보처補處도 알지 못하고 이승二乘이 측량하지 못하는 것을 순리라고 한다. 둘째는 글의 뜻이 쉽게 이해되어 읽을 때 막힘이 없고 분명하다. 또 게송으로 지어서 아름답고 묘하여 마음을 기쁘게 하는 것을 '정情에 수순隨順한다.'라고 한다.

법을 구하는 데에 있어서 가르침이 얕아 보인 듯하지만 이로 인하여 깊은 곳에 들어가는 것이다. 견해를 버리는 것이 모두 옳거니와 견해를 세우는 것은 모두 옳지 않을 것이니, 예를 들면 마치 대해에 처음 들어가면 발꿈치 정도 빠지다가 점점 들어가면 끝이 없고 바닥을 알 수 없는 것과 같은 것이다. 7일 된 어린아이가 좋은 음식을 소화시키지 못하고 평범한 농부가 어떻게 천자가 타는 수레를

탈 수 있겠는가? 먹지 못하는 것을 먹으면 반드시 음식이 목에 걸려 막히게 되고, 오르지 못할 것을 굳이 오르려고 한다면 지자智者가 꾸짖을 것이다.

그러나 불법의 대해는 지혜가 없으면 들어가지 못하고, 천 길의 보대寶臺는 사다리가 아니면 오르지 못한다. 처음 도문道門에 들어와서 계·정을 닦지 않고, 뛰어넘어 공종空宗을 배운다면 부처님이 기뻐하지 않을 것이다. ……

지금 이 가르침의 바탕이 화려하거나 정교함이 없으나 너의 정이 깊은 것을 연민히 여겨 하나하나의 가르침으로 가슴에 새겨 둘 요점을 잡은 것이다. 또 스승으로서 교훈을 잘못한 허물을 범하는 한이 있더라도, 마음먹고 간절히 마음에 있는 말을 보태서 마주 앉아 이야기하듯 말하노니, 네가 도를 이루어 이미 스스로 알았다면 같이 배우는 자와 다른 지혜 있는 이들에게 가르침을 베풀어야 할 것이다. 내가 매우 아프고 쇠약해져서 잠자리가 편안하지 못하니, 만일 이 글을 네가 받은 이후로 너를 만나 보지 못한다면 이 글이 너에게 유촉하는 글이 될 것이다. 가르치고자 하는 뜻이 은근하고 부드럽지 못하나 이 경계하는 글은 마음을 정화시키는 가르침이다.[171]

171 道宣律師 著,『淨心誡觀法』, 智雲 譯註, pp. 229~239.

한 사람의 인간으로서 또한 출가수행자로서의 성찰과 고뇌, 연민과 자비의 향기가 묻어나는 감동의 서간문이다. 스승과 제자, 시간과 공간을 넘어 전등의 조사가 말법의 후학에게 내리는 유촉법문에 동수정업同修淨業의 길로 나아가지 않을 수 없다.

남산율종을 계승하고 있는 송대 영지율사 또한 도선의 『사분율행사초』를 해설한 그의 『행사초자지기』에서 이렇게 말하고 있다. "이 시대는 현묘한 교법이 쇠약해지고, 지혜의 바람은 부채질하듯 약하니 재가자는 출가자를 업신여기고 출가자는 비법非法에 몰두한다. 게다가 스승은 후학을 잘 인도하여 다스릴 마음이 없고, 제자는 스승을 받들어 행할 의지도 없다. 스승도 제자도 자기의 역할을 버리고 허망하며 비루한 경계에 몸을 맡긴다. 이러하니 정법正法의 광명을 밝히려 한들 무슨 방법이 있겠는가. 이렇듯 전도된 이들을 구하는 일이 급한지라 안락을 찾을 방도를 주고자 하니 원컨대 스승을 공경하고 부처님의 가르침을 실천하여 불법이 영원히 멸하지 않길 바란다."

모름지기 계율을 스승으로 삼아 출가한 대장부는 계율 자체가 스승임을 통감하여 마땅히 스승의 지위에 있는 자는 스승답게 처신해야 하고, 아직 배워야 하는 제자의 위치에 있는 학인은 제자다운 도리를 다해 스승을 공경해야 수행공동체가 유지되고 빛날 수 있는 것이다. 이와 같이 도선율사의 희원希願은 승가수행공동체가 계율수지의 바탕 위에 선정과 지혜를 발현하여 정법이 영원히 사자상승師資相承되어 불조의 혜명을 이어 가는 것임을 알 수 있다.

결론적으로 남산율종의 개창조사 도선율사의 수행가풍은 삼학등지이다. 그가 "도라는 것은 계·정·혜 등이다."[172] 라고 설파하고 있듯이, 삼학을 차제로 등지하는 입장에서 특히 계율을 중시하면서 선정을 함께 닦는 계선일치戒禪一致와 선정수행과 바라밀행이 둘이 아닌 선행겸수禪行兼修의 종풍을 선양하고 있다고 해야 할 것이다.

이러한 도선의 계율사상의 특징은 심지계체로서의 마음을 매우 중요시하고 있다는 점이다. 그의 계체론에서 보면 계를 받아 지니겠다는 신심과 원력에 의하여 계체가 성립된다고 하였다. 똑같이 사분율에 의해 계를 받더라도 성문의 마음으로 계를 받으면 성문의 계체가 성립되고, 광대한 보리심을 발하여 무상의 보리심으로 계를 받으면 대승의 계체가 성립된다고 주장하고 있다. 이와 같은 심지계체론은 이후 전개되는 선종에도 지대한 영향을 미치고 있다.

172 위의 책, p. 198. "道者戒定慧等."

한국불교의 계율전승과 수행 — 선율겸행禪律兼行

가산지관화상은 『한국불교계율전통』에서 이렇게 말하고 있다. “우리나라에 불교가 전래된 이후 계율의 흐름인 전계와 수계에 의한 계법전승戒法傳承으로 1,700여 년 한국불교사에 승가대중이 전멸했던 시절이 없었다. 한국불교는 왕성하였던 고려불교가 조선조에 접어들어서는 숭유배불로 갖은 굴욕을 당하는 어두운 시대가 있었지만 면면히 정법안장正法眼藏과 계맥상승戒脈相承을 이어 온 1,700여 년 출가승가를 끊임없이 이어 온 역사와 그 공덕을 후인들이 제대로 알지 못할까 노심초사하여 자료를 정리하였다.”[173] 여기서 지관화상이 언급하고 있듯이, 한국불교는 정법안장의 선禪과 계맥상승의 율律이 함께 면면히 전승되어 온 전통이 있다. 이와 같

173 『韓國佛教戒律傳統』, (가산불교문화연구원), pp. 268~269.

이 선과 율이 아울러 수행되고 전승되는 수행가풍을 용성선사는 선율병운禪律併運 혹은 선율겸행禪律兼行이라고 말하고 있다.

신라의 자장율사와 진표율사로부터 근대 일제강점기를 살다 간 용성선사에 이르기까지 전승되어 온 한국불교 선율병운의 역사를 용성선사가 해인사 계단에서 제자 봉암월주에게 내려 준 계문戒文[174]의 내용에 의거해 대략 살펴보기로 하겠다. 즉 이 계문에서 설하고 있는 율맥상승에 나타난 역사와 사상을 중심에 놓고 약간의 보완으로 한국의 계율전승과 수행의 면모에 대해 탐색해 보는 것으로 이 단락을 구성해 보도록 하겠다. 용성이 전한 계문의 전문은 아래와 같다.

> 삼가 살피니 경·율·논 삼장三藏이라고 하는 것은 모든 부처님의 신령한 기운이 내려와 그대로 담긴 것이다. 그러한 삼장이 천축에서 오래도록 머물러 있다가 천 년이 흐른 뒤에 동쪽으로 전해져서 중국에 이르렀다. 그리고 다시 305년이 흐른 뒤에 동진 간문제 함안 2년(372) 때 순도順道화상이 전진前秦으로부터 와서 고구려를 교화하였으니, (이 땅에) 계율을 받고 불경을 익히며 좌선을 행하는

174 「佛戒律淵源」, 『백용성대종사총서』 7, (재, 대한불교조계종 대각회), pp. 455~460.

것이 이로부터 시작되었다.

이와 같이 선禪과 율律이 함께 운용되어서[禪律倂運] 스승으로부터 스승에게 서로 전수되고, 아래로 전해져서 자장慈藏율사에게 이어졌다. 자장율사가 중원으로 건너가 불법을 구하러 갔을 때는 바로 당唐나라 태종황제太宗皇帝 정관貞觀 12년(638)이다. 황제가 율사를 받들어 국사國師로 모셨다. 율사는 오대산五臺山 운제사雲際寺로 가서 문수보살상 앞에서 대법大法을 부지런히 구하였다. 그러던 어느 날 밤 문수보살이 범승梵僧으로 변하여 나타나서 게송을 읊었는데, 그 내용은 다음과 같다.

일체 법을 깨달아 알면	了知一切法
자성이라 할 것이 없네	自性無所有
이와 같이 법성을 알면	如是解法性
곧 노사나불을 볼 것이네	卽見盧舍那

게송을 마치고는, 곧 붉은 비단에 금빛 수가 놓인 가사袈裟 한 벌과 사리舍利 100과와 부처님의 머리뼈[頂骨]와 손가락 마디[指節]와 패엽경貝葉經 그리고 수정염주水晶念珠 한 개를 율사에게 전하여 주며 말하시길, "그대는 500생 동안 동진童眞의 몸을 지니었다. 나는 부

처님의 부촉을 받고서 그대를 기다리고 있었느니라."라고 하였다. 그러고는 금강계단도金剛戒壇圖를 주었다. 이에 태종황제가 그 소식을 듣고는 매우 기뻐하면서, 율사를 식건전式乾殿에 청하여 친히 대계大戒를 받았다.

정관 17년(643)에 율사는 본국으로 돌아왔으니, 바로 신라新羅 27대 선덕왕善德王 때이다. 선덕왕은 기뻐하며 율사를 받들어 왕사王師로 모셨다. 율사는 통도사通度寺에 금강계단金剛戒壇을 세웠는데, 이는 문수보살이 내려 준 도식圖式을 그대로 따른 것이었다.

왕은 몸소 계단戒壇 아래에 나아가 천불대계千佛大戒를 받고서, 사찰의 승려들에게 도첩度牒을 하사하여 널리 통해 승려가 되도록 모두 승인하였으니[通度僧侶], 이로 인해 사찰의 이름을 통도사라 하였다. 이후부터 대대로 모든 왕들이 승려들에게 도첩을 발행하고 계를 받게 하지 않음이 없었다.

또 진표眞表율사 때에 이르러 율종律宗이 세상에 거듭 빛을 발하게 되었다. 살펴보건대, 율사는 전주 벽골군碧骨郡 도천산都川山 대정촌大井村에서 태어났다. 나이 12세 때 모악산母岳山 번제煩濟화상에게 의지하여 사미계沙彌戒를 받았다. 율사가 27세 되던 해인 당나라 고종高宗 상원上元 원년 갑술년(674)에 보안현普安縣 변산邊山의 부사의방不思議坊에 나아가 미륵보살상과 지장보살상 앞에 이르러 부지런히 계법戒法을 구했다.

고행한 지 3년이 되어도 수기授記를 얻지 못하자, 율사는 바위 아래로 몸을 던졌는데, 홀연히 푸른 옷의 동자童子가 나타나 손을 뻗어 율사를 들어올려 석대에 내려놓았다. 이로 인해 큰 서원을 일으켜서 3년 안에 이루지 못하면 죽을 각오로 수행을 하였다. 몸을 돌보거나 목숨을 아끼지 않고 밤낮으로 돌에 머리를 찧어 참회하니, 3일이 되자 손과 팔이 꺾이고 부러졌다.

이윽고 7일이 되자, 지장보살이 쇠로 된 석장[金錫]을 손에 들고 와서 가피하여 손과 팔이 예전과 같이 정상으로 되었다. 드디어 가사와 발우를 내어 주니, 율사는 이 신묘하고 상서로운 현상에 감명을 받고는, 더욱 정성껏 수행에 전념하였고, 그날 곧바로 천안통天眼通을 얻어 시방법계를 훤히 꿰뚫게 되었다.

이에 지장과 미륵 두 큰 성인이 앞에 나타나서, 금빛 팔을 뻗어 진표율사의 정수리를 어루만지며 말하시길 "훌륭하도다, 대장부여. 계戒 구하기를 이와 같이 하여서 몸을 돌보거나 목숨을 아끼지 않고 정성을 다해 간절하게 참회하니, 이제 그대에게 수기를 주겠노라. 그대는 이 몸을 버리면 큰 법왕의 지위를 받아서 도솔천에 태어나리라." 하시고는 사라져 나타나지 않았으니, 때는 병자년(676) 4월 27일이었다.

화상이 두 보살로부터 관정灌頂을 받고 나서, 수행처였던 부사의방에서 내려와 유행하다가 대연진大淵津에 이르렀다. 그때 홀연히 용왕이 연못가에서 나와 옥으로 된 발우와 가사를 진표율사에게 받들어 올렸으니, 이와 같이 빼어나고 신묘한 행적은 이루 다 기록할 수 없을 정도이다.

고려 때에는 부처님의 지혜의 해[佛日]가 거듭 빛나고 부처님 법의 바퀴가 크게 굴러 왕과 신하가 공경하고 존중하여 대대로 율법을 서로 전하게 되었다. 그렇게 전해져서 고려 공민왕에 이르렀는데, 그때 지공指空화상이 천축으로부터 이르니, 왕이 받들어 국사로 모셨다. 이에 지공화상은 통도사 대계단에 나아가 계를 주어 승려들을 출가시켰으니, 이는 곧 명나라 홍무洪武 9년(1376)의 일이다.

우리 태조太祖 강헌대왕康獻大王이 무학無學화상을 받들어 왕사로 모셔서 불법을 널리 드러내고 전파한 후로부터 계율이 끊어짐 없이 계속 이어져 환성喚惺화상에 이르도록 스승으로부터 스승에게 서로 전해져서 계를 전하고 중생을 제도하지 않음이 없었다.

(이후 불법이 쇠미해지고 계율전승의 맥이 끊어져서 말법의 현상이 더욱 두드러지게 되었다.) 바로 이때에 이르러 율종은 위태로워져서 거의 없어지게 되었다. 다행히 본조本朝의 순조純祖 숙황제肅皇帝 26년 병술년(1826) 7월에 대은大隱화상과 그의 스승 금담金潭장로

가 이러한 현실을 매우 걱정하여서, 지리산 동국제일선원東國第一禪院에 나아갔다. 하안거 해제에 즈음하여 부처님의 가르침에 따라 부처님 앞에 서원을 세워 기원한 지 7일 만에 한 줄기 상서로운 빛[一道祥光]이 대은화상의 정수리 위에 쏟아졌다. 이에 그의 스승인 금담장로가 말하길 "경經에 이르길 '오직 계가 있는 곳엔 아버지와 아들이 서로 스승이 된다.'"라고 하고는 대은율사에게 계를 받았다. 그리고 금담율사는 그것을 다시 초의草衣율사에 전하고, 초의율사는 그것을 범해梵海율사에게 전하고, 범해율사는 선곡禪谷율사에게 전하고, 선곡율사는 용성龍城율사에게 전하였다. 용성율사는 해인사 금강계단에서 계법을 나에게 전하며 말하시길 "보살의 10중계重戒·48계와 비구 250계를 그대에게 전해 주노니, 그대는 마땅히 공경하는 마음으로 받들어 지니고, 그것을 미래에 전하여 끊어지거나 없어지지 않도록 하라."고 하였다.

용성은 이 계문을 통해 최초로 고구려에 순도화상에 의해 경·율·논 삼장이 전래된 유래를 밝히고, 아울러 수율受律(율), 습경習經(교), 좌선坐禪(선)으로 대변되는 계·정·혜 삼학의 수행이 시작되었음을 천명하고 있다. 또한 이로부터 율과 선을 아울러 닦는 선율겸행禪律兼行의 전통이 형성되었음을 밝히고 있다.

그리고 우리나라에 정식으로 계단이 설립되어 수계가 이루어지는 것은 자장율사와 진표율사에 의해서 비롯되고 있다고 기술하고 있다. 즉 자장율사와 진표율사의 서상수계瑞祥受戒에 의해 사분율과 보살계가 함께 설해지는 전통을 수립하게 된 것으로 추정한다. 이로 미루어 볼 때, 물론 자장과 진표 이전에 성문율인 사분율에 의한 수계가 이루어지고 있었겠지만, 이 두 분 율사로부터 우리나라에 대승계율인『범망경』에 의거한 서상수계의 전통이 확립되고 있음을 알 수 있다.

그리고 자장이 중국 오대산에서 문수보살로부터 서상수계와 함께 화엄게송을 전해 받고 있다는 사실에서 보듯, 훗날 한국의 선禪이 화엄華嚴과 늘 함께 병수倂修되어 온 것처럼 계율 또한 화엄교와 함께 겸수兼修되고 있는 것이 한국 계율전승의 전통이자 특색이라 할 수 있겠다.

아울러 우리나라에 처음으로 설립된 통도사 금강계단 또한 문수보살로부터 받은 서상계에 의한「금강계단도金剛戒壇圖」로부터 비롯되고 있음을 알 수 있다. 아마도 통도사 금강계단에서 대승율인 보살계와 성문율인 사분율이 함께 전승되는 한국계율전통이 수립되었을 것으로 추측이 된다.

자장은 소판무림공蘇判茂林公의 아들로서 홀로 깊은 산에 들어가

고골관枯骨觀을 닦으며 용맹정진하였다. 선덕여왕이 칙명으로 조정에 불러 재상으로 삼으려 하였으나 "내 차라리 하루라도 계를 지키고 살지언정 백 년을 산다 해도 파계하고 살지 않겠다."고 거절하였으니, 이것이 바로 한국불교의 서릿발 같은 계율수지[護戒]의 정신이라 할 수 있다.

이미 살펴본 바와 같이, 그는 중국 오대산 북대 문수보살상 앞에서 7일간 기도하여 문수보살을 친견하고 서상수계를 감응한 뒤 귀국하여 대승경론을 강설하고 사분율과 보살계본을 설하여 대소승계를 회통적으로 수용하였으니, 이는 한국불교에서 사분율에 의한 비구(니)계 수지와 함께 보살계를 함께 받는 전통이 세워지는 데 선구적 역할을 담당하였다고 할 수 있다. 이러한 대소승이계大小乘二戒를 함께 설하고 수지하는 전통은 중국불교와는 다른 계율전승이라고 할 수 있다.

사실 신라불교에서 자장율사 이전에 보살계라는 계명戒名이 등장하는 것은 원광법사에 의해서다. 『삼국유사』에 다음과 같이 기술하고 있다.

> 불교에서 보살계가 있어 그 조항이 열 가지가 있으나, 너희들은 신자臣子로서 그것을 지키기가 어려울 것이다. 이제 너희들에게 세속

의 오계를 주리라.

여기서 언급하고 있는 보살계의 열 가지는 범망보살계의 십중대계를 지칭한 것이다. 원광이 신라의 화랑들에게 세속오계世俗五戒를 설해 주면서 출가인과 재가인이 지켜야 할 계율의 덕목을 분별하고 있는 것은 지계의 효용성에 착안하고 있음을 알 수 있다. 재가자들에게 출가자의 계율을 수지하는 부담을 덜게 하고, 세속인이 지켜야 할 덕목을 새롭게 창안하여 실생활에 적용시켜 실천하게 한 것은 대승불교(계율)의 신라적 변용이라 말할 수 있겠다. 이와 같이 원광이 대승의 보살계를 효용의 측면에서 재설정한 것은 성문의 사분율은 말할 것도 없고 범망보살계의 십중계와도 판이한 차이를 보여 주고 있다. 이것은 아마도 삼국통일을 염원하는 신라의 화랑들에게 호국불교의 관점에서 시설한 도덕적 규범일 것이다. 이러한 계목의 변용은 사분율적 율의로서는 도저히 대승불교의 사상적 이념을 호국적 이념으로 승화시킬 수 없었기에 '살생유택殺生有擇'[175]이라는 능동적 계목의 창안으로 해결하려는 의지의 산물일 것이다.[176]

175 이른바 '살생유택殺生有擇'은 "생명을 죽임에 있어 가려서 하라."는 대승보살정신의 응용이라 할 수 있다.

이와 같은 효용적 입장에서 계목변용의 사상적 근거가 되는 것은 유가계 계통의 경론에 연유하고 있음을 알 수 있다. 『유가사지론』에서 설하기를, "보살들이 보살의 청정한 계율의에 머물면서 훌륭한 방편으로 다른 사람의 이익을 위하여 행위함으로써 여러 성죄性罪에 해당하는 것 가운데 적은 부분이 현행했다고 하더라도 이러한 인연으로 말미암아 보살계를 범하는 일은 없고 오히려 많은 공덕을 낳는다."[177]라고 하였다.

즉 남의 물건을 빼앗고 훔치는 도적이 사람을 죽이려고 하거나, 성문·연각·보살 등의 현성賢聖을 해치려고 할 때 보살이 그 일로 인해 일어날 모든 무간업의 과보를 구제하기 위하여 불쌍히 여기는 마음으로 그의 생명을 끊을 경우에 이는 보살계를 위반하는 것이 아니라 오히려 공덕을 일으키는 것이라고 하는 것 등이다.

자장 이후 신라의 원효, 의적과 태현에 의해 각각 『범망경보살계사기』, 『범망경보살계본소』와 『범망경고적기』 등 다수의 『범망경』 주석서가 찬술되어 우리나라 대승계율 전승의 정초를 마련하였다. 먼저 보살계에 대한 원효대사의 견해를 간략하게 살펴보기

---

176 釋性愚 강의, 『梵網經菩薩心地戒律品講義鈔案』, (대한불교조계종 계단위원회) pp. 11~12 참조.

177 『瑜伽師地論』 권41, (『大正藏』 30, p. 517中).

로 하겠다. 원효는 "보살계란 흐름을 거슬러 근원으로 돌아가는 큰 나루터요, 삿된 것을 버리고 올바른 데로 나아가는 요긴한 문이다."라고 정의하고 있다.

원효 계율사상의 특징을 몇 가지 들어 보면 첫째, 보살계의 계체가 중도中道임을 밝히고 있다. "인연으로 생겨났기 때문에 인연을 추구해도 계의 자성을 얻을 수 없기에 '있는 것도 아니고'라고 했고, 인연으로부터 생겨났기 때문에 계가 비록 있는 것은 아니지만 토끼의 뿔이 없는 것과 같지 않기에 '없는 것도 아니며'라고 했다." 이것은 계가 변을 여읜 중도라는 것을 나타낸 것이다.

둘째, 삼취정계 가운데 섭율의계와 섭선법계는 자리계自利戒이고, 섭중생계는 이타계利他戒로 보아서 자리이타의 보살행을 강조하고 있다. 『보살계본사기』에서 "계가 해와 달처럼 밝다."라고 한 대목을 해설하면서 이렇게 말하고 있다.

> 해는 뜨거움[熱]으로 성품을 삼고, 달은 차가움[寒]으로 성품을 삼는다. 만약 해만 있고 달이 없다면 모든 모종은 타 버리기 때문에 열매를 맺을 수 없다. 또한 달만 있고 해가 없다면 모든 모종은 곧바로 썩어 버리기 때문에 싹을 틔울 수 없다. 계 또한 이와 같아서 비록 섭율의계와 섭선법계가 있지만 섭중생계가 없다면 오직 자리

> 행만 있고 이타행은 없기 때문에 이승二乘과 같아서 위없는 보리의 풍성한 열매를 맺을 수 없다. 비록 섭중생계는 있으나 섭율의계와 섭선법계가 없다면 오직 이타행만 있고 자리행이 없는 까닭에 도리어 범부와 같아져서 보리의 싹을 틔울 수 없다. 지금 해와 달을 모두 갖추었기 때문에 모종이 싹을 틔워 썩지도 않고 타지도 않는 것처럼 계 또한 이와 같아서 삼취계를 모두 갖추고 있는 연고로 범부나 이승과 같지 않을 수 있어서 위없는 보리의 세 가지 과보를 감득할 수 있기 때문에 해와 달을 비유로 삼았다.[178]

삼취정계를 자리와 이타로 구분하여 설명한 것도 원효 특유의 관점이며, 삼취정계가 두루 갖추어져야 자리이타의 보살행이 원만하게 이루어질 수 있다고 주장하여 대승의 보살정신을 강조하는 것 또한 그의 무애행을 통한 대중교화 행적과 무관하지 않다고 할 수 있다.

셋째, 반야와 불성을 회통하여 일심으로 계를 설명하고 있다. 여기서 원효는 『기신론』의 일심一心 이문二門의 교설을 인용해서 정인불성正因佛性을 드러내고 있다.

---

178 『梵網經菩薩戒本私記』, (『韓國佛教全書』 1), p. 588下~p. 589上.

처음에 '일체의 마음이 있다'라고 말한 것은 불성의 정인正因을 논한 것이다. 『열반경』에 이르기를 "일체중생은 무릇 마음이 있는 자는 마땅히 아뇩다라삼먁삼보리를 얻을 수 있다."라고 하였다. '무릇 마음이 있다'라는 것은 두 가지가 있다. 첫째, 진여심으로 이 마음은 본래부터 항하사의 성공덕性功德을 갖추고 있으므로 불공여래장不空如來藏이라 이름한다. 둘째, 생멸심으로 이 마음은 번뇌로 물들고 덮여 있어 성품[性]이 드러나지 않고 뜻을 숨기고 있으므로 공空이라 이름한다. 그러나 오염을 떠나면 참됨[眞]을 드러내기 때문에 또한 여래장如來藏이라 이름한다. ……중생은 모두 이와 같은 2종의 마음을 가지고 있기 때문에 일체의 마음이 있다고 한다.[179]

중생은 진여심과 생멸심을 다 가지고 있음으로 해서 생멸심을 여의고 진여심을 드러내어 일심으로 돌아갈 수 있기 때문에, 이 일심의 심지계체가 정인불성이 될 수 있다고 하는 것이다.

넷째, 달기達機보살이 중생을 제도하기 위해 계율을 위배하는 것을 논하고 있다. "이 계 가운데 사구四句를 지어 간략히 지키거나[持] 범하는[犯] 것을 가리겠다. 첫째, 살인을 하더라도 한결같이 복

179 위의 책, p. 590中.

이 되고 죄가 되지 않는 것이다. 근기에 통달한 보살[達機菩薩]이기 때문에 죽이지 않으면 제도할 수 없는 근기임을 보았기 때문에 죽이는 것은 하나같이 복이고 죄는 아니다. ……둘째, 혹 사람을 죽였지만 죄도 아니고 복도 아닌 것이다. 착오나 미혹하여 죽이는 것 등은 오직 업도만 있기 때문에 계를 범한 죄는 없다. 셋째, 오직 가벼운 죄일 뿐이고 무거운 죄는 아닌 것이다. 이 계 가운데 아울러 하품 중생을 죽인 것 등이다. 넷째, 오직 무거운 죄일 뿐이고 가벼운 죄는 아닌 것이다. 이 계에서 바로 세운 바의 무거운 계이다. 사구 가운데 앞의 구절은 오직 복이 되고 죄가 아니며, 다음의 구절은 죄도 아니요 복도 아니며, 뒤의 두 구절은 오직 죄가 될 뿐 복은 아니다."[180]

이것은 중생을 제도하기 위한 방편으로 계율을 범하면 죄가 아니라 복이 된다고 하는 원효 특유의 적극적이고 능동적인 계율관이라 할 수 있다. 이러한 원효의 계율관은 원광이 세속오계를 설하고 있는 정신과 일맥상통하고 있으며, 이후 한국불교의 계율관에 많은 영향을 미치고 있다.

다음은 의적의 『보살계본소』에서 언급하고 있는 보살계에 대한

---

180 위의 책, p. 596下.

정의를 간략히 살펴보기로 하겠다.

> 무릇 계는 덕의 근본이요, 도가 그것으로부터 말미암아 생긴다. 따라서 깨달음[覺]의 종자를 흥하게 하고, 정법을 이어받는 것과 생사의 오랜 유전을 끊고 피안에 오르는 것과 중생을 제도하는 것 등이 모두 계로 말미암는다. 그러므로 여래께서는 먼저 보리수 아래에서 처음 보살의 바라제목차를 제정하셨으니, 이야말로 진루塵累를 고요하게 하고 얽매임에서 해탈시키는 기초이며 원인을 닦고 결과를 증득하는 근본이다.[181]

의적은 대승의 보살계는 도의 발원發源이요, 덕의 근원인 까닭에 생사를 해탈하여 깨달음을 증득하고 일체중생을 제도하는 근본이라고 규정하고 있다. 즉 계가 아니면 생사의 유전을 끊고 해탈의 피안으로 나아갈 수 없음을 강조하고 있는 것이다.

그리고 고려 시대 보조국사 지눌에 의해 수선사修禪社에서 정혜결사定慧結社가 이루어지고 해이해진 승단의 기강을 바로잡고자 중국『선원청규』의 영향을 받아『계초심학인문』이 저술되어 초학자

181 『梵網經菩薩戒本疏』上卷.

들에게 지계와 정혜의 가르침을 환기시키고 있다. 이것은 지계의 바탕 위에 정혜결사가 이루어지고 있음을 방증하는 것이다.

다시 위의 용성이 전한 계문에 의거하면, 우리나라에 전승되어 온 심지계법心地戒法과 선율겸행禪律兼行의 수행가풍은 자장율사에 의해 통도사가 창건되고 금강계단이 마련되어 대소승의 계법이 설해졌으며 이후 진표율사에 의해 크게 중흥되었다. 그리고 고려 말 인도의 지공화상에 의해 다시 통도사 계단에서 수계로 교화하는 전통이 이어졌으며, 조선 시대 숭유억불의 정책 속에서도 무학대사의 불법 천양과 계율 전수에 힘입어 환성지안喚惺志安에 이르기까지 선율전승禪律傳承에 의한 교화가 면면히 이어지고 있었음을 알 수 있다.

여기서 특이하게 주목되는 인물이 바로 고려 말의 지공선사이다. 지공은 인도승으로서 고려에 당도하여 나옹, 경한, 무학 등에게 정법안장을 전해 선풍을 진작시킴과 동시에 『문수사리보살무생계경』에 의거한 무생계법無生戒法을 전수傳授해서 선율겸수禪律兼修의 모범을 보여 준 대선사이다. 고려 말에 지공에 의해 무생계가 설해지고 있음은 우리나라 선불교에서 계선일치의 전통이 수립되고 있음을 엿볼 수 있는 전거라고 할 수 있다.

지공선사에 의한 『무생계경』과 무생계법은 우리나라에만 유일하게 현존하는 것으로 다행히 「무생계첩」이 발견되어 출재가자들에게 수계를 통한 선수행의 대중화와 생활화가 이루어졌음을 확인할 수 있다. 무생계에 내포된 선禪의 실천과 무생계법의 수지를 통해 계선일치, 선율겸수의 종지가 선양되었던 것이다. 중국의 선종에서 혜능에 의해 무상계無相戒가 설해졌다면, 한국에 지공에 의해 전수된 자성심지계법自性心地戒法인 무생계無生戒가 현재까지 그 계첩이 전해 내려오고 있다는 것은 선율겸행의 전통이 계승되고 있음을 증명하는 것이다.

조선의 청허도 『선가귀감』에서 설하기를, "계·정·혜는 하나를 들어 셋을 갖추는 것이므로 하나하나 따로 이해해서는 안 된다."라고 말하고, 나아가 "계의 그릇이 온전하고 견고해야 선정의 물이 맑게 고이고 거기에 지혜의 달이 나타난다."[182] 라고 했다. 이 가르침은 수행자가 수행을 함에 있어서 마땅히 계·정·혜 삼학을 평등하게 닦을 것[等持]을 강조하는 말이다.

삼학을 등지하는 것은 전 불교의 영역에서 공통으로 가르치고 있는 교설이다. 즉 근본불교에서 선불교에 이르기까지 공히 계·정·혜 삼학을 근수하는 것으로써 그 수증문을 삼고 있음을 볼 수

182 "戒器完固, 定水澄清, 慧月方現."

있는데, 즉 지계청정持戒淸淨의 바탕 위에 선정삼매禪定三昧에 들 수 있고, 선정삼매를 얻음으로써 반야지혜가 발현될 수 있다고 설하고 있다.

이와 같이 전통적으로는 삼학근수三學勤修를 계에서 정, 정에서 혜, 이렇게 차제로 닦아 가는 것처럼 이해하고 있다. 또 다른 한편에서는 삼학은 등지하는 것이기 때문에 하나를 닦으면 그 가운데 셋이 함께 닦아지므로 "하나를 들면 셋을 갖추는 것"이라고 말하는 것이다.

아울러 청허는 이 땅에 살아가는 수선대중을 위해 계율에 대한 수지를 고구정녕하게 설파하고 있다.

> 음란하면서 참선하는 것은 마치 모래를 쪄서 밥을 지으려는 것과 같고, 살생하면서 참선하는 것은 마치 제 귀를 막고 소리를 지르는 것과 같고, 도둑질하면서 참선하는 것은 마치 새는 그릇이 가득 차기를 바라는 것과 같고, 거짓말하면서 참선하는 것은 마치 똥으로 향을 만들려는 것과 같다. 이런 무리들은 비록 많은 지혜가 있다 하더라도 다 마구니의 도를 이룰 뿐이다.[183]

---

183 『禪家龜鑑』, "帶婬修禪, 如烝沙作飯. 帶殺修禪, 如塞耳叫聲. 帶偸修禪, 如漏希求滿, 帶妄修禪, 如刻糞爲香. 縱有多智, 皆成魔道."

계율의 수지 없이 올바른 수행이 이루어질 수 없음을 간명직절하게 일러 주고 있는 것이다. 또 청허의 『선가귀감』에 이르기를, "앙산이 다시 행리처行履處(행실)를 물었다. 위산이 대답하기를 '다만 그대의 안목이 바른 것을 귀하게 여길 뿐이다' 운운云云."이라는 가르침이 있다. 이 말씀을 따라 안목을 밝히는 일은 중요하지만 행실은 아무렇게 해도 되는 것이라는 인식이 은연중에 수행자의 의식 저변에 깔려 있음을 보게 된다. 만일 이러한 생각으로 안목을 밝히는 수행을 하고 있다면 대단히 위험천만한 수행자가 될 것이다. 위에 인용된 말은 『위산어록』에 나오는 문구로 스승 위산潙山이 제자 앙산仰山을 인가하면서 나눈 대화의 일부이다.

> 위산이 앙산에게 물었다. "『열반경』 40권에서 어느 정도가 부처님 말씀이며 어느 정도가 마군의 말인가?" "모두가 마군의 말입니다." "앞으로 그대를 어찌해 볼 사람이 없을 것이다." 앙산(혜적)이 물었다. "혜적의 지난 한때의 처신[行履]은 어찌 됩니까?" "그대의 안목이 바른 것[眼正]을 귀하게 여길 뿐 그때 그 일은 말하지 않겠다."[184]

---

184 『潙仰錄』, (藏經閣), p. 35.

여기서 언급하고 있는 앙산의 처신은 당 무종 시대에 회창법난會昌法難이 일어나서 강제 환속당하여 흰옷(속복)을 입고 몰래 숨어서 지냈던 일을 가리킨다. 법난이 마무리되고 난 뒤에 다시 산문으로 돌아와 위산이 앙산의 법을 인가할 때에 지난 사건이 마음에 걸려 고백함에 스승이 제자를 위로하는 차원에서 일러 준 말에 불과하다. 즉 이 말은 회창법난을 당해 그 당시 거의 모든 스님들이 환속을 할 수밖에 없었던 시절인연時節因緣에 대한 참회의 의미가 깃들어 있는 말인 것이다. 그럼에도 불구하고 이 말을 좇아 안목만 소중하고 행실은 아무렇게나 해도 문제가 되지 않는다는 식으로 자가당착에 빠져 이해한다면 참선의 상相은 있을지언정 계율의 체體는 문란하게 될 것이다.

다시 용성의 계문으로 돌아가 살펴보면, 환성지안 이후 율맥이 단절되어 율종이 거의 멸절滅絶되는 위태로운 지경에 이르게 되었다. 이때에 영암 월출산 도갑사의 대은낭오大隱朗旿율사가 그의 스승인 금담보명金潭普明장로와 함께 율종의 쇠퇴함을 염려하다가 1826년(순조 26) 7월 15일부터 지리산 동국제일선원 아자방에서 계법을 구하는 기도를 하던 중 7일 만에 한 줄기 상서로운 빛[一道祥光]이 무지개처럼 뻗어 대은의 정수리를 비추는 서상수계를 감득하게 되었다. 함께 기도했던 그의 스승 금담장로가 말하기를, "경에 의하면 오직 계가 있는 곳에는 부자가 서로 바뀌어 스승이 될 수 있는 법"이라 하여 상좌인 대은으로부터 계를 받고 계맥을 잇게 되었다. 그리하여 대은의 계맥을 계승한 금담율사는 초의의순草衣意恂율사에게 전하고, 초의는 범해각안梵海覺岸율사에게 전하고, 범해는 통도사 선곡禪谷율사에게 전하고, 선곡은 다시 용성진종龍城震鍾율사에게 전하여 대은계의 서상수계가 용성에게 전하게 된 계맥의 계보를 전하고 있다.

위에서 언급하였듯이 우리나라 율맥전승은 자장, 진표의 서상수계로부터 시작되었다. 이 한국 자생의 율맥이 고려, 조선으로 면면히 이어져서 환성지안에 이르게 되었으나 그의 순교로 인해 100여 년간 단절된 것을 대은율사가 자서수계自瑞受戒로 다시 계승하게 된 것이다. 이 율맥이 용성에게 이어져 동산혜일東山慧日과 고암상언古庵祥彦, 경하재영景霞載英, 봉암월주鳳岩月舟 등에게 전해졌다.

우리나라 전통의 서상수계 율맥을 계승한 용성은 선사이자 율사이며, 법사이자 관정사灌頂師를 자처하며, 번역가이자 독립운동가이며, 불교중흥의 원력종장이다. 이러한 이력에서 알 수 있듯이 용성의 수행가풍은 선율겸행禪律兼行, 선교겸수禪敎兼修, 선농일치禪農一致로 규정되는 선·교·율 회통의 선풍이라고 할 수 있다. 용성선사의 『범망경』「자서自敍」에 나타난 계선일치戒禪一致의 면모를 살펴보자.

무릇 성품性品의 근본이 깨달음이므로 깨달으면 곧 망령됨이 없는 것이다. 마음의 근본이 공空이므로 깨달으면 곧 청정한 것이다. 비유컨대 맑은 해는 허공에서 빛으로 온갖 상을 머금음으로 오염됨과 청정함을 선택하는 일이 없다.

그러나 한순간 미혹하여 망령으로 인해 업業과 식識이 가득 차서 오래도록 미혹하여 (청정함)으로 돌아가지 못하는 것이다. 그러므로 대각이 세상에 출현하여 천진天眞하게 본래 갖춘 오묘한 성품을 가리켜서, 일상日常에서 자성自性이 오염되지 않게 하셨다. 그러므로 삼취정계三聚淨戒와 항하사만큼 많은 계품戒品이 세상에 전해지게 되었다.

그러나 이 경經의 40가지 마음은 모든 성인이 마음 닦고 도를 깨닫는 올바른 길이다. 또 십중十重과 사십팔경계四十八輕戒는 오염되지 않는 오묘한 법을 수행하는 것이다. 그러므로 이 경은 참된 성인의 연원을 가리킨 것이며, 오묘하게 닦는 시작에서 끝까지의 과정을 확실히 보여 주는 것이다. 가로와 세로로 갖추어 열어 주는 것은, 화엄華嚴과 법화法華의 깊은 취지를 겸하고, 관행觀行을 명시하는 것은 오시팔교五時八教의 대강大綱이다. 계戒와 승乘을 함께 급선무로

> 하고, 돈頓과 점漸을 같이 거두어들이는 것이다.
>
> 대각이 마지막으로 부촉하여 말씀하시길, "그대들은 계로써 스승을 삼아라."고 하셨으니, 우리 대각교大覺敎는 계를 전하는 사람[傳戒人]으로써 스승을 삼는다. 도道로서의 부모와 도로서의 자식이 줄곧 계승하여 전함에 다함이 없으리라.[185]

여기서 용성은 『범망경』이 수심修心의 정로正路임을 밝히고, 십중대계十重大戒와 사십팔경계四十八輕戒가 오염되지 않는 묘법을 수행하는 것이며, 참성인(부처)의 연원인 심지心地를 보여 주고, 묘수妙修의 시종始終을 보여 주는 것임을 들어 계율수지와 심지불성心地佛性을 닦는 선수행이 둘이 아님을 강조하고 있다. 즉 이 경전의 심지계품心地戒品이 도의 근원과 묘한 닦음, 교학과 관행, 계법과 실천행, 돈교와 점교를 아우르는 가르침임을 천명하고 있다. 그러므로 계율로써 스승을 삼으라고 하는 부처님의 유촉을 받아 계를 전하는 사람을 스승으로 삼아서 도의 아버지와 도의 아들이 실을 잇듯 계승하여 전할 것을 부촉하고 있다.

계는 선정과 지혜의 바탕이며, 그리고 계는 선정과 지혜로 완성

185 백용성 역 · 주해, 『각설범망경』 「자서」, 적연 옮김, (『용성대종사총서』 3), p. 66.

되는 것이다. 곧 마음의 깨끗함은 모습[相]에 모습 없으며 생각[念]에 생각 없어서, 생각이 움직이지 않을 때 깨끗함이 성취되는 것이니 선정으로 계가 완성되는 것이다. 그리고 마음이 청정하되 청정한 모습에 머물지 않을 때 청정한 마음의 계는 중생을 거두는 계가 되며, 선악이 공空한 줄 알되 공에도 머묾 없을 때 계는 지혜가 되는 것이다.

그러므로 계와 선정과 지혜는 앞과 뒤가 없어서 선禪일 때 곧 계戒가 되고 선禪일 때 지혜가 되어야 하는 것이니 이것이 바로 용성선사가 전한 바 정법안장과 둘이 아닌 심지계心地戒이다.[186]

이러한 관점에서 보면, 용성의 수행가풍은 심지계법을 수지하는 율사가 곧 심지자성을 닦는 선사가 되고, 심지법문을 연설하는 법사가 되는 것이므로 선·교·율이 하나 되고 계·정·혜가 원수圓修될 수 있는 것이다. 이것이 바로 용성의 선율겸행禪律兼行, 선교일치禪敎一致를 토대로 하여 계·정·혜 삼학을 두렷이 닦는 삼학원수三學圓修의 선풍임을 보여 주는 대목이다. 용성은 「만일결사창립기」에서도 분명하게 선율병운禪律倂運의 선풍을 밝히고 있음을 볼 수 있다.

186 학담, 「용성진종선사의 원돈율사상과 선율겸행의 선풍」, (『大覺思想』 第十輯), p. 338.

교외별전인 참선을 정밀하게 수행하려고 '활구참선만일결사회'를 창설하니 그때 나이가 62세였다. 가만히 생각해 보니, 우리 부처님께서 계를 스승으로 삼으라고 부촉하셨으니 선禪과 계율戒律을 함께 운용하여[禪律倂運] 규범을 세우는 것이 참으로 엄정하지만, 오후에는 불식하는 것과 장시간 묵언하는 것과 절 입구를 나가지 않는 것이, 많은 규범을 새로 만드는 가운데서도 난관이었다. ……세존 응화 2952년 을축년(1925) 10월 15일에 계단을 세우고 수계하였는데 수계자가 매우 많았다.[187]

용성이 주도한 참선만일결사의 종지가 다름 아닌 '선율병운禪律倂運'이며, 실행규칙으로서의 청규가 오후불식午後不食과 장시묵언長時默言과 동구불출洞口不出임을 알 수 있는 대목이다. 일제 식민지치하에서 불법을 중흥하고자 염원했던 용성은 그 첫 번째 실천이 선율을 병운하여 청정한 승가상을 구현하는 것이라 여긴 것이다. 선율겸행의 바탕 위에 불식不食과 묵언默言과 불출不出의 청규를 지키는 것이 난관이기는 하지만 만일결사萬日結社를 통해 수행해야 할 본분사임을 밝히고 있는 것이다. 아울러 계단을 설립하여 많은

187 「만일참선결사회창립기」, 『백용성대종사총서』 1, (재, 대한불교조계종 대각회), pp. 352~353.

대중들에게 수계를 하였음을 알 수 있다.

또「만일결사회선전문」에서도 규칙 제5조에 입방 자격으로 "범망경사분율을 특히 준수하려고 결심한 자"라는 조항을 두고 있으며, 결사에 참여한 선중禪衆의 주의사항에서도 "십악을 저지른 자와 음주식육이 무방반야無妨般若라 하는 자 및 보름마다 대소승율을 설할 때 이를 비방하는 자는 동거를 할 수 없다."[188]라고 규정하고 있다. 당시『불교』제93호에「중앙행정에 대한 희망」이란 제목으로 기고한 글에서도 또한 이렇게 주장하고 있다.

> 아我는 여시如是히 관觀한다. 세계사조世界思潮가 연연월월年年月月 변變하고 반종교운동反宗教運動이 시시각각時時刻刻히 돌진突進하고 있다. 오인吾人이 이때를 당當하야 교정教政을 급속도急速度로 개신改新치 안이하면 안이 될 것이다. 하나는 선율禪律을 겸행兼行하지 안이하면 안이 될 것이요, 하나는 오인吾人의 자신이 노농勞農치 안이하면 안이 될 것이다.[189]

일제 식민 치하에서 조선불교가 일본불교에 예속되어 대처육식

188 『백용성대종사총서』7, (재, 대한불교조계종 대각회), p. 169, p. 171.
189 위의 책, p. 58.

帶妻肉食이 허용됨에 용성은 두 차례에 걸쳐 조선총독부에 「건백서建白書」를 탄원하였다. 그 내용을 살펴보면 대략 "비구 · 비구니의 출가 이중二衆은 불조의 계율인 『사분율』과 십중대계와 사십팔경계를 호지하여 대처육식을 엄금하고 오로지 도업에만 부지런히 힘써 견성성불로 근본을 삼게 하는 것"[190]이 핵심이었다.

용성은 선율겸행의 수행가풍을 수립해서 청정한 승가상을 수립하고, 또한 승려가 적극적으로 노농勞農의 생산활동에 참여하는 선농일치의 선풍으로 생산불교를 지향하는 것이, 시대사조에 부응하는 것이며 사원경제를 확립하는 방편임을 제시하고 있다. 노농이란 요즘 말로 하면 노동, 일이라고 할 수 있다. 용성의 선농일치란 노동과 선수행, 즉 일상의 일과 수행이 하나 되는 백장청규百丈清規의 실천을 말하는 것이다. 즉 노동과 참선이 둘이 아닌 수행가풍으로 선농일치를 주장한 것인데, 출가자의 노동을 금지시킨 성문계를 대승심지계와 백장청규로 극복하여 생산불교로 나아가게 하는 것이 선농일치의 실천이다. 용성은 이러한 구체적인 불교 혁신 방법을 통하여 억불과 침탈에 허덕이던 조선불교를 중흥시키고자 염원하였던 것이다.

190 『백용성대종사총서』 1, (재, 대한불교조계종 대각회), pp. 357~362 참조.

다시 말하면 일대사인연을 밝히는 견성성불이 수행으로서 체體라고 한다면, 노농을 통해 일체중생을 이롭게 하는 요익유정은 교화로서의 용用이 되기 때문에 체용일여體用一如의 입장에서 보면 선농일치가 되고 행화일치가 되는 것이다.

그런데 앞에서 언급하였듯이 한국 율종의 계맥전승이 자장, 진표로부터 시작하여 환성지안에 이르고, 이후 율맥이 희미해지자 다시 대은낭오의 서상수계에 의해 용성으로 이어지고 있음을 살펴보았다. 여기서 언급되고 있는 서상수계란 경전에서는 자서수계自誓受戒라고 하며, 그 경전적 연원은 『범망경梵網經』「보살심지계품菩薩心地戒品」의 "만약 천 리 안에 계를 줄 스승이 없으면 불보살의 형상 앞에서 수계하는데 반드시 부처님의 상호를 친견해야 하느니라."라는 경문에 의거하고 있다.

부처님 앞에서 수계를 서원하고 지극한 마음으로 참회하면 반드시 부처님을 친견하고 서상의 징험이 나타나야 직접 계를 받게 되는 것이다. 그러나 서상수계를 받은 사람이 있으면 그 사람에게 받으면 되기에 다른 사람들은 서상수계를 하지 않아도 된다는 것이다.

이것에 근거하여 한국불교의 계율전승은 『사분율』에 의거한 비구(니)계와 『범망경』의 서상수계에 의해 이루어진 심지계품의 보살계가 함께 전승되는 것이다. 그래서 한국불교에서는 지금 출가자들이 구족계를 받고 바로 그 계단에서 보살계를 받고 있는 것이다. 출가자가 대소승이계大小乘二戒를 함께 수계하는 것이 한국불교 계율전승의 특색이라 할 수 있다.

앞서 이미 밝혔듯이 중국 율종의 계율전승의 역사에서 보면 출가자가 사분율과 보살계를 함께 받은 예가 없는 것으로 보인다. 도선율사로부터 영지율사에 이르기까지 전승된 율장은 5대부의 율전을 벗어나지 않아 보살심지계가 포함되지 않고 있을 뿐만 아니라, 도선과 영지마저도 방대한 저술을 남기고 있지만 『범망경』에 대한 저술은 한 권도 보이지 않는다.

물론 명말明末에 와서 율종을 중흥시킨 고심여형古心如馨율사가 오대산에서 서상수계로 인해 다시 율풍을 진작시키고 있으며, 이후 청대淸代 창도한파昌濤漢波율사가 그 맥을 계승하고 있다. 고심율사가 대소승계를 회통하여 사분율과 보살계를 함께 홍포함으로써 율종을 중흥하고 있지만, 고심율사 스스로가 남산율종의 계승을 표방하고 사분율 중심의 계법을 주로 선양하는 것에서 보더라도 중국 전통의 계율 전승은 사분율이 중심이 되고 있다고 말할 수 있다.

그런데 여기서 한 가지 돌이켜 볼 사건이 있다. 1869년 중국의 창도한파율사가 청淸의 목종穆宗의 명에 의해 법원사황성계단法源寺皇城戒壇 전계傳戒대화상으로 추대되었다. 1892년 한파율사가 법원사 계단에서 수계법회를 가졌을 때 한국의 만하성림萬下勝林이 그로부터 계를 받고 돌아와서 1897년 양산 통도사에 계단을 설치하고 수계법회를 가졌다. 현재 조계종의 대부분 율사들은 창도율사를 계승한 만하율사 계통을 표방하고 있다. 이는 어떤 측면에서 보면 사대주의적 발상이 내재되어 있다고 보여진다. 왜냐하면 근대 중국의 계맥전승 또한 고심율사의 서상수계이기 때문에 우리나라 자생의 대은계의 서상수계를 인정할 수 없다면 중국의 서상수계 역시 문제가 되는 것이다. 이를 한국 조계종 계단에서는 깊이 상량해 볼 일이다.

앞 단락에서 중국 율종 또한 선율겸수의 수행가풍을 견지하고 있음을 보았고, 한국 계율전통에서도 선율병운이 면면히 계승되어 왔음을 확인했다. 다만 중국 율종이 사분율을 중심으로 대승계율로 회통하는 계율전승의 흐름이 농후한 반면, 한국 율종은 대소승이계인 사분율과 보살계를 함께 수지하는 계율전승의 흐름과 아울러 대승보살계의 심지계와 선을 겸수하는 가풍 속에서도 보살계를 중시하는 경향이 강하게 나타나는 것이 특색이라 할 수 있다.

선율겸행을 강조하는 수행가풍은 일제강점기에 조선불교의 정체성을 바로 세우기 위해 율사와 선사들이 주도적으로 개최한 유교법회遺教法會에서도 『범망경』 강설을 통해 청정계율과 정법안장을 호지하려는 운동으로 발현되었다. 유교법회에서 중요하게 설해진 경전 가운데 하나가 『범망경』이다. 『만공법어』에 의거하면, 박한영, 하동산 두 스님이 연달아 『범망경』을 설하였음을 알 수 있다. 유교법회에서 『범망경』이 중요하게 설해졌다는 것은 무엇을 의미하는가. 『범망경』은 대승계율인 보살계를 설하고 있을 뿐만 아니라, 대승선의 자성청정의 심지법문이 동시에 연설되어 계율과 선을 아우르는 심지법문心地法門이다. 즉 선의 정법안장이 심지계체心地戒體가 되어 계선일치, 선율겸행의 전거가 되는 경전이 바로 『범망경』인 것이다.

따라서 자운율사는 일찍이 『범망경』「서문」에서 "『범망경』은 진성眞性의 연원을 밝히고 천성千聖을 세우는 땅이며, 만선萬善을 닦아 묘과妙果를 이루는 시종始終을 보임으로써, 범부로 하여금 보살계를 받아 지니어 보리를 얻게 하는 감로의 문이요, 성불의 도에 나아가게 하는 정로正路이다."라고 말한 바 있다.

청정계율의 호지護持와 정법안장을 명지明持해야 하는 시대적 사명의식에서 출발된 유교법회가 그 법문의 핵심 내용으로 『범망경』을 선택하였음은 너무나 당연한 일이었을 것이다.

일제의 식민정책에 의해 조선불교는 이미 일본불교화되어 대처육식帶妻肉食이 만연하고 음주파계飮酒破戒가 다반사가 되어 버려 전통의 청정교단은 파괴되고 수행가풍은 실종되어 갔던 것이다. 이러한 말법의 시대를 당하여 청정과 수행을 생명으로 여기고 쇠망해 가는 교단을 바로 세우기 위해 비구승 수좌와 율사들이 분연히 떨치고 일어나, 안으로 견성성불見性成佛의 수행을 다지고 밖으로 요익유정饒益有情의 교화를 천명하는 유교법회를 공개적으로 거행함에 그 사상과 실천의 전범으로 『범망경』을 택했던 것이다.

북방의 대승불교권에서 『범망경』은 교단 성립과 운영에 중추적 역할을 해 왔다. 그것은 이 경에 "중생이 불계佛戒를 받으면 곧 제불의 지위에 들어간다."라고 설하는 것에서 알 수 있듯이, 이 경에서 설하고 있는 계율은 자기의 불성을 개발하는 것을 목적으로 하는 심지계 즉 불성계로서 재가자나 출가자를 가리지 않고 설해지는 특성을 갖고 있기 때문이다.

이와 같이 한국불교 계율전승의 역사에서는 사분율과 보살계가 회통回通적으로 함께 설해지고 선율겸수의 토대 위에 계·정·혜 삼학의 등지가 이루어지는 수행가풍이 수립되었음을 살펴보았다. 특히 용성이 주장한 삼학등지의 사상과 실천은 중국 율종의 차제적 삼학등지와는 달리 계·정·혜, 즉 선·교·율 셋이 하나의 체體가 되고, 하나 가운데 셋이 융섭되는 일체一體적 삼학원수三學圓修의 가풍을 진작시켰다.

맺는말

중국 율종의 전통에서 보더라도 불교 수행의 전범은 계·정· 혜 삼학의 등지였다. 율종이라고 해서 계율의 수지만을 종지로 삼지 않고, 선정과 지혜를 함께 평등하게 닦는 것이 율종의 수행전통임을 살펴보았다. 특히 도선은 성문율인 사분율을 중시했지만 사분율이 분통대승임을 주장하며, 그 계체를 유식의 장식에 두어 종자계체설을 주장하였다. 아울러 대승보살의 바라밀행을 몸소 실천함으로써 널리 대중을 교화하고 방대한 저술을 남기고 있다.

이는 대소승계를 회통하여 요익중생하는 입장에서 계율관을 정립하고 있는 대승수행자의 보살행인 것이다. 그는 특히 『정심계관법』을 통해 "보이는 곳과 보이지 않은 곳에서 구별이 없는 것"이 계율을 잘 지키는 것이라고 말하고 있어, 어려운 계율을 쉽게 설명하여 널리 계율을 홍포하려는 염원을 엿볼 수 있다.

자장율사와 진표율사로부터 비롯된 한국 율종의 역사는 사분율을 기본으로 하되 대승심지계인 보살계의 수지를 강조하며 계선일치의 수행가풍을 수립하였다. 그리고 자장으로부터 개창되어 진표, 지공, 무학, 환성, 대은, 용성으로 면면히 전승된 선율겸행의 역사는 정법안장과 계맥상승, 화엄교학을 함께 닦고 전승하는 삼학원수의 역사임을 살펴보았다. 특히 한국의 계율전승은 사분율과 보살심지계가 함께 설해지고 있는 대소승이계大小乘二戒의 회통적 수지가 그 특색이다. 삼학이 원수圓修되어 수행이 곧 바라밀행의 실천으로 회향되는 대승보살로서의 수행자가 이 땅에 면면히 보살심지계를 전한 조사들의 모습임을 알 수 있었다.

우리 모두 자기 자리에서 본분사를 결택하여야 한다. 율자律者는 계율을 닦되 교학과 참선을 여의지 않아 율상律相을 넘어서고, 교자敎者는 교학을 연찬하되 계율과 참선을 함께 수지하여 교상敎相마저 떨쳐 버리고, 선자禪者는 좌선하되 앉는 상[坐相]에 안주하지 않아 계와 교를 병수하여 바라밀행으로 중생을 이롭게 해야 한다. 이것이 부처님과 역대조사가 진실하게 가르쳐 준 진리이다. 그래서 출가자 모두가 율사, 강사, 선사가 되어 율 속에 교와 선이 있고, 교 속에 율과 선이 있고, 선 속에 율과 교가 있어, 교·선·율이 차별 없이 하나 되는 삼학원수의 종장이 되어야 한다. 이것이 계율과 수행에 대한 출가자의 입지이다.

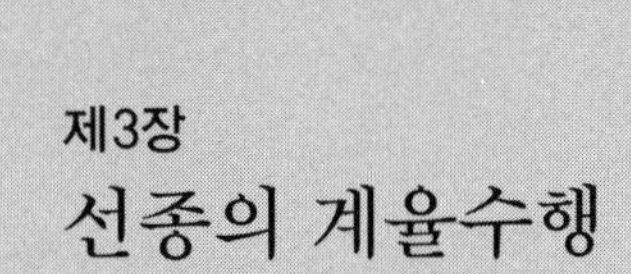

제3장

선종의 계율수행

이끄는 말

현재 한국불교는 계율과 수행이 미약한 시대를 살아가고 있다. 부처님과 역대 조사들이 고구정녕하게 설파하신 삼학등지三學等持의 교설은 한낱 미명에 그치고, 본분사本分事에 치열한 수행자가 아닌 직업승으로 전락해 가고 있는 것은 아닌지 성찰해 보아야 할 것이다.

조계종에서는 매년 두 차례 안거를 통해 100여 곳의 선원에서 2천여 대중들이 선수행에 임하고 있다. 그러나 과연 우리 납자들이 선의 종지宗旨와 선수행의 정종正宗에 의거해 안거문화를 형성해 가고 있는지는 장담할 수 없다. 선의 종지와 수행의 정종이 삼학三學의 원수圓修임에도 불구하고 선문에서는 삼학등지의 가풍이 가동되지 못하고 있다.

앉아 있음만으로 선을 삼는 말류적 선풍이 만연해 안거의 승수로 법을 삼는 기현상이 연출되고 있음에도 누구 하나 나서서 선문정종禪門正宗의 당간을 바로 세우고자 노력하지 않는 것이 오늘의 현실이다.

단언컨대 지금 이대로는 희망이 없다. 수행의 본질로 돌아가야 한다. 수행의 본질이 무엇인가. 이설이 있겠으나 단연코 계·정·혜 삼학의 등지라고 할 수 있다. 어느 시대를 막론하고 삼학원수三學圓修의 선풍이 진작되어야만 정법안장正法眼藏이 확립되어 불법이 흥왕興旺될 수 있다.

그러므로 수행자는 마땅히 계·정·혜 삼학을 고르게 닦아야 한다. 어떤 수행자들은 선禪은 선정을 닦아 지혜를 발하는 것이기 때문에 지계持戒와는 무관하다고 말한다. 그 이유로 『단경』에서 혜능이 정혜쌍수定慧雙修를 강조하면서 계율에 대해서는 유상계有相戒(오계, 십계, 구족계 등의 계상)가 아닌 무상계無相戒(모양이 없는 계체를 중심으로 설한 계)를 설하고 있기 때문이라고 한다. 이는 유상계를 철저히 지키되 그 계상에 집착하지 않고 심지계체心地戒體를 깨달아, 지키는 바 없이 지키는 것이 무상계라는 것을 잘못 이해해서 아예 유상계법有相戒法의 수지는 방편으로 이해하며, 심하면 막행막식莫行莫食의 무애행無碍行이 납자의 가풍인 양 착각하고 있는 것이다.

전통불교의 교의에서는 계·정·혜 삼학의 근수로 수증문修證門을 삼고 있는데, 즉 지계청정持戒淸淨을 인因으로 하여 선정삼매禪定三昧를 얻을 수 있고, 선정삼매를 인으로 하여 반야지혜般若智慧가 발현된다고 설하고 있다. 그러면 선종의 계율관은 어떠하며 삼학에 대한 관점은 어떻게 전개되고 있는 것일까?

본 장에서는『단경』을 중심으로 한 선종의 계율과 수행, 즉 계·정·혜 삼학의 등지에 대해 살펴보기로 하겠다. 먼저 초기 선종의 달마선에서의 선과 계율에 대해 살펴보고, 다음으로 북종의 신수가 전하고 있는 계선일치의 사상적 흐름을 천착해 보겠다. 그다음 본격적으로 남종 혜능의『단경』에서 설하고 있는 삼학등지와 수행의 면모를 파악해 보기로 하겠다. 그리고 마지막으로 혜능 이후 선종 조사들이 주장하고 있는 삼학원수三學圓修의 선풍을 조명해 보고자 한다.

달마선의 계율관

초기 선종에서는 특별히 계율에 대한 가르침이나 삼학원수三學圓修에 대한 교설은 찾아보기 힘들다. 다만 달마선의 전적에서 산견散見되는 계율에 대한 언급과 법문의 전체적 맥락에서 유추할 수 있는 삼학등지의 수행가풍의 법문이 보일 정도이다. 따라서 달마선의 계율에 대한 관점을 중봉中峰선사는 이렇게 설하고 있다.

> 달마스님이 계율을 말씀하지 않은 것은 두 가지 이유가 있기 때문이다. 첫째는 근본종지根本宗旨만을 투철하게 관철하게 하려고 그런 것이고, 둘째는 제자들을 믿었기 때문이다. 근본종지만을 투철하게 관철하게 했다는 뜻은 오로지 부처님의 심인心印을 전하는 것으로써 종지宗旨를 삼았다는 말이다. 제자들을 믿었다는 것은 달마문하에는 모두 상근기의 인재들만 모여서 숙세에 반야의 종지를 익

히고 최상승最上乘의 근성을 갖추지 않은 사람은 하나도 없었다. 이런 사람들은 이미 계·정·혜 삼학을 닦았기 때문에 또다시 계율의 수지를 말할 필요가 없다.

달마스님 당시에는 계율을 지키라고 말하지 않아도 잘 지켰던 것이다. 굳이 계율을 지키라고 강조하지 않았지만, 어느 제자도 고의적으로 계율을 어기는 자가 없었다. 달마스님 이후로 대승의 근기와 성품을 갖춘 선사들이 천지 사방에서 구름처럼 일어나고 바닷물이 용솟음치듯 하였다. 달마스님 때부터 계속해서 계율을 말하지 않았던 것은, 종지로 볼 때에 너무나 당연한 것이다. 애초에 계율을 지키지 않고 부처님의 심종心宗을 전수했다는 소리는 내 아직 들어 본 적이 없다.[191]

사실 선종사에서 볼 때 백장선사가 청규淸規를 제정하여 독립적인 선종의 가풍을 세우기 전에는 거의 율종 사찰의 별원別院에 의탁해서 수행했던 것이다. 그러므로 계율을 수지하는 것은 너무나 당연한 일이었다. 그러니 중봉이 볼 때에 계율에 대해 특별히 강조하지 않았을 뿐이지 부처님의 심종을 전수하는 본분납자로서

191 『山房夜話』,(藏經閣), pp. 93~94.

계·정·혜 삼학을 닦지 않은 종사는 단 한 사람도 없었던 것이다.

그러면 달마의 친설이라 일컬어지고 있는 『이입사행론二入四行論』의 내용을 들어 굳이 계·정·혜 삼학과의 연관성을 찾아보도록 하자.

> 도에 들어가는 길은 많으나 요약한다면 두 가지를 벗어나지 않는다. 첫째는 이치로 들어가는 것이요[理入], 둘째는 실천행으로 들어가는 것이다[行入]. 이입이란 교敎에 의거하여 종宗을 깨닫는 것[藉教悟宗]을 말한다. 일체중생이 동일한 참성품을 가지고 있으나[同一眞性], 다만 객진번뇌의 망상에 덮인 바가 되어서 능히 드러나지 못함을 깊이 믿는 것이다. 만약 망상을 버리고 참된 성품으로 돌아가서[捨妄歸眞] 확고하게 벽관壁觀에 머무른다면 자기와 남이 없고 범부와 성인이 평등히 하나가 되며, 굳게 머물러 움직이지 아니하여 다시는 말에 의한 가르침에 따르지 않게 된다. 이러한 상태가 곧 이치와 더불어 그윽이 부합하여 분별이 없고 고요하여 함이 없으니 이를 일러 이입이라 한다.[192]

192 달마, 『二入四行論』.

행입行入이란, 네 가지 실천행으로, 그 나머지 모든 행은 다 이 가운데 포함된다. 무엇이 네 가지인가? 첫째는 전세前世의 원한에 보답하는 실천이니 보원행報寃行이요, 둘째는 인연을 따르는 실천이니 수연행隨緣行이며, 셋째는 구하는 바가 없는 실천이니 무소구행無所求行이요, 넷째는 법대로 살아가는 실천이니 칭법행稱法行이다.

첫째, 무엇이 전세의 원한에 보답하는 실천[報寃行]인가? 수행자들이 만약 괴로움을 받을 때 마땅히 스스로 생각해서 '내가 옛날부터 무수한 겁 중에 근본[本]을 버리고 지말[末]을 좇아서 미혹한 세계에 유랑하여 다분히 원한과 증오심을 일으키며 어기고 해함이 한이 없으니, 지금은 비록 범犯한 것이 없지만 이는 모두 전세의 재앙이며 악업의 열매가 익은 것이요, 하늘이나 사람이 줄 수 있는 것이 아니다. 달가운 마음으로 참고 받아들여서 도무지 원수가 없다.'고 말하고, 경에 "괴로움을 만나도 근심하지 않는다."라고 하였는데 무엇 때문인가? 그것은 고苦의 원인을 알았기 때문이다. 이 마음이 일어날 때에 진리와 더불어 상응하여 원망을 체득하여 도에 나아가게 된다[體寃進道]. 그래서 보원행이라 한다.

둘째, 무엇이 인연을 따르는 실천[隨緣行]인가? 중생에게는 자아가 없다. 또한 업으로 인해 바뀌어져 고락을 함께 받으니, 모두 인연으로부터 생긴 것이다. 만약 수승한 과보나 영예 등의 일을 얻었다고 하더라도 이것은 단지 나의 과거의 숙명적 원인이 가져온 결과일 뿐이다. 지금에는 비로소 얻었으나 인연이 다하면 도리어 없어지니, 어찌 기쁨이 실로 있겠는가? 얻고 잃는 것은 인연을 따르는 것이어서 마음에는 늘거나 주는 것이 없으며, 즐거운 바람에 움직이지 않아서 그윽이 도에 수순한다. 이러한 까닭에 수연행이라고 한다.

셋째, 구하는 바가 없는 실천[無所求行]이다. 세상 사람들은 크게 미혹해서 곳곳에서 탐착하는 바를 구한다. 지혜로운 사람은 진리를 깨달아서 장차 세속과는 반대로 마음을 편안히 하여 억지로 함이 없고[安心無爲], 인연과 근기 따라 나투며, 모든 존재가 텅 비어서 원하고 즐거워하는 바가 없다. 공덕과 어둠이 항상 따라다녀, 삼계에 오래 머묾이 마치 불난 집에 사는 것과 같다. 몸이 있으면 모두 괴로움이 있으니, 누가 편안함을 얻겠는가? 이러한 것을 요달하는 까닭에 모든 존재를 버리고 생각을 쉬어서 구함이 없다. 경에 "구함이 있으면 모두 괴롭고, 구함이 없으면 이내 즐겁다."라고 하시니, 구함이 없는 게 진실로 도의 실천이 되는 줄 판단해 알 수 있다. 그러므로 무소구행이라 말한다.

넷째, 법에 들어맞는 실천[稱法行]이란 성품의 청정한 이치를 지목하여 법으로 삼는 것이다. 이 이치를 믿고 이해하면 모든 상이 텅 비어서 물듦도 없고 집착함도 없으며, 이것도 없고 저것도 없다. 경에 "법에는 중생이 없으니 중생이라는 때를 여의었기 때문이며, 법에는 나[我]가 없으니 나라는 때를 여의었기 때문이니라." 고 하니, 지혜로운 사람이 만약 능히 이 이치를 믿고 이해한다면 응당 법에 칭합하여 살아가리라.

법의 본체에는 아낌이 없어서 몸과 목숨과 재물에 보시를 행하되, 마음에 아끼고 아쉬움이 없으며, 세 가지가 공함[三空]을 잘 알아서 의지하거나 집착하지도 않는다. 다만 더러움을 제거하여 중생을 칭찬하고 교화하여 상相을 취하지 않으니, 이것이 자기도 실천하고 또한 남도 이롭게 하며 능히 보리를 장엄하는 도이다. 보시가 이미 그러하니, 나머지 다섯도 또한 그러하리라. 망상을 제거하기 위해서 여섯 가지 바라밀을 닦되 행하는 바가 없는 이것을 칭법행이라 한다.[193]

위에서 설하고 있는 달마의 『이입사행론』을 자세히 살펴보면, 특히 네 가지 실천행을 말한 사행론의 내용은 그대로 계·정·혜 삼학의 실천을 의미한다고 할 수 있겠다. 특히 보원행의 내용을 보면, 비록 현세에는 계율적으로 범함이 없다고 하더라도 다겁생래

193 달마, 『二入四行論』.

에 범한 과오가 있었기에 지금 그 과보를 받고 있다고 하는 행위적 환책還責을 드러낸 사상이라 할 수 있다. 그리고 칭법행 역시 부처님 법에 따라 실천하는 행이기에 계율적 바탕이 전제되지 않고는 이루어질 수 없는 것이다. 이것으로 볼 때 달마가 굳이 계율적 명시는 하지 않았다 하더라도 견성성불見性成佛을 종지로 하는 달마 선법이 계·정·혜 삼학의 원수圓修가 그 토대가 되고 있음은 분명한 사실이라 할 것이다.

달마조사의 설법에 의거하면 "실천행과 깨달음이 일치하는 것[解行相應]이 조사"라고 하였다. 그리고 『능가사자기』 「도신장」에도 지민선사의 말을 인용해서 이르기를, "도를 배우는 법은 반드시 깨달음과 행이 서로 도와야 하는 것[解行相扶]이다."라고 하였다. 이런 의미에서 보면 이치로 깨달음을 성취하고 실천행이 원만하게 이루어져서 해행이 상응하는 것이 조사로서의 면모를 갖추게 되는 것이며, 또한 수행자가 도를 닦는 기본이 되는 것임을 알 수 있다.

『능가사자기』의 「승찬장」에는 다음과 같은 구절이 있다. "『상현부詳玄賦』에 말하기를, '원숭이에게 족쇄를 채우면 뛰어다니는 것을 멈추고, 뱀이 통에 들어가면 구부린 몸이 펴지네. 넓고 넓은 바다를 지계持戒의 배로써 누비며, 두터운 유암幽暗을 지혜의 등불로 밝히네.' (승찬선사가) 주注하여 말한다. '원숭이에게 족쇄를 채운다

함은 마음을 계戒로써 제어함을 비유함이고, 뱀이 통 속에 들어간 다 함은 산란심을 멈추어 안정安定하게 함을 비유함이다. 『지도론』에 이르기를, 뱀이 기어가는 성질은 구부러진 것이나 통 속에 넣으면 곧 반드시 펴진다. 삼매로 마음을 제어함도 또한 이와 같다.'라고 하였다."

여기서 분명하게 해석하기를, 원숭이에게 족쇄를 채우는 것은 지계持戒를 나타내고, 뱀이 통에 들어가는 것은 선정禪定을 말하고 있는 것이다. 아울러 계율로써 제어하여 선정을 성취하며, 선정으로 산란심을 멈추어야 지혜의 등불을 밝힐 수 있음을 설명하고 있는 것이다.

이와 같은 내용에 의거하면 초기 선종에서도 계·정·혜를 원만하게 닦는 것이 그 기본이 되고 있음을 보여 준다. 『능가사자기』「도신장」에서 도신에게 『보살계법』 1본이 있었음을 기술하고 있다. 이것으로 미루어 볼 때 초기 달마선종에서 중요시하고 있는 계율이 성문율이 아닌 대승계율로서의 보살계임을 알 수 있다.

초기 달마선(능가종)에서는 특별히 계율을 강조하지는 않았지만 자교오종藉教悟宗[194]에 의거한 이치를 궁구하는 깨달음과 사

194 교教에 의거해서 종宗(心, 禪)을 깨닫는다는 달마의 교설.

행四行에 의거한 실천행을 일치시키는 해행상응의 가풍 속에서 계·정·혜의 삼학등지가 선수행의 토대가 되었음을 짐작할 수 있다.

북종 신수의 계율관

초기 달마선에서는 견성성불의 종지를 정초하는 데 전력함으로 인해 계율이나 삼학등지에 대한 법문이 두드러지게 강조되지 못한 면이 있었다. 이미 언급하였듯이 도신에게 『보살계본』의 저작이 있었음을 미루어 볼 때 동산법문에 이르러 선문에서 정식으로 보살계가 설해졌음을 알 수 있다. 이러한 수행풍토 위에서 이후 북종의 신수에 의해 정식으로 선종의 「수보살계의」가 수립되고 선계겸수禪戒兼修로서의 삼학등지기 이루어지고 있음을 볼 수 있다. 『관심론』과 『대승무생방편문』에 북종 신수선사의 대승계율에 대한 일단의 서술이 보이고 있다. 먼저 『관심론』[195]에서 신수는 계율에 대

195 『觀心論』은 일명 『破相論』이라고도 하는데, 이전에는 달마의 저작으로 알려져 왔으나 지금은 慧林의 『一切經音義』 권100 등에 의해 북종의 대통신수大通神秀의 저술로 밝혀졌다. 또한 천태지자天台智者의 『관심론』을 모본으로 만들어졌다고 전해지기도 한다. 우리나라에서는 지금까지 『선문촬요禪門撮要』를 통하여 달마의 저술로 알려져 왔다.

한 관점을 이렇게 드러내고 있다.

> 보살마하살이 삼취정계三聚淨戒를 지니고 육바라밀을 행함으로써 불도를 이루었거늘, 이제 배우는 자들로 하여금 오직 마음만 관찰하고 계행을 닦지 않게 한다면 어떻게 성불할 수 있겠습니까?[196]

이러한 물음에 신수는 이렇게 대답한다.

> 삼취정계란 곧 삼독심三毒心을 다스리는 것이다. 삼독심을 다스리면 한없는 선의 더미[善聚]를 이루게 된다. 취聚라는 것은 모인다[會]는 뜻이니, 무량한 선법善法이 두루 마음에 모이기 때문에 삼취정계라 한다. 육바라밀이란 곧 육근六根이 청정한 것이니, 인도말로는 '바라밀'이라 하고 중국말로는 '피안에 도달한다[達彼岸]'는 뜻이다. 육근이 청정하여 세상 번뇌[六塵]에 물들지 않으면 곧 번뇌의 강을 건너서 보리의 언덕에 이르게 된다. 그래서 육바라밀이라 한다.[197]

---

196 「觀心論」, 『달마대사의 소실육문』, (감수 樂山 志安, 역주 仁海), p. 87.
197 위의 책, 上同.

여기서 신수는 삼취정계란 마음에서 삼독심을 다스려 한없는 선善의 공덕을 성취하는 것이며, 육바라밀이란 육근이 청정하여 육진에 물들지 않는 것이라고 관심석觀心釋하고 있다. 삼독심을 돌이켜 삼취정계로, 육적六賊을 돌이켜 육바라밀로 바꾸는 것은 신수가 주장하고 있는 관심간정觀心看淨의 수행 요체이다. 이는 "오직 마음을 관찰하는 한 법[觀心一法]이 모든 행을 거두어들인다[總攝諸行]."라고 하는 관심수행의 방편에 입각한 설명이라고 할 수 있다.

대승보살의 삼취정계와 육바라밀이 모두 관심觀心의 일법一法으로 귀결되는 북종의 관심법은 경계를 등지고 오직 자신의 마음을 살펴서 일체의 망상경계를 제거하는 방편을 말한다. 여기서 설하고 있는 삼취정계와 육바라밀을 관심의 일법으로 귀결시켜 관심간정이라는 선수행 방편으로 융섭하는 것이 바로 북종 신수의 계선일치戒禪一致이며, 선행일치禪行一致의 실천이라고 할 수 있다.

이러한 신수의 관심 수행은 도신이 말한 수일불이守一不移의 수일守一, 그리고 홍인이 설한 수본진심守本眞心의 수심守心 등의 동산법문을 계승한 것으로, 자성청정自性淸淨의 금강불성金剛佛性을 자각하는 구체적 선수행 방법으로 채택되고 있다.

전통적으로 경전에서는 삼취정계를 해석함에 있어서 모든 악을 끊기를 서원하고, 모든 선을 닦기를 서원하여, 모든 중생을 제도할 것을 서원하는데, 지금 "오직 삼독심을 다스려라."고 말하니, 어찌 경문의 뜻과 어긋나는 것이 아닙니까?[198]

이러한 질문에 신수는 또한 이렇게 대답하고 있다.

부처님께서 말씀하신 경전은 진실한 말씀이라. 보살마하살이 과거 인행시因行時 수행할 때에 삼독을 대치對治하기 위해서 세 가지 서원을 하였으니, 모든 악을 끊는 까닭으로 항상 계율를 가져서 탐독貪毒을 대치하고, 모든 선을 닦기를 서원하는 까닭으로 항상 선정을 닦아 진독嗔毒을 대치하고, 모든 중생을 제도하기를 서원하는 까닭으로 항상 지혜를 닦아 치독癡毒을 대치하였다. 이와 같이 계·정 · 혜의 세 가지 깨끗한 법을 지킴으로 말미암아 능히 삼독을 뛰어넘어 불도를 이루었다.[199]

탐·진·치 삼독을 계·정·혜 삼학의 수행으로 대치하여 불도를

198 위의 책, p. 89.
199 위의 책, 上同.

성취하게 하는 신수만의 독특한 수행방편을 제시하고 있는 것이다. 이것이 북종이 주장하고 있는 좌선관심坐禪觀心에 입각해서 삼독심을 삼취정계로 대치하는 방편으로서의 삼학등지이다.

여기서 신수는 "계행을 닦는 것은 마음을 여의지 않는 것[不離於心]"이라고 정의[200]하고 있다. 그 이유에 대해 말하기를, "모든 악이 소멸하기에 끊는다[斷] 하고, 모든 선이 구족하기에 이름하여 닦는다[修] 하니, 능히 악을 끊고 선을 닦으면 모든 수행[萬行]이 성취되어서 나와 남이 함께 이로워져 뭇 중생을 제도하기에 제도한다[度]고 말한다. 그러므로 닦은 바 계행은 마음을 여의는 것이 아닌 줄 알아야 한다."[201]라고 하였다.

신수는 여기서 삼취정계를 단斷·수修·도度로 나누어 계·정·혜로 설명하고 있다. 즉 모든 악을 끊음[斷]이 계戒라는 것은 섭율의攝律儀를 계율에 배대함이며, 모든 선을 닦음[修]이 정定이라는 것은 섭선법攝善法을 선정에 배대하고, 모든 중생을 제도함[度]이 혜慧가 된다는 것은 섭중생攝衆生을 지혜에 배대한 것이 됨을 알 수 있다. 이와 같이 신수는 선계일치의 바탕 위에 관심일법의 수행으로 계·정·혜 삼학의 등지를 해석하고 있는 것이다.

200 혜원 저, 『北宗禪』, (운주사), p. 247 참조.
201 「觀心論」, 『달마대사의 소실육문』, p. 89.

다음은 『대승무생방편문』를 통하여 신수의 「수보살계의」의 내용을 살펴보도록 하겠다. 『대승무생방편문』에 설해진 보살계 수계의식에 따르면, 먼저 각각 호궤합장하고, 다음으로 사홍서원을 발하고, 시방제불과 화상을 청하고, 삼세제불보살 등을 청하고, 삼귀의계를 받고, 다섯 가지를 지키겠다는 다짐[五能]을 받고, 십악죄를 참회하게 하고, 다음 보살계를 설하여 받고, 각각 결가부좌하여 좌선하는 순서로 진행되고 있다.[202]

이것을 다시 정리해 보면 ① 호궤합장 ② 발사홍서원 ③ 봉청 시방제불 및 화상 ④ 봉청 삼세제불보살 ⑤ 수삼귀의계 ⑥ 오능 다짐 ⑦ 참회 십악죄 ⑧ 수보살계설 ⑨ 좌선(결가부좌) 등으로 진행되고 있다.

여기서 주목할 만한 것은 보살계를 설하여 받기 전에 다섯 가지를 다짐하는 내용인 이른바 '오능五能'을 다짐받고 있다는 점이다. 그 내용을 살펴보면, 첫째 네가 금일로부터 보리도를 이룰 때까지 모든 악지식惡知識을 버릴 것이며, 둘째 모든 선지식善知識을 친근할 것이며, 셋째 금계禁戒를 굳게 지켜 목숨이 다할 때까지 계를 범하지 말 것이며, 넷째 대승경전을 독송하고 깊은 뜻을 물을 것이며, 다섯째 고통

---

202 『大乘無生方便門』, (『大正藏』 제85冊, p. 1273中).

받는 중생을 보면 능력에 따라 힘써 구제하여 보호할 것 등이다.

이 내용을 살펴보면, 대승수행자로서 보살계를 수지하려는 자는 마땅히 모든 악지식을 멀리하고 선지식을 친근하여 가르침을 받아야 하며, 보리도를 성취하는 그날까지 목숨 다해 계율을 잘 지켜 파계하지 않을 것을 맹서하며, 널리 대승경전을 독송하여 그 깊은 뜻을 물을 것이며, 고통 속에 헤매는 중생을 힘써 구제하여 보살필 것을 서원해야 한다는 것이다.

그리고 수계와 함께 좌선을 행하고 있으며, 대승경전을 독송하고 고통받는 중생을 힘써 구제하는 바라밀행의 실천을 강조하고 있다. 이것은 계·정·혜 삼학의 근수로 바라밀행을 성취하는 것이 보살계를 수지하는 자의 본분임을 강조하는 대목이다. 이 내용으로 보아 북종의 신수는 계와 선을 함께 행하고[戒禪併行], 선과 교가 겸수되며[禪敎兼修], 선과 바라밀행이 동시에 실천되는[禪行一致] 수행가풍을 수립하고 있음을 알 수 있다.

신수는 보살계를 『범망경』의 심지계체心地戒體로 이해하여 "보살계는 곧 마음의 계를 지님이니 불성으로 계를 삼는다[佛性爲戒]."라고 설하고, "마음이 일어난즉 불성에 어긋나는 것이니 보살계를 파하는 것이며, 마음이 일어나지 않도록[心不起] 잘 보살펴 지니면 불성에 따르는 것이니 이것이 보살계를 지니는 것이다."[203]라고 설명하고 있다.

즉 마음이 문득 일어나면[心瞥起] 파계요, 마음이 일어나지 않으면[心不起] 지계가 되는 것이니, 신수는 심지계체인 불성으로 계를 삼아 자성청정심을 돈오頓悟케 하는 것으로 선계일치를 주장하고 있는 것이다.

이와 같이 북종의 신수는 삼학등지를 주장하면서 특히 선계일치로서의 선율겸행과 대승보살의 바라밀행을 강조하고 있다. 여기서 주장되는 신수의 계는 보살계의 심지계체를 깨닫는 불성계이므로 마음의 기멸起滅에 의해 지계와 파계가 이루어지게 되는 것이다. 이와 같은 북종 신수의 계율관과 삼학관은 남종이 비판하고 있는 유작계有作戒로서의 내용이 아니고, 오히려 남종 신회의 무작계無作戒사상에 많은 영향을 주고 있다고 할 수 있다.

초기 달마선이『능가경』을 소의로 해서 능가선을 전승하다가 4조 도신에 의한 천태선의 영향과 삼론 계통의 반야사상의 영향으로 인해 반야부 계통인『금강경』으로 소의경전이 바뀌게 된다. 도신과 홍인의 동산법문을 계승하고 있는 신수의 계율관은 천태선의

203 『大乘無生方便門』, (『大正藏』 제85冊, p. 1273中).

영향을 강하게 받고 있다고 할 수 있다. 수당 시대에 이미 중국에는 보살계 수계의식이 보편적으로 유행되고 있었고, 특히 천태지자에 의한 보살계 선양의 영향은 지대하였다고 볼 수 있다.

남종 혜능의 계율관

혜능의 『단경』은 계단戒壇에서 무상계無相戒를 설하면서 함께 설해진 마하반야바라밀법과 제자들에게 유촉하는 내용이 그 중요한 부분을 이루고 있다. 경의 내용이 무상계가 그 바탕이 되기 때문에 계단에서 설해졌다는 의미로 "계단"의 "단壇"을 넣어 "『단경壇經』"이라 명명된 것이다. 혜능의 상족인 하택신회의 설법집 또한 『단어壇語』라고 하는 것도 같은 의미로 설명할 수 있다.

『단경』에서 혜능이 북종에서 온 제자 지성志誠에게 신수의 계·정·혜에 대해 묻고 다음과 같이 평하고 있는 대목은, 남북종 간의 종파 대립에서 오는 사상적 폄하를 염두에 둔 의도적 편집임을 감안하면서 남북종의 삼학에 대한 관점의 차이를 음미해 보아야 할 것이다.

조사께서 말씀하셨다. “내가 들으니 너의 스승이 배우는 이들에게 계·정·혜의 법을 가르친다는데, 너의 스승이 말하는 계·정·혜의 행하는 모습이 어떠한지 알지 못하니 나에게 말해 보라.”

지성이 말씀드렸다. “신수대사는 말씀하시기를, 모든 악을 짓지 않는 것을 계라 하고, 모든 선을 받들어 행함을 혜라 하며, 스스로 그 뜻을 깨끗이 함을 정이라 하십니다. 그분이 말씀하시는 것은 이와 같은데 화상께서는 어떤 법으로 사람들을 가르치십니까?”

조사께서 말씀하셨다. “내가 만약 어떤 법을 사람들에게 주는 것이 있다고 말한다면 곧 너를 속이는 것이 된다. 또한 다만 방편을 따라 얽힘 풀어 주는 것을 삼매라고 거짓 이름한 것이다. 너의 스승이 말한 계·정·혜도 실로 불가사의하지만 내가 보는 바 계·정·혜는 또 다르다.”

지성이 말씀드렸다. “계·정·혜는 다만 한가지가 될 것인데, 어떻게 다시 다릅니까?”

조사께서 말씀하셨다. “그대 스승의 계·정·혜는 대승의 사람을 제접하는 것이고, 나의 계·정·혜는 최상승의 사람을 제접하는 것이다. 깨닫고 앎이 같지 않으므로 견해의 더디고 빠름이 있는 것이다. 너는 내가 설하는 바가 그 스님과 같은가 다른가 들어보아라. 내가 설한 법은 자신의 참성품[自性]을 떠나지 않으니, 존재의 참모습[體]을 떠나 법을 설하는 것을 모습에 얽힌 설법[相說]이라 하니 자신의 성품이 헤매게 된다. 반드시 온갖 모든 법이 자신의 참성품을 좇아 작용을 일으킴을 알아야 하니 이것이 참된 계·정·혜 법이다. 나의 게를 들어라.

마음자리에 그릇됨이 없으면 자기 성품의 계요,
마음자리에 어리석음 없으면 자기 성품의 지혜며
마음자리에 어지러움 없으면 자기 성품의 정이네.
늘지 않고 줄지 않음 스스로의 금강이요,
몸이 가고 몸이 오는 것 본래의 삼매로다.
……
너의 스승의 계·정·혜는 작은 근기의 지혜를 지닌 사람을 권하는 법이요, 나의 계·정·혜는 큰 근기의 지혜를 가진 사람을 권하는 법이다."[204]

혜능은 우선 신수의 계·정·혜가 대승의 사람을 위한 것이며, 자신의 계·정·혜는 최상승의 사람을 위한 것이라고 차별적 규정

204 육조혜능선사 술, 학담 해의, 종보본『육조법보단경』, (큰수레), pp. 444~445.

을 하고 있다. 이것은 신수가 설했다고 하는 소위 제불통계에 의한 계·정·혜는 계상戒相에 의거한 차제적 삼학등지로 파악하여 하근기를 위한 가르침이라 말하고, 혜능 자신이 설하고 있는 자성심지自性心地의 계·정·혜는 자성청정심의 계체戒體를 떠나지 않고 존재의 실상을 드러내는 작용으로서의 계·정·혜이기 때문에 상근기를 위한 삼학임을 강조하고 있음을 볼 수 있다.

혜능은 다시 오분법신향을 통해 계·정·혜 삼학의 실천행을 강조하고 있다. 종보본『단경』에서 설하고 있는 오분법신향 중 계·정·혜의 세 가지 실천[三香]에 대해 이렇게 기술하고 있다.

> 첫째는 계향戒香이니, 곧 자신의 마음속에 그름이 없고 악함이 없으며, 시샘이 없고 탐냄과 성냄이 없으며, 빼앗고 해칠 뜻이 없으면 그것을 계의 향이라 한다.
> 둘째는 정향定香이니, 곧 좋고 나쁜 객관경계를 보더라도 스스로의 마음이 어지럽지 않으면 그것을 정의 향이라 한다.
> 셋째는 혜향慧香이니, 곧 스스로의 마음이 걸림이 없어서 늘 지혜로 자신의 참성품을 살펴보아 여러 가지 나쁜 일을 짓지 않고, 비록 모든 좋은 일을 실천하되 마음으로 집착하지 않으며, 윗사람을 공경하고 아랫사람을 보살피며, 외롭고 가난한 이를 불쌍히 여기면 그

것을 혜의 향이라 한다.[205]

계·정·혜 삼학은 관념적 가르침이 아닌 실천으로서의 수행이기 때문에 향기가 안팎으로 스며드는 것과 같으므로 법신향法身香이라고 말하는 것이다. 계·정·혜 삼학의 실천을 통해 얻어지는 것이 해탈향이며, 이 해탈열반에도 머묾 없음이 해탈지견향인 것이다.

넷째는 해탈향解脫香이니, 곧 스스로의 마음에 물들게 아는 바가 없어서[無所攀緣] 선도 생각하지 않고 악도 생각하지 아니하여 자재해 걸림이 없으면 그것을 해탈의 향이라 한다.

다섯째는 해탈지견향解脫知見香이니, 곧 스스로의 마음에 이미 선악의 경계에 대해 물들게 아는 바가 없되, 공함에 빠지거나 고요함을 지키지[沈空守寂] 않고 반드시 널리 배우고 많이 들으며, 스스로의 머묾 없는 참마음을 알아 모든 부처님의 이치를 통달하고, 빛을 누그러뜨려 사물을 만나되[和光接物] 나도 없고 너도 없이[無我無人] 곧바로 보리의 참성품이 바뀌지 않는 데 이르면 그것을 해탈지견의 향이라 한다.[206]

205 위의 책, p. 340.
206 위의 책, pp. 340~341.

혜능은 오분법신향에서 계·정·혜 삼학의 뒤에 해탈향과 해탈지견향을 두고 있다. 이것은 삼학이 등지等持되고 원수圓修되면, 그것을 원인으로 하여 해탈의 결과가 이루어짐을 말하고 있는 것이다. 진정한 해탈의 경계는 공에 머물거나 고요함을 지키는 것이 아니라, 중생회향衆生回向을 통해 널리 법계에 회향되는 삶을 살아가게 되는 것이다. 회향의 활동이 다함없지만 늘 보리의 참성품을 등지지 않으므로 이것을 해탈지견향이라 하는 것이다.

다시 말하면, 계·정·혜 삼학을 수행함은 생사를 해탈함에 있지만, 최고의 수행자는 해탈의 경계에도 머물지 않고 화광동진和光同塵하여 응기접물應機接物하는 것이라고 주장하고 있는 것이다. 여기서 다시 혜능이 설한 계·정·혜 삼학의 실천을 무념無念, 무상無相, 무주無住의 법문에 배대하여 살펴보도록 하자.

> 선지식이여, 나의 이 법문은 위로부터 내려오면서 먼저 생각 없음[無念]으로 실천의 뼈대[宗]를 삼고, 모습 없음[無相]으로 실천의 바탕[體]을 삼으며, 머묾 없음[無住]으로 실천의 뿌리[本]를 삼는다.
> 모습 없음[無相]이란 모습에서 모습 떠남이며[於相離相], 생각 없음[無念]이란 생각에서 생각 없음이다[於念無念]. 그리고 머묾 없음[無住]이란 사람의 본성本性이 세간의 선과 악, 고움과 미움, 나아가서는 원수거나 친함에 대해서 그리고 말로 상처 주거나 속이고 다툴

때 그 모두를 공空으로 삼아 해칠 것을 생각하지 않으며, 생각 생각 속에 앞의 경계를 생각하지 않음[不思前境]이다.[207]

이어서 『단경』은 삼무(三無 : 無念, 無相, 無住)에 대해 부연하여 이렇게 설명을 덧붙이고 있다. "모든 객관 경계 위에 마음이 물들지 않음을 무념이라 하니, 그것은 스스로의 생각 위에서 늘 모든 경계를 떠나며 모든 경계 위에서 물든 마음을 내지 않음이다."[208] 여기서 "경계 위에 마음이 물들지 않음"이란 생각하되 생각하지 않음[念而不念]이니, 곧 한 생각도 일으키지 않음[一念不生]이 되는 것이니, 이것이 바로 계戒가 되는 것이다.

그리고 무상에 대해 "밖으로 모든 상相을 떠나면 무상이라 하고, 상을 떠날 수 있으면 삶의 본바탕이 깨끗해지니[法體淸淨], 이것이 바로 상相 없음으로 실천의 바탕을 삼는 것이다."라고 설명하고 있다. 여기서 일체의 상 속에 살고 있는 중생이 상이 본래 공함을 체득하여 상 속에 있되, 상에 휘둘림이 없어서 항상 청정하고 고요하여 어지럽지 않게 되는 것이니 이것이 바로 정定이 되는 것이다.

마지막으로 무주에 대해 "만약 앞생각과 지금의 생각, 뒷생각이

207 위의 책, pp. 323~324.
208 위의 책, p. 324.

서로 이어져 끊어지지 않으면 얽혀 묶임이라 하고, 모든 법에 대해서 생각 생각 머물지 않으면[於法不住] 곧 묶임 없음이니, 이것이 바로 머묾 없음[無住]으로 실천의 뿌리를 삼는 것이다."라고 부연하고 있다. 생각 생각에 머묾이 없으니 생각 생각에 반야의 지혜가 드러나게 되니 이것을 혜慧의 무한 작용이라 한다.

이와 같이 무념, 무상, 무주를 계·정·혜 삼학에 배대하여 보았지만 사실 삼학이 원수圓修되는 것처럼 무념, 무상, 무주 또한 셋이면서 하나이기 때문에 무념 속에 계·정·혜가 온전히 드러나고, 무상, 무주 속에도 또한 계·정·혜가 온전히 융섭되어 있다고 해야 할 것이다.

혜능은 돈황본 『단경』에서 무상계를 받는[受無相戒] 의식에 대해 설하기를, 먼저 삼신불三身佛에 귀의하고, 다음으로 사홍서원을 발하게 한다. 다음으로 무상참회無相懺悔를 하고, 그다음으로 무상삼귀의계無相三歸依戒를 설하고, 그다음에 마하반야바라밀법을 설하는 순서로 되어 있다. 이것을 다시 정리해 보면, ① 귀의 삼신불 ② 발사홍서원 ③ 무상참회 ④ 설무상삼귀의계 ⑤ 설마하반야바라밀법 등의 순서로 진행되고 있음을 알 수 있다.

여기서 삼신불이란 자성의 삼신불을 말하며, 사홍서원을 발하는 것은 첫째, "무량한 중생을 맹세코 다 제도한다는 것은 마음속의 중생을 각기 자기 몸에 있는 자기의 성품으로 제도하는 것"[209] 이라고 말한다. 둘째, 무량한 번뇌를 맹세코 다 끊는다는 것은 자기의 마음에 있는 허망함을 제거하는 것이며, 셋째, 무량한 법문을 맹세코 다 배운다 함은 위없는 바른 법을 배우는 것이며, 넷째, 위없는 불도를 맹세코 이룬다 함은 항상 마음을 낮추는 행동으로 일체를 공경하며 미혹한 집착을 멀리 여의고 깨달아서 반야의 지혜가 생기고 미망을 없애는 것[210]이라고 설명하고 있다.

그리고 무상참회無相懺悔란 자성의 참회로서 "과거의 생각과 미래의 생각과 현재의 생각이 생각마다 우치와 미혹에 물들지 않고, 지난날의 나쁜 행동을 일시에 영원히 끊어서 자기의 성품에서 없애 버리는 것"[211]이라고 말하고 있다. 또한 참懺이라고 하는 것은 종신토록 잘못을 짓지 않는 것이요, 회悔라고 하는 것은 과거의 잘못을 뉘우치는 것"[212]이라고 하였다.

무상삼귀의계란 "깨달음의 양족존께 귀의하오며, 바른 법의 이욕존께 귀의하오며, 청정한 중중존께 귀의함"[213]이라고 말하고,

---

209 돈황본『六祖檀經』, 청화 역주, (광륜출판사), p. 120.
210 위의 책, pp. 120~122.
211 위의 책, p. 125.
212 위의 책, p. 127.
213 위의 책, p. 128.

자성의 삼보께 귀의하는 것은, “부처란 깨달음[覺]이요 법이란 바름이며[正]이며 승이란 청정함[淨]”[214]이기에 자성의 깨달음과 바름과 청정함에 귀의하는 자성삼귀의가 되는 것이다. 혜능은 이를 자귀의自歸依라고 정의하고, 자성자도自性自度의 수행이 이루어져야 한다고 주장한다.

또한 마하반야바라밀법은 모름지기 실행할 것이요, 입으로만 외우는 데 있지 않음을 설하여 반야바라밀행의 실천을 강조하고 있다. 생각마다 어리석지 않고 항상 지혜를 행하는 것이 바로 반야행임을 설하고, 바라밀이란 저 언덕에 이른다[度彼岸]는 뜻이므로, 경계에 집착하면 생멸의 이 언덕이요, 경계를 떠나면 무생멸의 저 언덕이 된다고 하였다.

이것은 번뇌가 보리이며, 생사가 열반인 자성심지自性心地의 입장에서 생각 생각에 바라밀행을 실천해야 함을 역설하고 있는 것이다. 혜능은 이러한 최상승법을 행하면 정혜등定慧等하여 생사와 열반이 하나인 무거無去 무주無住 무래無來의 경지를 얻게 되니, 삼세의 모든 부처님이 이런 경지에서 삼독을 돌이켜 계·정·혜로 삼는다고 말하고 있다.

214 위의 책, p. 129.

이와 같이 혜능의 『단경』은 계단에서 무상계無相戒를 설하면서 함께 설해진 반야바라밀법을 통해 계·정·혜 삼학을 등지할 것을 밝히고 있다. 무상계와 함께 최상승선법이 함께 설해지고 있다는 것은 혜능의 선수행 가풍이 분명 선계병수禪戒倂修와 선행일치禪行一致의 기조 위에 있음을 증명하는 것이다. 아울러 혜능은 북종의 선풍이 정혜별定慧別이라고 비판하면서 정혜등定慧等의 실행을 강조하고 있다.

> 선지식들이여, 나의 이 법문은 정과 혜로써 근본을 삼나니, 첫째로 미혹하여 혜와 정이 다르다고 말하지 말라. 정과 혜는 바탕[體]이 하나여서 둘이 아니다. 정은 바로 혜의 본체요 혜는 바로 정의 작용이니, 혜가 나타날 때 정이 혜 안에 있고, 또한 정이 나타날 때 혜가 정 안에 있다.[215]

> 정과 혜는 무엇과 같은가. 등불과 그 빛과 같으니라. 등불이 있으면 곧 빛이 있고 등불이 없으면 빛이 없으므로 등불은 빛의 본체요 빛은 등불의 작용이니, 이름은 비록 둘이나 바탕은 둘이 아니니, 정

215 위의 책, p. 79.

과 혜의 법도 또한 이와 같으니라.[216]

혜능은 정과 혜를 본체와 작용으로 설명하여 체용일여體用一如의 입장에서 정혜등을 설명하고 있다. 즉 등불과 빛의 관계를 비유하여 "등불은 빛의 본체요, 빛은 등불의 작용"이라고 하여 체용일여에 입각하여 정혜쌍수를 설명하고 있다. 이것은 혜능의 삼학등지가 전통 교학의 입장에서 설하고 있는 "인계생정因戒生定, 인정발혜因定發慧"의 차제등지次第等持가 아닌 일체등지一體等持임을 보여 주고 있는 대목이다.

이른바 일체등지에서는 삼학의 하나가 곧 셋이 되는 것이기에, 계를 들면 정과 혜가 있게 되고, 정을 들면 계와 혜가 따라오며, 혜를 들면 계와 정이 함께하는 일체삼용一體三用의 수증문인 것이다. 일체등지에서는 계·정·혜 삼학 가운데 어느 한 문이라도 결핍되면 완전한 해탈의 수증으로 나아갈 수 없게 된다.

그러므로 마조의 제자 홍선유관興善惟寬은 백거이白居易의 물음에 이렇게 답하고 있다.

216 위의 책, p. 85.

"선사께서는 무엇 때문에 법을 설합니까?" 답하기를, "무상보리란 것은 몸에 걸치면 계율戒律이 되는 것이요, 입으로 말하면 법法이 되는 것이요, 마음으로 행하면 선禪이 되는 것이다. 응용하면 셋이 되지만 사실은 하나이다. ……계율이 바로 법이요, 법은 선정을 떠나지 않는다. 어찌 이 가운데 망령되이 분별을 일으키는가?"[217]

선사이면 율사요 강사가 되는 것이고, 율사이면 강사와 선사가 되는 것이며, 강사이면 선사와 율사가 되는 것이기 때문에 굳이 교·선·율에 얽매일 필요가 없어서, 불도에 입도하는 수중의 근기와 중생을 교화하는 방편에 의해 거짓 선사, 율사, 강사가 따로 있게 될 뿐 선상禪相, 교상教相, 율상律相이 극복된 근본종지에서 보면 선·교·율의 분별상은 흔적조차 없게 되는 것이다. 선종, 교종, 율종이라는 종파주의에 매몰되어 선·교·율을 교조적으로 수용하는 종파불교의 폐단에 경종을 울리는 경책이 아닐 수 없다.

이러한 정혜등定慧等, 즉 정혜쌍수定慧雙修의 입장에서 혜능이 『단경』에서 주장하고 있는 좌선관에 대해 살펴보도록 하자.

---

217 『傳法堂碑』, (『全唐文』 권678). "旣曰禪師, 何故說法? 師曰, 無上菩提者, 被於身爲律, 說於口爲法, 行於心爲禪, 應用有三, 其實一也. ……律卽是法, 法不離禪. 云何於中 妄起分別?"

선지식이여, 무엇을 좌선이라 하는가? 이 법문 가운데는 막힘도 없고 걸림도 없으니, 밖으로 모든 선악의 경계에 대해서 물든 생각을 일으키지 않음을 앉음[坐]이라 하고, 안으로 자신의 성품이 움직이지 않음을 보는 것을 선禪이라 한다.[218]

참된 앉음[坐]이란 몸으로 앉아 있음이 아니라 일체 경계에 생각이 일어나지 않음[念不起]이니, 생각에서 생각을 여의고, 모습에서 모습을 떠나서 어디에도 걸림이 없고 막힘이 없는 것이니, 이것이 진정한 앉음인 것이다.

자기의 본래 성품은 공적영지空寂靈知하여, 나도 난 바가 없고[不生] 사라져도 사라진 바가 없다[不滅]. 한 생각을 일으켜도 한 생각이 공空한 줄 알아서 경계에 끄달려 움직임이 없어 어지럽지 않은 것을 선禪이라고 말하는 것이다. 다시 말하면, 모든 법이 본래 공한 성품의 자리에 앉아 어지럽지 않음이 참된 좌선坐禪인 것이다.

선지식이여, 무엇을 선정禪定이라 하는가? 밖으로 모습을 떠남이 선禪이 되고, 안으로 어지럽지 않음이 정定이 된다. 밖으로 모습을

218 돈황본『六祖檀經』, 청화 역주, p. 234.

> 집착하면 안의 마음이 곧 어지러워지며, 밖으로 모습을 떠나면 마음이 곧 어지럽지 않아서 본성품이 스스로 깨끗하고 스스로 안정된다. 다만 객관경계를 보고 경계를 생각하면 곧 어지러워지니, 만약 여러 객관경계를 보더라도 마음이 어지럽지 않으면 이것이 참된 선정이다.
> 선지식이여, 밖으로 모습 떠나면 곧 선이고, 안으로 어지럽지 않으면 곧 정이 되니, 밖의 선[外禪]과 안의 정[內定]이 바로 선정이다.[219]

안의 마음과 밖의 경계가 따로 있는 것이 아니라, 마음일 때 경계는 오직 마음의 경계요, 경계일 때 마음은 경계의 마음이니, 안으로 한 생각 물든 마음을 내면 바깥 경계 또한 따라 물들고, 바깥 경계를 고정된 실체로 인식하여 실로 있는 것으로 보면 안의 마음이 또한 경계에 얽매이고 경계에 물들게 되므로 움직이고 어지럽게 되는 것이다.

그러나 바깥 경계의 모습에서 실로 모습이 실다움이 없이 연기[空]되었음을 알아 모습에서 모습을 여의게 되면 객관경계가 공하고, 객관경계가 공하므로 안의 마음이 청정함을 보아 고요해진다.

219 위의 책, p. 335.

다시 안의 마음에서 마음은 원래 허망한 것이기에 집착할 것이 없어 떠나게 되면 안의 마음이 공하고, 안의 마음이 공하므로 경계의 실체성 또한 사라지게 된다. 이렇게 밖의 선과 안의 정[外禪內定]이 함께 이루어지면 이를 일러 선정이라고 하는 것이다.[220]

이와 같이 혜능은 선계일치의 입장에서 무상계와 반야바라밀법을 함께 설하여 선법의 종지로 삼고 있다. 즉 계·정·혜 삼학의 등지를 통해 선의 종지를 깨치게 하는 것이 남종선의 가르침이다.

---

220 위의 책, p. 336 참조.

혜능 이후 선종의 삼학등지

혜능선사의 돈오종지를 널리 선양한 신회선사는 삼학에 대한 관점에서 스승의 사상을 계승하고 있으면서도 다소의 상이점을 보이고 있다. 그는『단어』에서 먼저 "경에 '모든 악을 짓지 말고, 모든 선을 받들어 행하며, 스스로 그 뜻을 깨끗이 하라. 이것이 모든 부처님의 가르침이다.'라고 설하셨다. 과거의 일체 모든 부처님이 이와 같이 말씀하시었다. '모든 악을 짓지 않는 것은 계이고, 모든 선을 받들어 행하는 것은 혜이며, 스스로 그 뜻을 깨끗이 하는 것은 정이다.'"[221]라고 주장하고 있다.

신회는『단경』에서 혜능에 의해 굳이 최상근기가 아닌 사람들이 닦는 삼학이라 평가 받고 있는 북종 신수의 제불통계로 설해지는

221 『壇語』, (『神會和尙禪語錄集』), (中華書局), p. 6.

삼학을 그대로 수용하고 있다. 아마도 시대상을 반영한 방편의 시설이라 짐작이 되지만, 이것이 스승 혜능과 다른 관점을 보이고 있는 부분이라고 할 수 있다. 신회는 다른 한편에서 혜능의 삼학사상을 충실히 계승하고 있음을 보여 주고 있다.

> 선지식이여! 삼학을 반드시 갖추어야 불교이다. 어떤 것을 삼학을 평등하게 닦는다[三學等] 하는가? 망령된 마음이 일어나지 않는 것이 계이며, 망령된 마음이 없는 것을 정이라 하고, 마음에 망령됨이 없는 줄 스스로 깨닫는 것을 혜라고 한다. 이것을 삼학을 평등하게 닦는 것이라 한다.[222]

신회가 위에서 설하고 있는 이른바 "망령된 마음이 일어나지 않는 것이 계이며, 망녕된 마음이 없는 것을 정이라 하고, 마음에 망령됨이 없는 줄 스스로 깨닫는 것을 혜"라고 하는 망심불기妄心不起의 삼학은 무작삼학無作三學에 해당되는 것이다. 이것은 혜능이 말한 삼학임과 동시에 또한 신수가 주장하고 있는 "심불기心不起가 계"라고 하는 것과 동일한 관점이라 할 수 있다. 그는 삼학을 등지

222 上同.

할 것을 당부하면서 아래와 같이 유작有作의 삼학과 무작無作의 삼학을 구분하여 설하고 있음을 볼 수 있다.

> 반드시 몸과 말과 생각[身口意]을 청정히 하고 행동을 신중히 하도록 하여라. 만약 몸과 말과 마음을 청정히 하지 않으면 일체의 선법은 영원히 생겨나지 않는다. 위없는 깨달음을 구하려면 반드시 먼저 몸과 말과 마음을 청정히 하여야 얻을 수 있다. 만일 신·구·의 삼업을 청정하게 하지 않는다면 여우의 몸도 오히려 받을 수 없거늘 어찌 여래의 공덕법신을 얻을 수 있겠는가. 여러분, 위없는 깨달음의 불법을 배웠으나 삼업을 청정하게 하지도 않고, 몸과 마음을 경계하지도 않으면서 그것을 얻는다고 말하는 것은 옳지 않다. 반드시 유작계有作戒와 유작혜有作慧를 의지하여 무작계無作戒와 무작혜無作慧를 드러내어야 한다. 그러나 정定은 그렇지 않다. 만약 유작정有作定을 닦는다면 곧 인천人天에 태어나는 과보는 될지언정 위없는 깨달음과 상응하지는 않는다.[223]

유작계란 수계할 때 신·구·의 삼업으로 행하는 의식의 행위를

---

223 『壇語』. 胡適, 『神會禪師遺集』, p. 229.

말한다. 무작계란 수계의식을 통해 한 번 생긴 계체를 상속하여 계의 작용을 보호해 이어 가는 것을 말한다. 즉 오계, 십계, 구족계 등을 수계할 때 신·구·의 삼업을 통해 표현할 수 있는 계상을 유작계라 하고, 수계할 때 몸과 마음에 형성된 계체는 몸과 말로 표현할 수 없기 때문에 무작계라 하는 것이다.

신회는 유작계와 유작혜를 의거하여[藉有作戒 有作慧], 무작계와 무작혜를 드러내어야 한다[顯無作戒 無作慧]고 말하면서, 정定에 대해서는 반드시 그러한 것은 아니라고 말하고 있다. 유작정은 다만 인천의 과보만이 가능한 것이지 무상보리는 얻을 수 없다고 하였다. 무작은 인위나 조작을 통해 만들어지는 것이 아니라 자연적인 무위로 인연의 작의作意가 없이 이루어지는 것을 말한다. 따라서 유작의 선정으로 무작의 선정을 드러낼 수 없으며 유무有無를 초월한 자성의 선정을 강조하는 것이 신회의 관점인 것이다.

삼학에 대한 위의 내용에 의거해 종밀선사는 『원각경대소초』에서 신회에게 삼종삼학이 있다고 주장하게 된다. 삼종의 삼학이란 유작삼학有作三學, 무작삼학無作三學, 자성삼학自性三學을 이르는 말이다. 여기서 유작삼학이라는 것은 경전에서 설한 전통적으로 계승되고 있는 수행의 기본으로서의 삼학을 말한다. 『단경』에서 신수대사의 삼학으로 설해지고 있으며, 앞에서 신회가 말한 바 있는

"모든 악을 짓지 말고[諸惡莫作], 모든 선한 일을 받들어 행하여[衆善奉行], 스스로의 마음을 청정히 유지하고[自淨其意], 그것을 열반의 지혜로 삼는 것"을 가리킨다.

즉 전통적으로 내려오는 제불통계의 가르침 중 제악막작은 계요, 중선봉행은 혜며, 자정기의는 정으로 규정하는 실천수행을 말한다. 여기서 계·정·혜가 일체一體로서 삼학등지가 되지 못하고, 먼저 계를 닦고 계에 의해 정이 생기고 정에 의해 혜가 나타나는 식의 차제적으로 별지別持하는 것을 유작삼학이라 평하고 있다.

무작삼학은 신회 특유의 삼학으로 "망령된 마음이 일어나지 않는 것[妄心不起]이 계이며, 망령된 마음이 없는 것[無妄心]이 정이며, 마음에 망령된 마음이 본래 없는 줄 아는 것[知本無妄心]을 혜라 하는 것"을 말한다.

자성삼학이란 마음이 본래 공空인 것이 계이고, 마음이 본래 적정[寂]한 것이 정이며, 적정한 마음이 자유롭게 사물을 비추는[照] 작용이 혜이다. 이것은 마음을 공(空: 공함)·적(寂: 고요함)·조(照: 비춤)의 세 방면으로 이해한 것이다.

여기서 신회가 주장한 자성삼학은 혜능의 자성삼학사상의 계승 발전으로 보아야 할 것이다. 『단경』에서 밝힌 혜능의 삼학이 곧 자성삼학으로, 심지자성心地自性 가운데 본래 갖추어진 삼학을 말한다. 즉 위에서 밝힌 혜능의 게송으로서 "심지무비자성계心地無非自性戒요, 심지무치자성혜心地無痴自性慧며, 심지무란자성정心地無亂自性定"이라고 하여 심지자성을 깨닫는 것으로 삼학을 삼는 것을 말한다.

이것이 바로 자성계自性戒, 자성정自性定, 자성혜自性慧로서 자성의 체體에 계·정·혜가 본래 갖추어짐을 깨달음으로 해서, 삼학을 하나의 체로 평등하게 닦는 일체등지一體等持[224]라고 말할 수 있다. 혜능이 말한 자성삼학의 자성의 체가 공으로 표현되었다면, 신회는 체상용體相用의 입장에서 공空·적寂·조照로 표현하고 있는 것이다.

그런데 신회가 주장한 무작계란 받은 바 없이 받고, 지키는 바 없이 지키는 계로서 뒷날 종문에서 회자된 바가 많았다. 『인천보감』에 소개된 택오擇梧율사의 수행과 깨달음의 과정이 바로 유작에서 무작으로 회통되는 수증의 준거가 되고 있다.

도솔사 택오율사는 보녕普寧율사 문하에서 수학하였는데, 재계齋戒

224 계·정·혜 삼학을 하나하나 차제적으로 분별해서 차등적으로 닦으면 굳이 "삼학별지三學別持"라고 말할 수 있고, 차제적으로 순서를 두고 닦되 하나하나를 균등하게 닦으면 "차제적 삼학을 등지하므로 차제등지次第等持"라고 말하고, 삼학의 자성을 하나의 체로하여 평등하게 닦으면 "일체적 삼학을 등지하게 되므로 일체등지一體等持"라고 말할 수 있다.

가 엄정하였으며 일종식에 예불 독송에 매진하였다. 한번은 경산 유림徑山維琳선사에게 도를 물었다. 유림선사는 택오율사가 계법戒法과 계상戒相에 얽매여 심지계체를 밝히지 못함을 보고는, 계율에 몸이 묶여 있으니 가슴이 답답하지 않으냐고 놀렸다. 택오율사가 "저는 마음이 어둡고 둔해서 매이지 않을 수 없으니, 스님께서 가엾게 생각하여 가르쳐 주십시오." 하였다. 유림선사는 다음의 고사를 들려주었다.

"바수반두존자는 하루 한 끼 공양에 눕지도 않고 지내며 하루 여섯 차례씩 예불하였다. 이렇게 청정무구하여 대중들에게 귀의를 받게 되었다. 그런데 20조 사야다존자가 그를 제도하고자 하여 바수반두의 문도들에게 물었다. '이 두타승이 청정행을 열심히 닦아 부처님이 될 수 있을 것 같으냐?' '이렇게 열심히 정진하는데 어째서 부처가 되지 않겠습니까?' '그대들의 스승은 도와는 거리가 멀다. 그렇게 정진해 가지고는 티끌 겁이 지나도 모두 허망의 근본이 될 뿐이다.' 바수반두의 문도는 분한 마음을 내지 않고 사야다에게 물었다. '존자께서는 어떤 덕행을 쌓았기에 우리 스승을 비난하십니까?' '나는 도를 깨치려 하지도 않지만 그렇다고 전도顚倒되지도 않는다. 나는 예불하지도 않지만 그렇다고 부처님께 오만하거나 가볍게 굴지도 않는다. 장좌불와하지 않지만 공부를 게을리하지도 않는다.

하루 한 끼만 먹는 고행을 하지도 않지만 그렇다고 아무거나 식탐을 내지도 않는다. 나는 만족도 탐욕도 없다. 이렇게 마음 둘 곳 없음을 도라고 한다.' 바수반두는 이 말씀을 듣고 무루지를 얻었다."

유림선사는 큰 소리로 할을 한 번 하고서 말하였다. "비록 그렇다고 해도 아직은 둔한 놈이다." 택오율사는 이 말끝에 마음이 활짝 트여 껑충껑충 뛰면서 절하고 말하였다. "스님의 가르침을 듣지 못했으면 어찌 잘못을 알았겠습니까. 지금부터는 지키면서도 지키지 않는, 지킨다는 생각이 없는 계율[無作戒]을 지키겠으며, 더 이상 애써 마음을 쓰지 않겠습니다."

그러고는 작별하고 떠났다. 방장실로 돌아와서 익혀 왔던 수행을 다 버리고 그저 선상禪床만을 지키며 법문하는 일 말고는 묵묵히 앉아 있을 따름이었다. 갑자기 하루 저녁은 명정明靜법사를 불러서 말하였다. "경산선사께서 내게 망정妄情과 집착執着을 타파해 주신 뒤 지금껏 가슴속에 아무 일도 없다. 오늘 밤에는 무성삼매無聲三昧에 들어가겠다." 그러고는 아무 소리가 없더니 마침내 원적에 드시었다.[225]

225 담수曇秀, 『인천보감人天寶鑑』.

계상에 집착하여 지키는 상에 머물러 있으면 지키되 지키는 것이 아니다. 이른바 지키면서도 지키지 않는, 지킨다는 생각마저 없는 무작의 계체를 깨달아 마음이 머무는 곳 없는 경지가 되어야 진실된 도라고 하는 것이다. 하택신회의 사상적 계보를 잇고 있는 대주혜해大珠慧海 또한 『돈오입도요문론』에서 다음과 같이 일체등지一體等持의 관점에서 삼학등용三學等用을 설하고 있다.

> 청정하여 물들지 않는 것이 계이며, 마음이 움직이지 않음을 알고 경계를 대하더라도 고요한 것이 정이다. 마음이 움직이지 않는 줄 알 때에 움직이지 않는다는 생각도 내지 않으며, 마음이 청정한 줄 알 때 청정하다는 생각도 내지 않으며, 아울러 선과 악을 모두 분별하되 그 가운데 물듦이 없어서 자재를 얻으면 이것을 혜라고 한다. 만약 계·정·혜의 고정된 바탕[體]을 함께 얻을 수 없는 것임을 알 때 곧 얻을 수 없다는 분별도 없으면 곧 계·정·혜는 하나의 몸[一體]이 되는데 이것을 삼학을 평등하게 닦음[三學等用]이라 한다.[226]

226 혜해,『頓悟入道要門論』. "清淨無染是戒. 知心不動, 對境寂然是定. 知心不動時 不生不動想 知心清淨時 不生清淨想 乃至善惡皆能分別 於中無染 得自在者 是名爲慧也. 若知戒定慧 體俱不可得時 卽無分別者 卽同一體 是名三學等用."

마음의 체·상·용[227]으로써 계·정·혜를 설명하는 것을 자성삼학이라 하였다. 하택과 혜해는 자성으로 계·정·혜를 통합하여 삼학등지를 설명하고 있는 것이다. 중국불교가 종파불교를 표방하면서 종파의 종지가 교조화되어 서로 자파의 우월성에 갇히기 전에는 각종의 종지가 서로 융섭되어 삼학 중 하나를 들면 셋이 하나가 되는 삼학등지가 이루어졌던 것이다.

대주선사가 마조 홍주종에 속한 선사이지만 하택종 신회선사의 선사상을 계승하고 있으며, 선종을 표방하지만 선법을 선 우월성에 매몰시키지 않고, 선을 들면 곧 계와 교가 되고 바라밀행이 되는 열린 선사의 가풍을 유지하고 있다. 선종이 자파의 조통설祖通說이 확립되어 종파성에 매몰되기 전의 선사들은 교·선·율을 유기적으로 응용하고 있으며, 계·정·혜를 하나의 종지로 선양하고 있다. 삼학에서 계·정·혜는 서로 분리될 수 없는 하나의 바탕을 가지고 있기 때문에 "지계가 선정과 지혜의 기초가 될 뿐 아니라, 계가 다시 선정과 지혜의 완성이 되는 것이며 계가 바로 심지법문이 되고 중생섭수의 바라밀행이 되는 것이다."[228]

227 체體는 본체로서 근원적인 것을 말하며, 상相은 형상으로서 눈으로 볼 수 있는 나타난 모양이며, 용用은 작용으로서 체가 모양을 통하여 작용하는 것을 말한다.

228 학담, 「용성진종선사의 원돈율사상과 선율겸행의 선풍」, (『大覺思想』 第十輯), p. 336.

남종선 혜능의 문하에서 일숙각一宿覺으로 알려진 영가현각은 『선종영가집』에서 삼학을 평등하게 수행할 것을 주장하면서, 아울러 계·정·혜에 각각 세 가지를 갖추고 있음을 설명하고 있다.

계율에는 세 가지를 갖추어야 한다. 첫째는 섭율의계(攝律儀戒: 율의를 섭수하는 계)이니, 말하자면 일체 악을 끊는 것이요, 둘째는 섭선법계(攝善法戒: 선법을 섭수하는 계)이니, 일체 선행을 닦는 것이다. 셋째는 요익중생계(饒益衆生戒: 중생을 요익되게 하는 계)이니, 즉 일체중생을 맹세코 제도하려는 것이다.

선정은 세 가지로 분별해야 한다. 첫째, 편안히 머무는 선정[安住定]이니, 묘한 성품이 자연히 갖추어져[天然] 본래부터 움직이지 않는 것을 이르는 것이다. 둘째는 이끌어 세우는 선정[引起定]이니, 마음을 맑히고 고요하게 하여 지혜를 발하여 더욱 밝힘을 말하는 것이다. 셋째는 사물을 판별하는 선정[辦事定]이니, 선정의 물이 맑게 고여 만상을 비추는 것을 가리키는 것이다.

지혜는 세 가지로 분별해야 한다. 첫째, 내가 공한 지혜[我空慧]이니, 오온은 아我가 아니므로 오온 가운데 내가 없는 것이 마치 거북의 털이나 토끼의 뿔과 같은 것이다. 둘째, 법이 공한 지혜[法空慧]이니, 오온 등의 온갖 법의 인연 자체가 허망하여 실다움이 없는 것이 마치 거울의 그림자나 물속의 달과 같은 줄 아는 것이요, 셋째, 공함도 공한 지혜[空空慧]이니, 경계와 지혜가 함께 공하고 이 공한 것까지도 공한 줄 아는 것이다.[229]

영가선사는 천태지관天台止觀을 수습한 선사이면서 남종선을 잇고 있는 선의 종장으로 천태선과 달마선을 아우르는 입장에서 중생의 근기와 병통에 따라 방편을 세워 삼학등지를 시설하고 있다. 전통의 삼학을 섭수하되 자신만의 고유한 삼학등지의 전범을 제시하고 있다. 삼학을 등지하는 것은 제불과 역대 조사가 공통으로 설하는 가르침이다. 따라서 종파와 종지를 떠나서 불교에서 하나같이 닦아야 하는 수증의 모범이라고 할 수 있다.

사실 선종에서 강조하고 있는 계는 대승계로서 주로 보살계를 설하고 있는『범망경』에 의거하여 계와 선의 일치를 강조하고 있다. 왜냐하면『범망경』은 대승계율인 보살계를 설하고 있을 뿐만 아니라, 대승선의 자성청정의 심지법문을 동시에 연설하고 있어 계와 선을 아우르는 계선일치를 그 중요 내용으로 설하고 있기 때문이다. 즉 선의 정법안장正法眼藏이 심지계체心地戒體가 되어 계선

229 영가 현각,『禪宗永嘉集』.

일치戒禪一致, 선율겸행禪律兼行의 전거가 되는 경전이 바로『범망경』인 것이다.

『범망경』에 "중생이 불계佛戒를 받으면 곧 부처[諸佛]의 지위에 들어간다."고 설하고 있는 것에서 알 수 있듯이, 이 경에서 설하고 있는 계는 자기의 불성을 개발하는 것을 목적으로 하는 불성계佛性戒이기 때문에 재가자나 출가자를 가리지 않고 그 대상으로 설해지고 있는 특성을 가지고 있다.

법안종의 조사 영명연수선사는「수보살계법서」에서 "보살계를 자세히 보면 천 성인을 세우는 땅이요, 만 가지 착함을 내는 터전이니 감로의 문을 열어 보리의 길에 들어서게 한다.『범망경』에서 말하기를 '중생이 부처님의 계를 받으면 곧 모든 부처님의 지위에 들어간다.'라고 하였다. 부처님의 계를 알고자 하는가. 그것은 중생의 마음이라 달리 다른 법이 없느니라." 하여 보살계가 바로 불계佛戒요, 심지계心地戒임을 천명하고 있다.

그리고 또 "이 마음의 성품이 두렷이 깨끗하므로 계라 이름하고, 고요하되 비추므로 반야라 이름하고, 마음이 본래 고요하므로 열반이라 이름한다. 이것이 여래의 가장 높은 진리의 수레요[如來最上之乘], 조사가 서쪽에서 온 뜻이다[祖師西來之意]."라고 하여 계·교·선이 하나 되는 가르침으로 평가되고 있다. 그리고 "보살계라는 것은 문수보살이나 보현보살과 같은 분들에게나 해당되는 것으로 아는데 번뇌의 속박에 얽힌 범부가 어떻게 그것을 받을 수 있겠는가?"라는 물음에 대해 아래와 같이 대답하고 있다.

> 만약 자신을 범부라고 집착하여 문수보살이나 보현보살이 아니라고 하는 사람은 곧 일불승一佛乘의 종자를 말살하는 일이다. 그렇다면 옛 성인이 결코 "많고 많은 번뇌와 업과 미혹들이 모두 다 보현보살의 참다운 진리의 세계이다."라고 말하지 않았을 것이다. 만약 중생을 집착하여 부처가 아니라고 하는 사람은 곧 시방의 부처님을 비방하는 것이다. 그렇다면 결코 『화엄경』에서 "부처와 마음과 중생, 이 셋이 차별이 없다."라고 말하지 않았을 것이다.
>
> 그러므로 『범망경』에 말씀하시기를 "마음이 있는 모든 사람들은 다 부처님의 계에 포섭이 된다."라고 하시니라. 그리고 또 세상에 사람 된 자가 어느 누군들 마음이 있지 않겠는가. 무릇 성불한다는 것은 모두가 마음으로부터 표현되는 것이다. 그래서 석가모니 부처님은 세상에 오시어 중생들의 마음 안에 있는 부처의 지혜를 열어 보여 주시고, 달마대사는 인도에서 중국으로 오시어 사람들의 마음을 바로 가리켜서[直指人心] 성품을 보고 부처를 이루게[見性成佛] 하였다.

조사가 말씀하시기를 "마음이 부처며 부처가 마음이니 마음을 떠나서 부처가 없고 부처를 떠나서 마음이 없다."라고 하였다. 그러므로 모든 사물인 마음과 생각인 마음들이 다 불성계 안에 들어간다. 중생들의 불성의 마음은 불심계를 갖추고 있다. 하물며 보살계란 오직 사람들의 마음을 열어 주고 제도하는 것으로써 근본을 삼는다. 형식에만 국한하여 집착하는 소승들의 계율과는 같을 수 없다. 그래서 보살이 유정들을 요익되게 하는[饒益有情] 계는 다만 중생들을 제도하고 사람들을 이익되게 할 뿐이다.[230]

마음이 부처요[心卽是佛], 사람이 부처[人卽是佛]라고 하는 『범망경』의 이러한 사상과 내용이 바로 최상승을 표방하는 선종의 종지와 일맥상통하고 있기 때문에 혜능의 『단경』 이래 많은 선문조사들의 심지법문으로 인용되었던 것이다. 특히 『범망경』에서 강조하고 있는 "견성성불見性成佛 요익중생饒益衆生"의 사상은 선종의 핵심 종지이므로 남북종선을 막론하고 모두 이 경으로 생사해탈의 종지를 삼았으며, 아울러 천태의 혜사慧思, 지자智者를 비롯한 천태 계통의 조사들을 이어 영명연수, 운서주굉, 우익지욱 그리고 우리나

230 무비스님, 『보살계를 받는 길』, (연명연수 지음, 여천무비 풀어씀 『受菩薩戒法序』), (염화실, 2008), pp. 39~50.

라의 용성진종 등의 선사들에 의해 계선일치의 전범으로 인용되어 왔던 것이다.

그리고 연수선사는 계율을 등한시하고 함부로 무애행無碍行을 흉내 내는 어설픈 수행자들을 향해 이와 같이 경책을 내리고 있다. 『만선동귀집』에 수시垂示된 연수의 경책의 일부를 살펴보도록 하자.

> 도를 배우는 문에 따로 특별한 것이 없다. 다만 일체 경계에서 오랜 세월 잘못 길들여진 업식종자를 씻어 낼 뿐이다. ……술 마시고 고기 먹는 일이 깨달음에 장애되지 않고, 도둑질하고 음행하는 것이 반야에 방해되지 않는다고 말을 하니, 살아서는 형법에 위배되고 죽어서는 아비지옥에 떨어진다. ……만약 심장과 간을 베어 내어도 목석과 같을 수 있다면 고기를 먹어도 되고, 술을 마시되 똥물이나 오줌을 마시듯 해야 술을 마셔도 되고, 단정한 남녀를 보되 죽은 시체와 같이 볼 수 있다면 음행을 해도 되고, 자기 재물이나 남의 보물을 보되 똥이나 흙처럼 여길 수 있다면 도둑질을 해도 된다. 설사 이러한 경지에 이르렀다 해도 또한 그대의 뜻대로 해서는 안 되며, 곧바로 한량없는 성인의 몸을 증득한 뒤에 비로소 세상의 온갖 좋고 나쁜 경계에 걸림 없는 행을 하라. ……음행을 버리지

> 않으면 청정의 종자가 끊어지고, 음주를 끊지 않으면 지혜 종자가 끊어지고, 도둑질을 버리지 않으면 일체의 복덕의 종자가 끊어지고, 고기 먹는 것을 멈추지 않으면 자비의 종자가 끊어진다.
> 삼세의 모든 부처님들이 한결같이 말씀하시고 천하의 선종이 한 목소리로 말했으니, 어찌 후학들이 예사로 듣고 따르지 않겠으며, 스스로 바른 인因을 허물고 마귀의 말을 행할 수 있겠는가? 오래 익힌 업의 종자로 태어났으니 올바른 스승을 만나지 못하면 악의 뿌리는 빼기 어렵고 오히려 선력善力마저 쉬이 녹아 버릴 것이다.[231]

연수는 삼세의 모든 부처님과 선종의 역대조사가 한결같이 가르치기를, "도가 익지 못한 범부로서 청정행을 버리고 무애의 어지러운 행을 하는 것은 마귀의 도를 행하는 것"이라고 하셨다면서, 섣부른 행동을 함부로 따라하지 말고 위없는 부처의 경지를 이루고 난 뒤에야 걸림 없는 행을 하라고 엄중히 경고하고 있다.

---

231 『萬善同歸集』卷3.「永明壽禪師垂誡」. "學道之門, 別無奇特, 只要洗滌根塵下, 無量劫來業識種子. ……便說飮酒食肉, 不礙菩提, 行盜行婬, 無妨般若, 生遭王法, 死墮阿鼻. ……若割心肝如木石相似, 便可食肉. 若飮酒如屎尿相似, 便可飮酒. 若見端正男女, 如死屍相似, 便可行婬. 若見己財如糞土相似. 便可偷盜. 饒爾煉得至此田地, 亦未可順汝意在, 直待證無量聖身, 始可行世間逆順事. ……若不去婬, 斷一切淸淨種. 若不去酒, 斷一切智慧種. 若不去盜, 斷一切福德種. 若不去肉, 斷一切慈悲種. 三世諸佛, 同口敷宣, 天下禪宗, 一音演暢. 如何後學, 略不聽從, 自毁正因, 反行魔說. 只為宿薰業種, 生遇邪師, 善力易消, 惡根難拔."

이른바 무애행이란 걸림이 없는 행동, 즉 생각대로 행한다는 말인데 이 세상에서 부처님을 제외하고 그 누가 생각대로 행해서 허물이 없을 수 있겠는가. 경론에 이르기를 오직 부처님 한 분만이 완벽한 계를 수지할 수 있다고 말하였다. 신·구·의 삼업이 청정하지 못하고 산란심을 제어할 수 없고, 몸과 마음이 어지러운 가운데 지혜의 종자가 제대로 드러날 수 없음은 자명한 일이다.

훗날 단운지철斷雲智徹 또한 연수의 이러한 정신을 계승하여 다음과 같이 주장하고 있다.

> 이 계는 부처님과 부처님이 주고 받았고, 조사와 조사가 서로 전하여 오늘까지 이르렀다. 학인들이 기왕에 염불, 참선하여 이 일을 규명하려 한다면 반드시 계를 준수하여, 어떤 삿된 스승이나 사견을 가진 자가 "술 마시고 고기 먹는 것이 보리에 장애되지 않고, 도적질하고 음행하는 것이 반야에 해로울 것이 없다." 하고 함부로 지껄이는 소리를 절대로 믿어서는 안 된다. 이들은 지옥의 무리요, 악마의 권속으로 부처님의 제자가 아니다. 법문에서 밥을 훔쳐 먹고 함부로 반야를 말하여 사람들의 바른 믿음을 파괴하고 부처님

의 혜명을 끊으려는 자들이다.[232]

위의 내용은 단운지철의 『선종결의집』에 명시된 선종의 계율관이다. 지계를 청정히 가지는 것은 선정과 지혜를 얻는 바탕이 된다. 즉 계선일치요, 정혜쌍수가 종문의 전통이자 청규의 방양이다. 선종이 청규를 제정하여 율종으로부터 독립했다는 것은 계율 준수가 기본 바탕이라는 의미이지, 계율로부터 해방되었다는 뜻이 아니다. 그럼에도 불구하고 예로부터 선문의 수면 밑으로 자행되고 있던 계율경시에 대한 오해를 불식시키는 것이 계율이 그대로 청규요, 청규가 전적으로 수행임을 알 수 있다.

이것은 오래도록 선문의 한편에서 답습되고 있던 "술 마시고 고기 먹는 것이 보리에 장애되지 않고, 도적질하고 음행하는 것이 반야에 해로울 것이 없다."라는 이단사설에 경종을 울리고 있다. 오늘날에도 출재가를 막론하고 율사란 이름으로 계행을 엄정히 지키는 소수를 제외하고는 시대사조에 편승하여 지계정신이 실종되어 버린 껍데기만의 수행이 이루어지고 있다. 시대와 시대대중 그리고 출가승단의 청정승풍을 바로 세우기 위해선 반드시 계법

232 회산계현 지음, 『禪宗決疑集』, (『禪門鍛鍊說』), 연관 역주, (불광출판사, 1998), pp. 193~194.

戒法, 계체戒體, 계행戒行, 계상戒相에 의거한 철저한 지계정신을 회복해야 한다. 어느 시대를 막론하고 승단의 위상을 정립하고 존중받는 승가상을 만들기 위해서는 가장 근본이 되는 것이 지계청정이다.

아울러 오늘날 선문의 수선납자들 가운데 일부는 수선안거 함에 있어 참선하는 것과 청규는 아무런 관계가 없는 일이며 새로운 청규의 제정은 나와 하등의 관련이 없다고 생각하고 있다. 즉 참선함에 지계는 중요하지 않다고 생각하고, 계율과 청규 또한 별개의 사안이라 여기고 있는 것이다.

계·정·혜를 평등하게 닦음이 수행자의 근본 바탕이다. 특히 지계의 중요성은 아무리 강조하여도 모자람이 없다. 그리고 『유교경』에서 부처님께서 최후의 유훈으로 설한 내용도 마찬가지로 "계로써 스승을 삼아라[以戒爲師]."는 말씀이다. 불교의 바탕은 지계에 있다. 선수행 역시 지계가 근본이며, 청정범행은 선자禪者의 입문조건이다.

원대 간화선의 종장 몽산덕이가 스승 정웅선사를 처음 참문했을 때에 사제지간의 문답은 이렇게 시작되고 있다.

정웅선사가 물었다. "너는 믿을 수 있느냐?" 몽산이 말했다. "만약

> 믿지 않았다면 이곳에 오지 않았습니다." 선사가 말했다. "충분히 믿는다면 다시 계를 지켜야 한다. 계를 지키면 쉽게 영험을 얻을 수 있으며, 만약 계행이 없으면 허공 가운데 누각을 짓는 것과 같다. 마땅히 계를 지키느냐?" 몽산이 말했다. "오계五戒를 굳게 지키고 있습니다."[233]

위에서 몽산이 말하고 있는 오계는 모든 계율의 기본을 말하는 것이다. 기본인 오계를 수지함이 철저하다는 것은 모든 계율의 수지가 원만하게 이루어지고 있음을 의미하는 것이다.

믿음과 함께 중요하게 지계를 다짐하는 것은 계에 의거하여 선정이 생기고 지혜를 얻을 수 있을 뿐만 아니라, 수행상 기본적으로 삼학등지가 이루어져야 화두일념話頭一念의 타성일편打成一片으로 나아갈 수 있기 때문이다.

명말 사대가 가운데 운서주굉과 우익지욱은 선율겸행의 선풍을 진작하면서 천태의 『보살계의소』에 의거해 각각 『범망경합주』와 『보살계의소발은』을 찬술한 바 있다. 우익과 운서는 다 같이 심지인 불성을 계체로 삼아 지계가 곧 견성이라고 하는 선계일치의 종

---

233 몽산덕이, 『蒙山法語』.

지를 선양하고 있다.

> 또 이 계로써 종자를 삼나니 『열반경』에서 이른바 "일체중생에게 비록 불성이 있다 하더라도 반드시 지계로 밝힌 연후에야 볼 수 있으며, 불성을 보는 것으로 인해 아뇩다라삼먁삼보리를 이룬다."고 하였다.[234]

> 모든 부처님은 이미 성불했고, 중생은 장차 성불할 것이다. 그렇다면 중생과 부처는 마침내 다르지 않으며 지계를 성취하면 반드시 부처가 될 수 있다고 이렇게 진실로 믿어서 의심을 품지 말아야 한다. ……대개 이 계는 바로 천불이 서로 심지心地를 전하고 부처님과 부처님이 이로 말미암아 성불한 까닭이리니, 불계佛戒를 받는 이가 어찌 불위佛位에 바로 들지 않겠는가.[235]

근세 중국의 허운虛雲선사는 당시 소멸해 가던 선종의 현사懸絲의 맥脈을 다시 이어 선을 중흥시키고 120세의 일기로 입적에 들면서

---

234 우익지욱, 『梵網經合註』. 이원정 編 · 목정배 譯, 『범망경보살계본휘해』, (운주사), p. 71.
235 운서주굉, 『菩薩戒義疏發隱』. 이원정 編 · 목정배 譯, 『범망경보살계본휘해』, (운주사) p. 88~89.

제자에게 한 마지막 유훈에서 계율의 중요성을 남기고 떠난다.

> 그동안 나를 시봉하느라고 고생이 많았다. 나는 근 10년간 온갖 신고身苦와 비방을 겪으면서도 다 감수했는데, 그것은 오직 이 나라가 불조의 도량을 보존하고, 사원이 청규를 지키며, 출가자들이 이 가사를 잘 보존하도록 하기 위함이었다. 그러나 어떻게 해야 이 가사를 영구히 지켜 갈 수 있는가? 오직 한 글자뿐이니, 바로 '계戒'다."[236]

허운선사는 또한 법문을 통해 도를 깨닫는 선결조건으로 계율을 엄격히 지킬 것을 수시垂示하고 있다.

> 수행하여 도를 이루는 데는 첫째가 계율을 지키는 것이다. 계율은 무상보리無上菩提의 근본이다. 계로 인하여 비로소 선정이 생기고, 선정으로 인하여 비로소 지혜가 나타난다. 계를 지키지 않고 삼학의 등지가 이루어진다는 것은 있을 수 없다.
> 『능엄경』에서 네 가지 청정한 가르침[四種淸淨明誨][237]을 우리에게

236 허운화상 법어, 『參禪要旨』, 대성 스님 옮김, (여시아문), p. 248.

237 네 가지 청정한 가르침이란, 살생殺生, 투도偸盜, 음행婬行, 대망어(大妄語: 자기가 깨달은 도인이라고 거짓말하는 것) 등의 죄를 범하지 않고 수행하라는 가르침을 말한다.

주고 있으니, 계를 지키지 않으면 삼매를 닦는다 하더라도 속세를 벗어날 수 없으며, 비록 많은 지혜와 선정이 앞에 나타나더라도 역시 사마와 외도에 떨어질 것이라 하였다. 계를 지키는 것이 얼마나 중요한지 가히 알 수 있다. 계를 지키는 사람은 천룡이 옹호하고 사마와 외도들이 공경하며 두려워하지만, 계를 깨뜨린 사람은 귀신들이 큰 도적이라고 하면서 그의 발자취를 쓸어버린다. ……

어떤 사람은 "육조스님 말씀에, '마음이 평안하면 어찌 애써 계를 지킬 것이 있으며, 행동이 곧으면 어찌 굳이 참선할 필요가 있겠는가' 하였다." 한다. 그러나 내가 감히 묻거니와, 그대의 마음은 평안하고 곧은가? 만약 달밤에 아름다운 여인이 알몸으로 그대를 껴안는다면 그대는 마음이 움직이지 않겠는가? 또 어떤 사람이 이유 없이 그대를 욕하고 때린다면 그대는 성내는 마음을 일으키지 않겠는가? 그대는 원수와 친한 이, 미움과 사랑, 나와 남, 옳고 그름을 능히 분별하지 않을 수 있겠는가? 확실히 그럴 수 있다면 그런 말을 해도 되겠지만 그렇지 못하다면 허튼소리를 할 필요가 없다.[238]

238 『參禪要旨』, pp. 40~42.

어떤 선자는 말한다. 화두를 타파하여 깨달으면 되는 것이지 굳이 계율에 얽매일 필요가 있는가. 그러나 옛 조사는 고구정녕하게 말하기를, 계는 성불하는 데 필요한 사다리와 같다고 하였다. 사다리가 없이는 부처의 보전에 오를 수 없으며, 또한 그 기봉이 험난한 조사의 관문을 투과해 생사대사生死大事를 해탈하여 요익중생饒益衆生의 길로 나갈 수 없다. 계를 지키는 것과 선정을 닦는 것과 지혜를 얻는 것은 하나이자 셋이요, 셋이자 하나인 것이다.

맺는말

『선원청규』에 이르기를, "참선하여 도를 묻는 자는 계율을 첫째로 삼는다. 허물을 떠나고 그름을 막지 않는다면 어떻게 부처를 이루고 조사가 될 수 있겠는가."라고 하였다. 선수행자 또한 계율이 생명이 되어야 함을 말해 주고 있는 것이다.

우리 시대를 살다 간 일타율사의 법문에 이러한 내용이 있다.

"선禪은 부처님의 마음이요, 교教는 부처님의 말씀이며, 율律은 부처님의 행이다. 이것은 선과 교와 계율에 대한 옛 스님들의 정의이다. 이 정의를 토대로 하여 계율을 풀이하면, 지극히 평등하고 자비로운 마음에서 우러나온 부처님의 행위가 계율이라는 이름으로 바뀐 것이며, 그 계율을 행할 때 부처님과 조금도 다를 바 없는 말과 행동을 하게 된다는 것을 가르쳐 주고 있는 것이다.

그렇다면 불자는 어떠한 존재인가? 불자는 부처님을 닮고자 하는 존재이며, 장차 부처가 될 부처님의 자손이다. 어떤 사람이 불자가 되는가? 부처님께서 제정하신 계율을 받아 지녀야만 비로소 불자가 되는 것이다. 묵묵히 선과 교와 율에 대해 생각해 보라. 선은 불자가 아니라 할지라도 닦을 수 있고, 교는 누구든지 배울 수 있다. 불교집안 바깥의 사람이라 할지라도 선과 교는 누구나 얼마든지 배울 수 있는 것이다.

그러나 계율만은 다르다. 오직 계율만은 불교집안 사람들의 전유물이다. 비구(니)계를 받으면 비구(니)불자가 되고, 사미(니)계를 받으면 사미(니)불자가 되며, 보살계를 받으면 보살불자가 되고, 재가오계를 받으면 재가불자가 되는 것이다. 그러므로 불교집안 사람, 곧 불자가 되기 위해서는 반드시 계를 받아야 한다. 곧 불자가 가장 먼저 지녀야 할 것도 계율이요, 가장 소중히 지녀야 할 것도 계율인 것이다."

부처님께서 누누이 말씀하신 계·정·혜 삼학을 잘 배워 익히고 닦아야 한다. 곧 삼학은 불자 생활의 기본자세로서 나쁜 일을 모두 끊어 버리고 좋은 일을 닦는 계, 마음을 고요히 안정시켜 삼매를 이루는 정, 몸과 마음의 안과 밖을 올바로 관찰하는 혜의 세 가지 기본 수행법이다.

불자가 된다는 것은 수계를 하고 계율을 지킨다는 의미이다. 불자의 기본은 지계로부터 시작된다. 즉 불교의 생명이 계율이라는 것을 명심하여, 계의 바탕 위에 선정과 지혜가 발현되어 삼학이 등지되는 것이 수행이요 깨달음이다. 수행과 깨달음이 없는 불교는 불교가 아니다. 불교가 불교이기 위해서는 계·정·혜 삼학을 두렷하게 닦는 삼학원수三學圓修의 수행풍토가 이루어져야 한다.

중국 선종의 역사에서 선종의 조사가 한낱 선의 종지에 머물지 않고 계와 함께하여 선계일치禪戒一致를 닦아 이루고, 교와 함께 하여 선교겸수禪教兼修를 펼쳐 보이고, 선과 바라밀행과 함께 닦아 요익중생饒益衆生의 보살행을 실천 회향했음을 살펴보았다.

특히 북종의 신수는『단경』속의 설정에 갇힌 문밖의 선사가 아닌, 종문의 정안종사로서 보살계를 불성의 심지계체로 받아들이고, 선과 교를 함께 닦는 오종방편五種方便을 열어서, 선과 교와 율이 하나 되는 삼학등지三學等持의 선풍을 진작하여 중생의 근기에 따라 교화하는 행화일치行化一致의 모범을 보여 주었다.

남종의 혜능은『단경』의 가르침을 통해 삼학일체三學一體의 자성삼학自性三學사상과 정혜쌍수定慧雙修의 선풍을 개연하였다. 특히 자성의 삼학을 자기 스스로가 닦는 자성자도自性自度의 수증방편修證方便을 제시하여 돈오종지頓悟宗旨를 널리 선양하고 있다.

신회는 삼종삼학三種三學을 시설하였다. 즉 제불통계諸佛通誡로 유작삼학有作三學을 제시하고, 망심妄心의 무자성無自性을 깨닫는 것으로 무작삼매無作三昧를 말하고, 마음의 체體·상相·용用인 공空·적寂·조照를 삼학에 배대하여 자성삼학自性三學의 체계를 세웠다. 신회의 삼종삼학은 신수와 혜능의 삼학사상을 함께 계승하여 자신의 관점으로 제시한 삼학체계인 것이다.

그 외 선종의 여러 조사들이 선적을 통해 삼학등지의 종지를 펼치고 있음을 살펴보았다. 특히 영명연수는 보살계의 수지를 통해 계행戒行 없는 선수행에 대한 준엄한 경책을 내리고 있다. 선종의 역대 선사들이 삼학등지의 수행가풍으로 자신의 선풍을 드러내고 있는 것은 공통의 가르침이라고 할 수 있겠다.

그러므로 『선원청규』에서는 선종은 "율을 떠받쳐 안으로 정법을 수호함을 종宗으로 삼는다."라고 주장하고 있다.

오늘날 우리 조계의 후학들이 물질만능의 늪에 빠져 허우적거리며, 계율의 수지 대신 편안함에 안주하고, 선정의 수행 대신 오감만족에 열을 올리고, 지혜의 발현 대신 생계불교에 급급하다면 이를 어찌 청정승가라 하겠는가. 도의 자리에 돈이 차지하는 세속적 타락이 가속화되어 이제는 세상이 승려를 걱정하고, 출가자는 믿을 수 없는 대상이 되고 있다. 출가사문이 출가의 초심을 망각하고 그 모양만 출가상을 유지하고 있고, 먹고 사는 문제가 일대사

一大事를 대신한다면 어느 세월에 삼학을 등지하여 견성도생見性度生할 수 있을는지. 이것이 어찌 남의 탓이고 시절인연 탓이겠는가. 다시 발심하여 분연히 일어나 탐·진·치 삼독을 돌이켜 삼취정계로 바꾸고, 육적의 놀음놀이를 돌이켜 육바라밀의 보현행으로 전개해야 한다.

제4장

천태天台의 계율수행

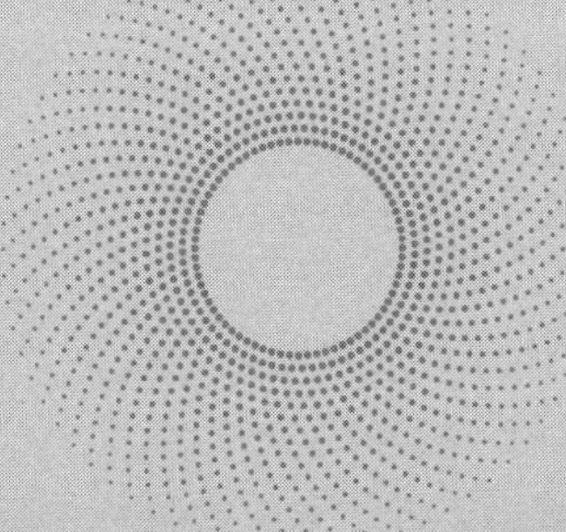

이끄는 말

천태지의대사는 『보살계의소』에서 "악을 짓지 않겠다고 서원하면 바로 계를 받는 것이다."[239]라고 말하였다. 거듭 이르기를, "능히 계를 지니는 마음으로 참된 계를 삼는다."[240]라고 하였다. 서원하는 것도 마음이요 지니는 것도 마음이기에, 그 마음이 곧 계의 체體이기 때문이다. 그러므로 또한 『영락경』을 인용하여 "일체 성인과 범부의 계는 모두 마음으로 계체戒體를 삼는다. 마음이 다함이 없는 까닭에 계 또한 다함이 없다."[241]라고 설하고 있다.

지의대사가 심지心地로써 계체를 삼는 연유에 대해 "마치 사람의 몸에 있는 마음이 만사를 총괄하고 수승한 과위를 일으키니 보살

---

239 天台智者說, 灌頂記 『梵網經菩薩戒義疏』, (이하 『菩薩戒義疏』), (通度寺 靈山律院 발행, 비매품). "誓不爲惡, 卽名受戒."

240 『菩薩戒義疏』. "能持戒心, 以爲眞戒."

241 위의 책. "一切聖凡戒, 盡以心爲體. 心無盡故, 戒亦無盡."

이 의지해야 하는 것과 같다."[242]라고 설명하고 있다. 보살계에서는 불성인 심지心地로써 계체를 삼기 때문에 계를 수지하는 것은 불성을 밝히는 것이 된다.

『범망경』「심지계품」에 설하기를, "일체중생이 다 불성이 있으니 온갖 중생의 뜻과 알음알이, 물질, 정신, 감정 등 모든 마음이 다 불성 가운데 들어 있다. 당래에 부처가 될 인因이 있으므로 마땅히 법신이 언제나 머무느니라."라고 하였다.

우익지욱대사는 『범망경합주』에서 이 부분의 경문을 해석하기를, "이것은 보살계에서 성불의 종자가 정인불성正因佛性임을 강조하는 것이다. 그러므로 이 계로써 종자를 삼나니, 『열반경』에서 이른바, '일체중생에게 비록 불성이 있다 하더라도 반드시 지계로 인한 연후에야 볼 수 있으며, 불성을 보는 것으로 인해 아뇩다라삼보리를 이룬다.'라고 하였다.

이와 같이 심지인 불성을 계체로 삼기에 보살계는 정인불성正因佛性으로 종자를 삼게 되는 것이다. 『기신론』에서 '법성法性에는 물듦이 없음을 아는 연고로 수순하여 시바라밀尸波羅蜜을 수행한다.'라고 하였으니, 그 인연으로 불성을 환히 알게 된다."라고 설하고

242 위의 책. "如人身之有心, 能總萬事, 能生勝果, 爲大士所依."

있다.

이로써 천태대사의 선禪과 계戒에 대한 관점이 명확하게 드러나고 있다. 즉 심지불성을 심지계체로 보아 이를 수지受持하면 계戒가 되고, 심지계체를 정인불성으로 삼아 지관좌선止觀坐禪을 수습하면 선禪이 되는 것이다.

우익대사가 천태지의의 『범망경의소』에 의거하여 『범망경합주』를 찬술한 이유는 그가 주장하고 있듯이 지계성불持戒成佛이 바로 견성성불見性成佛임을 강조하기 위함임을 알 수 있다. 이와 같은 천태대사의 선계일치禪戒一致사상의 전통은 전적으로 우익지욱에게 계승되고 있으며, 심지어 우리나라의 용성선사에게도 영향을 미치고 있다.[243]

천태종을 중심으로 한 원돈율圓頓律의 전승은 천태선의 일심삼관一心三觀으로 『범망경』의 심지계법心地戒法을 회통하고 있는 불성계佛性戒의 입장이라고 할 수 있다. 천태의 원돈율에서는 지켜야 할 계법의 바탕이 심지계(心地戒: 佛性戒)로서의 제법실상諸法實相이므로 율律 밖에 선禪이 없고 선 밖에 율이 있을 수 없다. 천태종에

243 용성선사의 보살계 의식은 남악혜사선사의 「受菩薩戒儀」를 초록하였음을 책 가운데 표기하고 있으며, 심지계품 또한 천태대사의 『菩薩戒義疏』와 지욱선사의 『梵網經合註』에 의거하여 번역하고 설명하고 있다.

서는 또한 『범망경』의 심지계心地戒로써 『사분율』을 회통하고 있기에 선수행이 곧 지계가 되고, 지계의 생활이 그대로 선수행이 되는 것이다. 이것이 천태가 주장하고 있는 선율겸수의 사상이다.

계율이 없는 선행禪行을 조사선이라는 이름으로 계율연수戒律練修를 폄하하거나, 선지禪旨가 없이 계상戒相을 부여잡고 교조적 계율 전수만을 고집하는 편향된 수행풍토는 선율겸행禪律兼行의 정신을 크게 벗어나 있는 것이다.

따라서 선율겸수의 수행가풍을 진작하기 위해서 선원에서는 불생불멸의 심지계를 바탕으로 마음자리[心地]를 밝히는 선수행이 요청되며, 더불어 율원에서는 『범망경』의 심지계체로서 『사분율』을 회통해 나갈 때 비로소 계상에 집착하지 않고 계체를 밝히는 계선일치戒禪一致의 공부가 원만히 이루어질 수 있을 것이다.

선행禪行이 없는 율과 계행戒行이 없는 선은 고목선枯木禪이며, 고목율枯木律이 될 것이다. 만약 선과 율이 서로 융회되지 못하는 수행풍토가 전승되고 있다면 선도 그르치고 율도 그르치게 되어 선과 율 어디에도 이익됨이 없게 된다.

본 장에서는 천태종의 지의智顗선사가 주장한 원돈의 계율사상에 대해 살펴보기로 하겠다. 다만 천태의 선율겸행禪律兼行적 종지에 중점을 두고, 그의 계율에 대한 관점을 정리해 보고자 한다.

—

천태의 계율사상

1. 『범망경』에 대한 견해

천태지의선사는 『보살계의소』에서 『범망경』 상권의 서두 부분을 해석하면서 자신의 보살계에 대한 견해를 자세히 밝히고 있다. 그 가운데 중요한 몇 가지를 발췌하여 지의선사의 계율관을 살펴보도록 하겠다. 먼저 경의 제목이 "범망梵網"임을 경문을 빌려 이렇게 해석하고 있다.

> 부처님께서 대범천왕의 인드라망이 천중문채天重文綵로도 서로 장애하지 않음을 관하시고, 무량의 세계가 마치 그물코와 같아 낱낱의

세계가 각각 같지 않으며, 모든 부처님의 교문敎門도 이와 같다.[244]

이것은 보살이 이 계를 받아 지녀 장차 노사나의 극과를 성취함에 있어서 그 청정한 몸[梵身]을 장엄함에 장애가 없음을 대범천왕의 그물에 비유하여 세운 이름임을 밝히고 있다. 아울러 그 품品을 보살심지菩薩心地라고 한 것 역시 비유하여 이름한 것이라고 설명하고 있다. 마치 사람의 마음이 모든 일을 관장하고 그 결과를 가져오게 하는 것은 땅이 만물을 길러 내는 것과 같음을 비유하여 심지心地라고 표현하고 있다고 하였다.

이어서 노사나불에 대해『보량경』을 인용하여 그 뜻이 "정만淨滿"이라 함을 나타내고, 그 이유가 허물이 다한 까닭에 정淨이라 하며 온갖 덕이 원만하여 만滿이라 한다고 하였다. 석가모니불에 대해서는『서응경』을 빌려 "능유能儒" 혹은 "능인能仁", 직림直林이라 한다고 하였다. 또한 "모니牟尼"란 신·구·의 삼업이 적정함이라고 설명하고 있다.

석가모니불이 마혜수라궁에서 이 심지품을 설하셨다고 하고, 천 석가와 천백억 석가가 각각 인연 있는 이들을 제접하여 모두 노

244 『菩薩戒義疏』. "佛觀大梵天王, 因陀羅網, 天重文綵, 不相障☒, 爲說, 無量世界, 猶如網目, 一一世界, 各各不同, 諸佛敎門, 亦復如是."

사나불의 처소에 이르러 보살계장을 받는다고 하였다.

그리고 이 경은 삼교 가운데 돈교頓教에 해당하며, 불성이 상주함과 일승一乘의 묘지妙智를 밝혔기에 오직 보살들만이 이 가르침의 덕을 입는다고 주장하고 있다. 왜냐하면 보살의 계위는 이승二乘이 행할 수 있는 것이 아니며, 제정한 계의 경중은 소승이 배울 수 있는 것이 아니기 때문이라고 하였다.

보살계는 바로 오십여덟 가지 계를 일시에 제정하고, 성문의 지범持犯은 범함을 따라 제정하여 나누는 것을 이치로 논한다면 근기와 관계된 것이며, 현상으로 논한다면 세 가지가 다르다고 말하고 있다.

> 첫째, 보살은 믿음이 깊어 단박 들으면 거스르지 않는다. 성문은 믿음이 얇아 단박 듣고서도 믿지 않는다. 둘째, 보살은 부처님의 좌우를 항상 따르고 모시지 않음으로 일을 따라 아뢰지 못하는 까닭에 일시에 단박 제정하였다. 성문은 부처님의 좌우를 항상 따르고 모심으로 바로 아뢸 수 있기 때문에 범함을 기다려 비로소 제정한 것이다. 셋째, 『범망경』에서 제정한 것은 노사나불이 묘혜왕자를 위하여 보살계를 줌으로부터 일어난다. 이때에 모든 보살의 계법으로 이 오십여덟 가지를 설할 필요가 있었던 까닭에 일시에 단

박 제정한 것이다.[245]

지의는 보살계와 성문계 제정의 차이를 먼저 보살과 성문의 믿음의 깊고 얕음에 의해 다르게 됨을 설명하고, 다음으로 부처님을 지근至近에서 모시느냐 그렇지 않으냐에 따라 보살은 일시돈제一時頓制, 성문은 수범수제隨犯隨制[246]로 차이가 있음을 말하고 있다.

그리고 『범망대본』은 본래 112권 61품으로 구성되어 있었는데, 오직 열한 번째의 「보살심지품」만을 구마라집이 송출하였음을 밝히고, 상권은 보살의 계위를 서술하였으며 하권은 보살계법을 설했는데 모두 대본으로부터 나왔음을 밝혀서 별도로 『보살계경』이라고 부른다고 하였다.

「서분」에 나아가 첫 게송의 대의를 밝힘에 사계四戒와 삼권三勸이라고 하였다. "네 가지 계[四戒]는 첫째 사나계舍那戒, 둘째 석가계釋迦戒, 셋째 보살계菩薩戒, 넷째 중생계衆生戒이다. 풀어서 말하길, 노사나는 본불이 되어 석가모니불에게 전하여 주니, 석가모니는 적

245 『菩薩戒義疏』. "一大士深信, 頓聞不逆, 聲聞淺信, 頓聞則不受. 二者大士不恒侍左右, 無有隨事隨白, 故一時頓制, 聲聞恒得隨侍, 可有小欲白佛, 故待犯方制. 三者梵網所制, 起盧舍那, 爲妙海王子, 受菩薩戒, 爾時諸大士, 法須說此五十八種, 故一時頓制也."

246 계율을 제정함에 있어서 한꺼번에 모든 계법을 일시에 제정하는 것을 일시돈제라고 하고, 계율을 범하는 것에 따라 그때 그때 제정하는 것을 수범수제라고 한다.

불迹佛(응신불)이 된다. 석가모니불은 계를 받고 다시 모든 보살들에게 전하여 준다. 모든 보살들은 이 계를 받고 다시 범부중생들에게 전하여 준다."[247] 세 가지 권함[三勸]이란, 첫째 받기를 권함이요, 둘째 지니기를 권함이며, 셋째 외우기를 권함이다.

여기서 지의는 본불인 노사나, 적불인 석가, 모든 보살, 범부중생이 보살계로 인하여 하나가 됨을 강조하고 있다. 부처와 보살과 중생이 모두 심지계체를 가지고 있으며, 또한 이 보살계를 수수授受함으로 해서 일체 평등의 불佛지위에 나아가게 되는 것이다. 그리고 계를 받고[受] 지니고[持] 외워서[誦] 서로 전하여[傳授] 끊어지지 않아야 한다[不斷]고 역설하고 있다. 여기서 주목되는 것은 이 계를 받은 석가모니불로부터 모든 보살, 중생에 이르기까지 모두 불계를 외우게 하는 것[誦佛戒]이다. 이것은 이 보살계가 삼세제불의 법[248]이기 때문이라고 말한다. 이 대목에서 지의가 더욱 강조하는 것이 바로 계를 외우게 하는 내용이다. 보살계를 전하고 받는 것[授受]은 계목을 암송하게 하는 것[誦戒]이 가장 특장特長이라고 할 수 있다.

---

247 『菩薩戒義疏』. "四戒者, 一舍那戒, 二釋迦戒, 三菩薩戒, 四衆生戒. 舍那爲本, 傳授釋迦爲迹, 釋迦得此復授諸菩薩, 諸菩薩得此戒, 復傳授凡夫衆生也."

248 "此是三世諸佛之法."

이렇게 믿고, 수지하고, 외우고, 전하여 권유하는 내용으로 경문을 들어 설명하고 있다.

내가 바르게 외우는 이 계법을 자세히 들을지니,
이것은 불법 중에 계장戒藏으로서
따로따로 해탈하는 바라제목차이니라.
대중들은 마음을 다해 믿어라.
너희는 미래에 이룰 부처요,
나는 이미 이룬 부처이니
항상 이와 같이 믿을진대
계품은 이미 구족한 것이로다.

마음을 가진 일체중생은
모두 응당 불계를 받아야 하니
중생이 부처님 계를 받기만 하면
곧바로 부처님의 지위에 들게 되리라.
그 지위 부처님과 같으니
진실한 불자라고 이름 얻으리.

대중들은 모두 공경하여
지극한 마음으로 내가 읊은 계법을 들을지어다.[249]

외우는 계법을 잘 듣고, 마음 다해 믿으면 이미 계품이 구족되었으니, 외우는 자는 이미 이룬 부처요, 믿는 자는 당래 이룰 부처인 것이다. 따라서 마음 가진 일체중생은 모두 마땅히 보살계를 받아야 한다. 수지하기만 하면 곧바로 부처의 지위에 들게 되니, 이를 일러 참불자라고 하였다. 지의는 그 이유에 대해 주석하기를, "이것은 청정한 계로써 원인을 삼고, 바라제목차로 결과를 삼기 때문이다."[250]라고 하였다.

그리고 거듭 말하기를, "마음이 있는 중생은 불성이 있음을 밝힘이니, 마땅히 부처를 이루려면 모름지기 삼취정계를 받아야 한다."[251]라고 강조하고 있다. 이와 같이 지의대사는 보살계가 심지인 불성을 계체로 삼기 때문에, 마음이 있는 일체중생은 응당히 수지하여 심지계체인 불성을 밝혀 당래에 부처를 이루어야 한다고

---

249 『菩薩戒義疏』. "諦聽我正誦, 佛法中戒藏, 波羅提木叉, 大衆心諦信. 汝是當成佛, 我是已成佛, 常作如是信, 戒品已具足. 一切有心者, 皆應攝佛戒, 衆生受佛戒, 卽入諸佛位. 位同大覺已, 眞是諸佛子, 大衆皆恭敬, 至心聽我誦."

250 위의 책. "淨戒爲因, 木叉爲果."

251 위의 책. "明衆生有心, 所有佛性, 要當作佛, 須受三戒也."

강조하고 있다.

지의는 또 정종분을 설명하는 서두에 이렇게 말하고 있다. "바라제목차, 즉 돈계의 모양을 간략히 설하여, 게송으로 계체를 찬탄한 것이다."[252] 이 말은 바라제목차가 돈계頓戒임을 밝힌 것이다. 이로써 천태지의가 설하고 있는 보살계가 원돈계圓頓戒임을 분명히 하고 있는 것이다.

아울러 십중대계와 사십팔경계를 주석하면서 권두에 "가벼운 것은 일으킴이 많으니 무겁게 제정하고, 무거운 것은 드물게 일어나니 가벼운 죄로 제정하였다."[253]라고 하였다. 이는 지의대사가 보살계의 중계重戒와 경계輕戒에 대한 관점을 총괄하여 밝히고 있다고 하겠다. 다시 말하면, 가벼워서 쉽게 범할 수 있는 것은 중계로 제정하고, 무거워서 어렵게 범하게 되는 것은 경계로 제정하였다는 것이다. 대강 이러한 내용들이 지의가 『보살계의소』에서 밝힌 『범망경』 서두 부분에 관한 견해이다.

252 위의 책. "略說木叉, 卽頓戒之相貌, 偈歎戒體."
253 위의 책. "所以輕者, 多起, 是故重制. 重者起希, 輕罪制之."

2. 『보살계의소』의 계상戒相

지의대사는 『보살계의소』에서 계상을 자세히 설명하면서 계를 다음과 같이 분류하고 있다.

> 지금 계라고 말함에는 율의계律儀戒와 정공계定共戒와 도공계道共戒가 있다. 이 이름의 근원은 삼장三藏에 나와 있다.[254]

지의대사는 이를 해석하여 설명하기를, '율律'은 막아 그침이고 '의儀'는 몸가짐이다. 몸의 모든 악행을 그치게 하는 까닭에 '계戒'라고 한다. 또한 '위의威儀'라고 하니, '위威'는 깨끗하고 엄정하여 경외할 만함이고, '의儀'는 궤범軌範이니, 수행인은 엄숙하면서도 자연스러워서 경외할 만하다. 또한 '조어調御'라고 하니, 심행으로 하여 선善을 고르게 한다고 하였다.

그리고 정공계와 도공계에 대해 이렇게 설명하고 있다. 정定은 고요히 섭수함이니, 정에 들어갔을 때 자연히 선행을 하고 모든 악행을 방지하게 된다. 도道는 능통함이니, 참됨을 일으킨 후에는 스

254 『菩薩戒義疏』. "今言戒者, 有律儀戒, 定共戒, 道共戒. 此名原出三藏."

스로 훼범毁犯하는 것이 없다. 초과初果를 얻은 이가 땅을 갈 때 벌레가 스스로 사촌四寸 밖으로 물러난다고 하였으니, 바로 도공력道共力이다. 이 두 가지의 계법은 마음의 수승한 작용이다. 그 힘이 계를 일으키니, 도道와 정定은 율의와 함께 일어난다. 그런 까닭에 공共이라 말한다.

여기서 알 수 있는 것이 바로 율의계와 선정, 지혜가 함께 일어난다는 사실이다. 다시 말하면, 계・정・혜 삼학이 하나라는 것이다. 이로써 지의대사는 지계와 선정이 하나인 선계일치禪戒一致를 강조하고 있는 것이다.

그리고 지의는 보살의 삼취정계에 대해서도 다음과 같이 설하고 있다.

> 섭율의계와 섭선법계와 섭중생계, 이 삼취계명은 『방등경』과 『지지경』에 나와 있으나, 삼장에 통하지 않는다. 보살율의는 모두 삼업을 방지한다. 지금 신구身口의 모양을 좇아 나타나는 것은 모두 '율의'라고 이름한다. '섭선攝善'이란 율의 위에 대보리심을 일으키는 것이니, 일체의 선하지 않은 일을 방지하고 모든 선을 부지런히 닦게 하여 보리원菩提願을 원만하게 한다. '섭생攝生'이란 보살이 중

생을 이롭게 함에는 열한 가지의 일[255]이 있으니, 모두가 만물을 이익되게 하고 널리 중생을 이롭게 한다.[256]

지의대사는 『지지경』에서 설하고 있는 아홉 종류의 계, 즉 자성계自性戒, 일체계一切戒, 난계難戒, 일체문계一切門戒, 선인계善人戒, 일체행계一切行戒, 제뇌계除惱戒, 차세타세락계此世他世樂戒, 청정계淸淨戒를 총결하면 모두 삼취정계에 섭수함이 된다고 주장하고 있다. 연이어 설명하기를, 율의는 능히 마음이 머물게 하고, 섭선은 스스로 불법을 이루고, 섭생은 중생을 성취시킨다. 이 세 가지는 보살의 모든 계를 거두어 마친다. 『영락경』에 이르기를, "율의계는 십바라이를 말하고, 섭선은 팔만사천 법문을 말하고, 섭생은 자비희사를 말하니, 교화가 중생에게 미쳐서 안락을 얻게 한다."라고 하였다.

나아가 지의는 『대지도론』에 설하고 있는 열 가지 계를 나열하

255 십일사十一事: 『유가사지론』에서 중생을 이익되게 하는 일로서 열한 가지를 말하였다. 1. 중생을 이롭게 하는 일은 모두 함께 함. 2. 병든 이를 간호함. 3. 법을 설함. 4. 은혜에 보답함. 5. 고난을 구제하고 번뇌를 해결함. 6. 가난한 이에게 보시함. 7. 덕으로써 중생을 거둠. 8. 중생을 안위케 함. 9. 덕 있는 이를 칭찬함. 10. 허물을 꺾어 고침. 11. 신통으로 허물을 시현하여 중생들이 두려워 피하게 함.

256 『菩薩戒義疏』. "若攝律儀, 攝善法, 攝衆生, 此三聚戒名出方等地持, 不通三藏. 大士律儀, 通止三業. 今從身口相顯, 皆名律儀也. 攝善者, 於律儀上起大菩提心, 能止一切不修善事, 勤修諸善, 滿菩提願也. 攝生者, 菩薩利益衆生有十一事, 皆是益物, 廣利衆生也."

고, 이것을 삼제三諦로 나누어 회통하고 있음을 볼 수 있다. 『대지도론』의 계품에서 설하고 있는 열 가지의 계는 다음과 같다.

> 첫째 불결不缺이요, 둘째 불파不破요, 셋째 불천不穿이요, 넷째 부잡不雜이요, 다섯째 수도隨道요, 여섯째 무착無着이요, 일곱째 지소찬智所讚이요, 여덟째 자재自在요, 아홉째 수정隨定이요, 열째 구족具足이다.[257]

위에서 열거한 열 가지의 의미를 살펴보면, 불결이란 성계性戒를 지님에 그 계의 성질이 무겁고 청정하여 마치 명주明珠를 보호하듯 해야 함이다. 만약 훼범하면 그릇이 깨어진 것과 같아서 불법의 변인邊人이 된다.

불파란 십삼승잔十三僧殘을 지님에 파손됨이 없는 것을 말한다. 불천이란 바일제波逸提 등이다. 만약 범함이 있다면 마치 그릇에 구멍이 나서 새는 것과 같아서 도를 받을 수 없게 된다. 부잡이란 정공계定共戒를 지님이다. 비록 율의를 지니더라도 생각으로 계를 파하는 일을 생각하면 그것을 잡雜이라고 한다. 정공계로 마음을 지

257 위의 책. "一不缺, 二不破, 三不穿, 四不雜, 五隨道, 六無著, 七智所讚, 八自在, 九隨定, 十具足."

키면 욕념欲念이 일어나지 않는다.

수도隨道란 진리에 수순하는 것이니, 견혹見惑을 깨트리는 것이고, 무착이란 진공眞空을 보고 성위를 이루어서 사유혹思惟惑에 대해서 염착함이 없는 것이니, 이 두 가지는 진제眞諦를 의지해서 계를 지니는 것이다. 지소찬계와 자재계는 보살이 중생을 교화함이 부처님께서 칭찬하는 바가 되어서 세간 가운데에서 자재로움을 얻는 것이니, 이것은 속제俗諦를 의거하여 계를 지님을 논한 것이다.

수정隨定과 구족具足의 두 가지 계는 곧 수능엄정首楞嚴定을 따라 멸진정滅盡定을 떠나지 않고 모든 위의를 나타내며, 십법계十法界의 모양을 보여 중생을 인도하여 이롭게 한다. 비록 위의가 일어나 움직이더라도 자연히 항상 고요한 까닭에 수정계隨定戒라고 하였다.

앞의 모든 계는 율의로써 방지하는 까닭에 불구족不具足이라 하였으나, 중도의 계는 갖추어지지 않은 계가 없는 까닭에 구족具足이라 한다. 즉 중도의 지혜를 사용하여 모든 법에 두루 들어가는 까닭에 구족이라 한다는 것이다. 이것은 중도제일의제계中道第一義諦戒를 지니는 것이다. 지의대사는 이로써 율의계와 정공계와 도공계를 회통하고, 나아가 진제의 계와 속제의 계를 중도제일의제의 계로 회통하고 있는 것이다.

3. 『천태소지관』의 계율사상

천태지의대사는 『마하지관』과 『소지관』을 통하여 수행자가 발심하여 수행을 일으켜 지관止觀을 닦고자 한다면 먼저 밖으로 다섯 가지 연을 갖추어야 한다고 하였다. 오연五緣이란, 첫째 계율을 지키는 것이 청정해야 하고, 둘째 의식衣食이 갖춰져야 하고, 셋째 고요한 곳에 한적하게 살아야 하고, 넷째 주위환경의 일을 쉬어야 하고, 다섯째 선지식을 얻어야 하는 것을 말한다.

오연의 첫 번째가 바로 지계청정이니 『불유교경』에 설하기를, "계율을 바르게 따르면 해탈의 근본이 된다. 그러므로 이름을 바라제목차라고 하는 것이니, 이 계율에 의지하여 모든 선정이 일어나며 고苦를 없애는 지혜를 얻게 된다. 이런 까닭에 너희들 비구들아, 계율을 깨끗하게 지키고 훼손하지 말라."고 하였다. 지의대사 역시 이 경을 인용하여 지계를 청정하게 할 것을 당부하고 있다.

> 이 계가 인因이 됨에 의지하여 모든 선정과 괴로움을 멸하는 지혜를 생기게 할 수 있다. 이러한 까닭에 비구들은 계율을 지킴에 청

정히 해야 한다.[258]

지계가 원인이 되어 선정과 지혜가 발현이 된다고 하여 계·정·혜 삼학의 등지를 말하고 있다. 그리고 지의대사는 발심하여 수행하는 세 가지 종류의 수행인이 있음을 설하고 있는데, 이것을 나누는 데에는 지계와 참회의 법을 기준으로 삼고 있다. 먼저 상품上品의 지계인持戒人에 대해 다음과 같이 설명하고 있다.

만약 사람이 불제자가 되기 전에 다섯 가지 무거운 죄[五逆罪]를 지은 적이 없고, 나중에 좋은 스승을 만나 삼귀의와 오계의 가르침을 받아 불제자가 되거나, 또는 출가할 수 있어서 사미십계를 받은 다음, 구족계를 받아 비구 비구니가 되었는데, 계를 받은 이후에 청정하게 지켜서 범한 적이 없다면 이 사람을 이름하여 상품 지계인이라 한다. 마땅히 알라. 이러한 사람이 지관을 수행하면 반드시 불법을 증득할 것이니, 마치 깨끗한 옷이 염색할 때 물들기 쉬운 것과 같다.[259]

---

258 천태지자대사 저, 『천태소지관』, 대연 윤현로 역주, (운주사), p. 38.
259 『天台小止觀』, 위의 책, pp. 38~39.

다음으로 중품中品의 지계인에 대해 다음과 같이 설하고 있다.

만약 사람이 계를 받고 나서 비록 무거운 계[重戒][260]는 범하지 않았다 하더라도 여러 가지 가벼운 계를 훼손한 것이 많이 있는 경우, 선정을 닦기 위해 곧 여법하게 참회하면 이 사람도 역시 계를 지킴이 청정하다고 한다. 능히 선정과 지혜가 생길 수 있는 것이 마치 옷에 더러운 때가 있다 하더라도 만약 깨끗이 빨아 염색하면 역시 물들일 수 있는 것과 같다.[261]

세 번째로 하품下品의 지계인에 대해 이렇게 설하고 있다.

만약 어떤 사람이 계를 받고 나서도 견고한 마음으로 지킬 수 없으면 가볍거나 무거운 여러 가지 죄를 범하는 일이 많다. 소승의 교문에 의지한다면 네 가지 무거운 죄[四重罪][262]는 참회하는 방법이

260 소승에서는 ① 살殺 ② 도盜 ③ 음婬 ④ 망妄의 네 가지 계를 사중계四重戒라 하고, 대승에서는 십중대계十重大戒를 말한다. 위의 사중계에 ⑤ 음주飮酒를 더한 오계에다 ⑥ 사부대중의 허물을 말하는 것 ⑦ 자기를 찬탄하고 남을 헐뜯는 것 ⑧ 베푸는 데 인색한 것 ⑨ 다른 사람의 참회를 받아들이지 않는 것 ⑩ 삼보를 비방하는 것 등이 있다.

261 『天台小止觀』, 위의 책, p. 40.

262 사바라이죄라고 한다. ① 대음계大婬戒 ② 대도계大盜戒 ③ 대살계大殺戒 ④ 대망어계大妄語戒.

없다. 그러나 대승의 교문에 의지한다면 가히 없애 버릴 수 있다. 이런 까닭에 『열반경』에서 말씀하셨다. "불법 가운데 두 가지 뛰어난 사람이 있으니, 하나는 본래 여러 가지 악을 짓지 않는 것이고, 둘째는 짓고 나서 능히 참회하는 것이다."[263]

지의는 설사 계를 받고도 견고하게 지킬 수 없어 많은 죄를 범했다 하더라도 대승의 가르침에 의거해서 지극히 참회하면 멸죄하여 지관을 수행할 수 있다고 주장하고 있다. 그것의 경전적 근거를 『대반열반경』에서 구하고 있음을 볼 수 있다. 『대반열반경』 제17권 「범행품」에서 부왕인 빔비사라왕을 죽인 아사세왕이 괴로워하고 있을 때 의사 지바가 설득하는 부분에 이렇게 설하고 있다.

대왕이시여, 부처님께서 항상 말씀하시기를 "두 가지 선한 법이 중생을 구제할 수 있으니, 하나는 스스로 부끄러워함[慚]이요, 또 하나는 남을 부끄러워함이니라. 스스로 부끄러워하는 이는 스스로 죄를 짓지 아니하고, 남을 부끄러워하는 이는 다른 이를 시켜 죄를 짓게 하지 아니하니, 이것을 참괴慚愧라 하느니라. 참괴가 없는 이

263 『天台小止觀』, 위의 책, pp. 41~42.

는 사람이라 할 수 없고 짐승이라 이름하며, 참괴가 있으므로 부모와 스승이 있고, 형제자매가 있다고 하느니라."고 하셨나이다.

대왕이시여, 신이 부처님께 말씀을 듣기로 "지혜로운 이가 둘이 있으니, 하나는 나쁜 짓을 하지 않는 이요, 다른 하나는 지은 뒤에 곧 참회하는 이니라. 어리석은 이도 둘이 있으니, 하나는 죄를 짓는 이요, 하나는 짓고는 감추려는 이니라. 비록 나쁜 일을 저질렀으나 이내 드러내어 참회하고는 부끄러워서 다시는 짓지 아니하면, 마치 흐린 물에 맑은 구슬을 넣으면 물이 곧 맑아지는 것과 같으며, 또 구름이 걷히면 달이 청명하여지듯이, 죄를 짓고 참회하는 것도 그와 같다."라고 들었나이다. 왕께서 만약 참회하시고 참괴한 생각을 품으시면 죄가 곧 소멸되어 본래와 같이 깨끗하게 되리이다.

이에 대해 천태는 참회법을 소상하게 밝히고 있다. 지의가 떠난 지 오랜 세월이 지난 지금 이 시절에도 계율을 굳건히 지키는 수행자보다는 그렇지 못하고 근기가 하열한 사람이 더 많다. 예나 지금이나 천태가 밝힌 비교적 자상한 참회법을 의지해 지관수행을 닦는다면 선방편이 될 수 있을 것이다. 천태는『소지관』에서 주장하기를, 참회가 이루어지기 위해서는 먼저 열 가지 법을 갖추어야 한다고 하였다.

첫째 확실하게 인과를 믿을 것, 둘째 무겁고 두려운 마음을 낼 것, 셋째 참괴심을 깊이 일으킬 것, 넷째 죄를 멸하는 방법을 구할 것. 이른바 대승경전 가운데 여러 행하는 법을 밝혔으니 마땅히 여법하게 수행하여야 한다. 다섯째 이미 지은 죄를 드러낼 것, 여섯째 죄업이 연이어 서로 이어지는 마음을 끊을 것, 일곱째 불법을 보호하는 마음을 일으킬 것, 여덟째 중생을 제도하여 해탈케 하려는 큰 서원을 일으킬 것, 아홉째 항상 시방의 모든 부처님을 생각할 것, 열째 죄의 성품이 본래 남이 없음[不生]을 관할 것이다.[264]

위에 열거한 열 가지 법을 성취하기 위해서는 도량을 장엄하고, 몸을 청정하게 하고, 정결한 옷을 입고서, 삼보전에 향을 사르고 꽃을 흩으며, 여법하게 수행하여야 함을 밝히고 있다. 그 기간에 대해서는 7일부터 삼칠일까지, 혹은 한 달부터 석 달까지, 내지는 해를 경과하여 오로지 일심으로 참회하고 범한 바 중죄가 소멸되면 비로소 그쳐야 한다고 하였다. 중죄가 소멸된 모습은 다음과 같은 상서祥瑞가 나타날 때 알 수 있음을 말하고 있다.

264 『天台小止觀』, 위의 책, pp. 42~43.

만약 수행하는 사람이 이와 같이 지극한 마음으로 참회할 때 스스로 몸과 마음이 가볍고 예리함을 느끼며, 길하고 상서로운 꿈을 꾼다. 혹은 여러 신령스럽고 상서로운 특이한 모양을 보거나, 혹은 착한 마음이 개발되거나, 혹은 스스로 좌선하는 가운데 몸이 구름 같고 그림자같이 느껴져, 이로 인해 점차 여러 선禪의 경지를 증득하게 된다. 혹은 또 환하게 깨달아 아는 마음이 생겨 법상法相을 잘 알게 되기도 하고, 경을 들은 바에 따라 바로 뜻을 알게 되기도 한다. 이로 인하여 법에 대하여 기쁜 마음이 일어나 걱정과 근심이 없어진다. 이러한 여러 가지 인연이 있다. 마땅히 알라. 이것이 파계하여 수행의 길을 장애하는 죄가 없어진 모양이다. 이로부터 이후에 굳게 금계禁戒를 지키면 역시 계율청정이라고 이름하니, 선정을 수행할 수 있다. 마치 찢어져 더러운 때가 묻은 옷이라 하더라도 만약 훌륭히 보충하여 깁고 깨끗이 빨면 가히 염색이 되는 것과 같다.[265]

이와 같이 참회를 통하여 상서의 모습이 나타나므로 선정의 닦음으로 나아갈 수 있음을 부처님께서는 『대반열반경』「범행품」을 통해 설하고 있음을 볼 수 있다. 경에 설하기를, "선남자여, 보살

265 『天台小止觀』, 위의 책, pp. 44~46.

마하살이 생사를 관찰하는 것을 기쁘다 하고, 대열반을 보는 것을 즐겁다 하느니라. 하품下品은 기쁘다 하고, 상품上品은 즐겁다 하느니라.

계율이 깨끗하므로 몸이 가벼워지고 입에 허물이 없으면 그때에 보살이 보고 듣고 맡고 맛보고 감촉하고 아는 것에 나쁜 일이 없고, 나쁜 일이 없으므로 마음이 편안하여지고, 편안하여지므로 고요한 선정을 얻고, 고요한 선정을 얻으므로 진실하게 알고 보고, 진실하게 알고 보기에 생사를 싫어하고 떠나서 대열반을 얻나니, 이것을 세간의 계율이 아닌 보살이 청정하게 가지는 계율이라 하느니라."라고 하였다.

여기에서 알 수 있듯이, 지의는 대승보살계의 입장에서 참회법을 설하고 있는 것이다. 그리고 지의는 더 나아가 선정수행禪定修行만이 최상의 멸죄 방법임을 강조하고 있다.

> 만약 어떤 사람이 무거운 금계를 범하여 선정의 장애가 두렵다면, 비록 여러 경전의 여러 가지 수행법을 의지하지 않더라도 다만 삼보전에 무거운 참괴심을 내어서 이미 지은 죄를 드러내고 참회해야 한다. 죄가 연이어 계속되는 마음을 끊고, 몸을 단정히 하여 항상 좌선하여 죄의 성품이 공空함을 관하고 시방의 부처님을 생각해

야 한다.

만약 선정에서 나올 때에도 곧바로 지극한 마음으로 향을 사르고 예배하며, 참회하고 계를 암송하고 내지 대승경전을 독송한다. 그리하면 수행의 길을 장애했던 무거운 죄는 스스로 점차 소멸되고, 이로 인하여 계가 청정해지고 선정이 개발된다.

이런 까닭에 『묘승정경』에 말씀하셨다. "만약 어떤 사람이 중죄를 범하고 나서 마음에 두려움이 일어나 죄를 없애고자 한다면, 선정을 제외하고 다른 방법으로는 능히 멸할 수가 없다."[266] 이 사람이 마땅히 한가하고 고요한 곳에서 마음을 거두어들여 항상 좌선하며 내지 대승경전을 독송하면 일체의 무거운 죄가 모두 소멸되고 여러 선禪의 삼매가 자연히 나타날 것이다.[267]

여기서 알 수 있듯이 천태는 『묘승정경』에 나오는 내용을 인용하여, 아무리 무거운 죄를 범했다 하더라도 선정수행을 통해서 능히 소멸할 수 있다는 것을 강조하고 있는 것이다. 『묘승정경』에는 또 이렇게 설하고 있다. "어떤 사람이 하루 이틀 내지 칠일의 선정을 닦으면 무량겁의 극히 무거운 악업이 점점 가벼워지고 오역의

266 "若人犯重罪已 心生怖畏 欲求除滅 若除禪定 餘無能滅."
267 『天台小止觀』, 위의 책, pp. 46~47.

중죄를 지었더라도 다만 선정禪定을 닦으면 자연히 소멸되어 없어진다. 선정의 힘을 제외하고는 없앨 방법이 없다."[268]

설사 아무리 무거운 오역의 죄를 범했더라도 여법하게 선정을 닦아 삼매를 현전하게 되면 일체의 죄업이 모두 소멸된다고 설하고 있는『묘승정경』의 가르침은 일찍이 천태종의 혜사선사와 지의선사가 매우 소중하게 의거했던 경전이다.

특히 지의선사는 평소 이 경전을 즐겨 암송했다고 전해지고 있음에 비추어 볼 때, 결국 참회와 선정수행은 불가분의 관계에 있다고 할 수 있다. 이것이 바로 지계와 선정을 일치시키고 있는 천태의 선계일치禪戒一致, 선율겸행禪律兼行사상의 일단을 드러낸 것이다.

268 『最妙勝定經』"若有人, 能一日二日, 乃至七日, 念修禪定, 於無量劫, 極重惡業, 漸漸輕微. …… 但修禪定, 自然滅除, 除禪定力, 餘無滅者."

『마하지관』의 계율사상

1. 계명戒名과 계상戒相

위에서 이미 『천태소지관』에 언급된 계율과 선정의 관계에 대해 살펴보았다. 주지하는 바와 같이 『천태소지관』은 천태의 『마하지관』을 간략히 정리해 놓은 것이다. 그러므로 『마하지관』에 서술된 계율사상이야말로 천태대사의 원돈율의 결정판이라 말할 수 있겠다. 지금부터 『마하지관』에서 주장하고 있는 천태의 계율사상에 대해 그의 『보살계의소』를 참조하여 살펴보기로 하겠다.

위에서 이미 언급하였듯이 천태지의는 출가수행자는 마땅히 계를 지켜야 한다고 주장하고 있다. 지의는 당시 타락한 불교를 바로 세우기 위해 계율을 지관수행과 엄밀히 배대하여 계율의 규정을 매우 상세하게 설명하고 있다. 먼저 지계에는 네 가지 뜻이 있음을 밝히고 있다.

> 지계청정에는 네 가지 뜻이 있다. 첫째 계의 이름을 나열하고[戒語], 둘째 계를 지님을 밝히며[持戒], 셋째 계를 범함을 밝히고[犯戒], 넷째 참회의 청정을 밝힌다[懺悔].[269]

먼저 계의 이름을 나열한 계어戒語에 대해 언급하고 있는데, 『대지도론』에 의거하여 열 가지 계의 조목을 들고 있다. 이른바 불결계(不缺戒: 결하지 말라), 불파계(不破戒: 파하지 말라), 불천계(不穿戒: 뚫지 말라), 부잡계(不雜戒: 섞지 말라), 수도계(隨道戒: 도를 따르라), 불착계(不着戒: 집착하지 말라), 지소찬계(智所讚戒: 지혜를 찬양하는 바이어야 한다), 자재계(自在戒: 자재를 얻어야 한다), 수정계(隨定戒: 선정을 따라야 한다), 구족계(具足戒: 중도를 갖추어야 한다) 등이 열 가지 계이다. 이 열 가지 계는 통틀어서 성계性戒를 근본으로 한다고 하였다. 성계란 필요에 의해 만들어진 계가 아닌 근본 성품에 고유한 불성계佛性戒를 말하는 것이다.

이것을 『마하지관』에 의거하여 다시 위의 열 가지를 내용에 따

269 『摩訶止觀』 卷第四上, (『大正藏』 제46권), p. 36上.

라 분류해 보면 불결, 불파, 불천의 세 가지 계는 선을 취하고 악을 방지하는 것이고, 개인의 생활과 교단의 유지에 관한 것으로 범부가 평상시에 지킬 수 있는 율의계律儀戒라고 하였다.

부잡계는 마음에 늘 망령된 생각이 섞이지 않아야 하므로 범부가 선정에 들어서야 지킬 수 있는 것으로 정공계定共戒라고 하였다. 수도계隨道戒는 적어도 초과初果를 얻어 진제를 본 성인이 지니는 계이다. 그러므로 범부가 지니는 계와는 다르다.

불착계不着戒는 그 위의 3과를 얻은 성인이 지니는 계이므로 앞의 이승이 지니는 계와는 다르다. 수정계隨定戒와 구족계具足戒는 대근성의 보살이 지니는 계이므로 통교의 보살과 이승과 범부가 지니는 계와는 다른 것이다. 구족계의 의미가 대근성의 보살이 지니는 계라고 규정되어 있는 점은 이미 일반적인 구족계의 통념과는 다른 해석이다.

이와 같이 근기에 따라 지닐 수 있는 계가 서로 다른 것은 이 열 가지 안에는 교단의 유지를 위한 계로부터 미혹을 타파하고 나아가 최상의 선정 가운데서 중도의 뜻을 잘 운용하는 모습까지 다 포함하고 있기 때문이다.[270]

---

270 慧命, 『마하지관의 이론과 실천』, (경서원), pp. 220~221.

위에서 논하고 있는 정공계定共戒와 수도계(隨道戒: 혹은 道共戒)에 대해서는『보살계의소』에서 다음과 같이 설명하고 있다. “정공계는 선정삼매에서 무작無作을 일으켜서 다시 모든 악행이 없다. 도공道共이란 진리의 도를 보는 가운데 일으킨 무작이 마음 위의 수승한 도와 함께한다. 그러므로 도공이라고 한다.”라고 하였다.

지의대사는 또한 원리적인 관점에서 지계를 해석하고 있음을 볼 수 있다. 계를 사계事戒와 이계理戒로 나누고, 사계는 일상생활 가운데서 지켜야 하는 계를 말하고, 이계는 이치로서의 계를 말하는데 이것을 관심觀心의 대상으로 삼아 공·가·중의 삼관으로 구분하고 있다.

> 이법관理法觀으로 마음을 관하고서 지계를 논하여도 구체적으로 능히 위의 십계를 얻어 지닐 수가 있는 것이다. 우선 십계를 묶어서 네 가지 뜻으로 한다. 앞의 네 계는 다만 이것이 인연이 낳은 법이니 통틀어서 관경觀境이라 한다. 다음의 두 계는 바로 이것이 인연이 낳은 법은 공하다고 관하는 것이니 공관지계空觀持戒이다. 다음의 두 계는 인연이란 바로 이것이 가법假法이라고 관하는 것이니 가관지계假觀持戒이다. 다음의 두 계는 인연이 낳은 법은 바로 이것이

중도라고 관하니 중관지계中觀持戒이다.[271]

천태는 이 열 가지 계의 하나하나에서 지止와 관觀을 행함으로써 결국 누구나 계를 지니게 되는 원리를 설명하고 있다. 이렇게 되면 또한 원방편遠方便으로 설해진 지계는 그대로 근방편近方便인 지관법이 되는 것이다.[272] 이와 같이 천태는 지계와 지관, 즉 계율과 선수행을 일치시키는 선율겸수禪律兼修의 입장에서 원돈선圓頓禪과 원돈율圓頓律을 강조하고 있다.

그런데 천태대사는 십선계十善戒 또한 성계임을 주장하고 있다. 십선계란 위에서 말하고 있는 몸의 세 가지와 입의 네 가지인 일곱에다 뜻의 세 가지(貪, 瞋, 癡)를 합한 것을 말한다. 이 십선계는 성계性戒로서 부처님의 출세와 관계없이 세상에 항상 있었던 계이므로 또한 구계舊戒라고도 하였다.[273]

여기서 말하고 있는 성계性戒라고 하는 것은 어떤 필요에 의해 만들어진 계가 아닌, 근본 성품상에서 금계하여야 할 계를 말하는 것이다. 『범망경』에서 설하고 있는 심지계心地戒, 즉 불성계佛性戒를

---

271 『摩訶止觀』 卷第四上, 위의 책, p. 37上.

272 慧命, 『마하지관의 이론과 실천』, (경서원), p. 221.

273 『摩訶止觀』 卷第四上, 위의 책, p. 36上.

말하는 것이다.

『범망경』에 설하기를, "중생이 부처의 계[佛戒]를 받으면 곧 제불의 지위에 든다."고 하였다. 여기서 설하고 있는 불계는 중생의 마음속에 있는 불성계를 지칭하는 것이다. 그러므로 지의대사가 말하는 성계性戒는 중생이 자기의 불성을 개발하는 것을 목적으로 하는 불성계이기 때문에 재가자나 출가자를 가리지 않고 수지할 수 있는 특성을 지니고 있는 것이다.

지의가 밝히고 있는 성계性戒란 곧 계체戒體를 말하는 것이다. 『범망경의소』에서 설하기를, "계체란 일으키지 않았으나 이미 일어난 것으로서 곧 성품이니 무작의 가색이다."[274]라고 하였다. 성품[性], 즉 불성佛性으로써 계체戒體를 삼고 있는 것이므로 성계性戒라고 하는 것이다. 따라서 모든 계는 성계性戒를 근본으로 한다고 말하는 것이다.

> 계는 선정과 도와 함께하나니, 통틀어서 이 계의 이름을 설하고, 통틀어서 성계를 근본으로 한다. 따라서 『(불유교)경』에서 말하기를, 이 계에 의지하고 그것으로 말미암아 능히 선정 및 고苦를 멸하는

274 "初戒體者, 不起而已起卽性無作假色."

지혜가 생긴다고 한 것이 바로 이 뜻이다.[275]

앞 단락에서 이미 언급한 바가 있지만, 『범망경』「심지품」을 다시 인용해 보겠다. "일체중생이 다 불성이 있으니 일체의 뜻과 알음알이[意識], 물질과 마음[色心], 감정과 마음[是情是心]이 다 불성계佛性戒 가운데 들어 있나니, 마땅히 결정된 인因이 항상 있으므로 마땅히 법신이 항상 머문다."

우익선사는 이 부분에 대해 『범망경합주』에서 "마음이 있기만 하면 모두 불성이 있고 불성이 있는 자면 이내 불성계 안에 드나니, 이 묘계妙戒는 온전히 불성의 이체理體에 즉하여 일어나는 바로되 다시 불성을 열어 드러내고 불성을 장엄한 연고로 불성계라 한다."라고 주석하고 있다.[276]

이것을 다시 부연하여 설명하기를, 이 무작계無作戒의 업체業體를 냄에는 다시 셋의 뜻이 있다. 처음은 무작율의無作律儀를 내며, 둘은 정定·도道의 이계二戒를 겸하여 밝히며, 셋은 삼취계법三聚戒法을 다시 밝힌다. 처음의 무작율의를 낸다 함은 천태대사가 "계체

275 『摩訶止觀』卷第四上, 위의 책, p. 36中.

276 천태지자·운서주굉·영봉우익의 주석서들을 종합한 주해, 『범망경보살계본휘해』, 이원정 編, 목정배 譯, (운주사), p. 71.

란 일어나지 않을 뿐인데, 이미 일어나면 성품에 즉하며 무작은 색을 가탁한다[無作假色]라고 했다. 반공磐公이 해석하되 이 계체는 일어나지 않을 따름이니 일어나게 되면 성품을 온전하게 한다. 그러나 성품은 수행으로 서로 이룩되는 것이라 반드시 무작이 있음에는 색을 가탁해야 하나니, 색을 가탁한다 함은 성품은 반드시 색법을 빌려 표현하게 된다고 하였다.[277]

이것은 지의대사가 말한 성계性戒를 체體와 용用으로 나누어 설명한 것이다. 체의 그 자체에서는 일어남이 없지만, 그 작용에 있어서는 성품에 즉하여 일어난다. 이때의 무작은 색을 빌려(가탁하여) 드러나게 되는 것이다. 그러므로 지의는 계체戒體인 성계性戒로써 근본을 삼고 그 작용인 계법戒法으로써 십선계를 성계로 삼고 있다고 보아야 할 것이다.

그러므로 "일체중생에게는 이미 모두 불성이 있는지라 불성은 온갖 법에 두루하여 뜻[意]과 알음알이[識]와 형상[色]과 마음[心]이 있으며, 이 뜻과 마음은 불성계 안에 들지 않음이 없다."라고 주장하게 되는 것이다. 다시 말하면, 천태의 입장에서는 불성의 본체本體로서의 성계와 불성의 작용作用으로서의 성계인 십선계를 함께

277 『범망경보살계본휘해』, (운주사), p. 74.

성계라고 말하고 있다고 보여진다.

여기에 반해 삼귀의계, 오계, 250계 등의 계를 새로운 계란 뜻의 객계客戒라고 말하고 있다. 이와 같이 근본 10종의 계를 얻은 사람은 구족계具足戒를 얻은 사람이라고 하였다. 따라서 부처님께서 "선래비구(善來比丘: 잘 왔구나, 비구야.)"라고 말하면 자연히 이미 구족계가 성취되었던 것이다. 그런데 이 성계는 본래 세상에 있던 계이기 때문에 다음과 같은 공능이 있음을 말하고 있다.

> 성계性戒는 계를 받건 받지 않건 그것을 불문하고 범하면 바로 이것이 죄가 되고, 계를 받았건 받지 않았건 이 계를 지니면 바로 이것이 선善이다. 만일 수계하여 지니면 복이 생기고 범하면 죄를 얻는다. 이 계를 받지 않으면 복은 없고 받지 않고 범하면 죄는 없다. 풀을 베고 축생을 해치는 죄와도 같은 것이다. 마찬가지로 대수참회對首懺悔하면 두 가지 죄가 다 함께 멸한다.
>
> 『대론』에서 말하였다. "계에 어긋나는 것과 무작無作의 죄가 같이 멸할 뿐이다. 그러나 상명(償命: 갚아야 할 생활상의 일)은 여전히 있다. 따라서 알아야 한다. 받아 지니는 계와 성계에는 차이가 있다. 그러므로 사분율의 '문차법問遮法'에서 말하였다.'변죄(邊罪: 사대중죄)를 범하였는가?'" 변죄란 성죄性罪다. 이 계는 우바새계를

장애하는데 어찌 하물며 대계大戒에서랴. 만일 성계가 청정하면 이 것이 계도戒度의 근본이고 해탈의 초인初因이다. 이 성계로 말미암아 무작無作으로 수득되는 계를 지닐 수 있는 것이다.[278]

천태의 주장에 의거하면, 성계性戒는 지계청정의 근본이며, 해탈의 최초 조건이 되며, 무작의 계를 성취할 수 있는 것이다. 여기서 말하는 무작계無作戒란 작계作戒에 상대해서 하는 말이다. 작계란 몸과 입의 동작이 쉬게 되면 함께 없어지지만, 무작계는 항상 상속하여 방비지악防非止惡하는 공능을 나타낸다. 계법은 무표색을 색법으로써 계체를 삼기에 무작無作이라고 하는 것이다. 작계作戒는 계를 받을 때에 법답게 삼업을 동작하는 것으로 보고 듣고 하는 것으로 업체를 삼고, 무작계無作戒는 이때에 작계의 연에 의하여 몸 가운데 생기는 것으로 보고 들을 수 없는 업체業體를 말한다.

즉 무작은 계체戒體를 말함이고, 이미 일어난 것은 곧 성품[性]이니, 무작이며 가색假色이라고 말하는 것이다. 천태는『범망경의소』에서 무작에 대해 자세히 밝히고 있는데, 여기에는 무작이 없음[無無作]과 무작이 있음[有無作]으로 나누어 설명하고 있다.

278 『摩訶止觀』卷第四上, 위의 책, p. 36中.

첫 번째로 전혀 무작이라고 할 것이 없다고 주장하는 연유에 대해서 말하기를, "색色과 심心이 거짓으로 합하여 중생을 이룬다고 말하고, 선과 악은 본래 마음으로 연유하여 일어나니, 달리 완연한 선이나 완연한 악이 있다고 하는 것은 마땅하지 않다고 주장하고 있다. 모든 것은 마음을 가리킬 뿐이므로 악행을 하지 않겠다고 서원하면 바로 계를 받는다고 하기 때문이라고 말하고 있다.

두 번째 견해는 무작이 있다는 것으로서 대소승의 경론이 모두 무작이 있으니, 모두 실다운 법이라고 하였다. 『우바새경』을 인용하여 말하기를, "비유하자면 얼굴이 있고 거울이 있으면 어떤 영상이 나타나는 것과 같다."라고 그 연유를 설명하고 있다. 그리고 또 "이미 계를 지니는 이와 지닐 계가 있으면, 따로 어떤 법이 있는 것이니 곧 무작이다."라고 말하고 있다. 천태는 범망보살대계는 무작이 있음을 설한다고 하였다.

2. 범계犯戒와 참회

1) 범계犯戒

천태는 『마하지관』에서 먼저 계명戒名을 밝히고 다음에 계상戒相에 대해 자세히 설명하고, 그다음으로 계를 범하는 상과 범한 뒤에 어떻게 참회할 것인가에 대해 소상히 밝히고 있다. 먼저 범계상犯戒相에 대해 살펴보기로 하자. 그는 청정한 계를 훼멸하는 것은 어리석은 애욕[癡愛]과 전도된 견해[倒見]를 벗어나지 않는다고 말하고 있다. 이 두 가지가 계의 원수 집안이라고 말하며 『대경』을 인용하여 두 종류의 나찰에 비유하고 있다.

> 비유하면, 어떤 사람이 부낭(浮囊: 구명동의와 같은 주머니)을 몸에 차고서 큰 바다를 건너는데 그때 바닷속에 어떤 나찰이 있었다. 그에게 와서 부낭을 달라고 빌었다. 처음에 바로 순수하게 빌더니 곧 미진에 이르기까지 하여도 끝내 주지 않는 것과 같다. 수행인도 역시 그러하다. 발심하여 계를 지니고 생사의 큰 바다를 건너갈 것을 맹서하면 애愛와 견見의 나찰이 계의 부낭을 비는 것

이다.[279]

애욕의 나찰이 "그대로 하여금 안온하게 열반에 들 수 있게 하리다."라고 말한다. 하지만 이것은 욕락欲樂이 감정을 화락하게 하는 것을 칭하여 짐짓 열반이라고 말하는 것에 불과하다. 비유하면 원숭이가 술을 얻으면 곧 안락을 얻지만 이 안락을 열반이라 속이고 수행인을 속이는 것과 같으니, 애愛를 따라서 휘둘리다 결국 사중계四重戒를 파한다면 이것은 순전히 부낭을 버리는 것으로서, 계를 범한 상[犯戒相]이라고 한다.

만약에 애심愛心이 일어난다 하더라도 절대 부낭을 버려서는 안 된다. 왜냐하면 지금 생사의 큰 바다를 건너가려고 함에 계율이 청정하지 않으면 도리어 삼악도에 떨어지고 선정 지혜가 모두 일어날 수 없기 때문이다. 오히려 "그대는 나를 죽여도 부낭은 얻기가 어렵다."라고 말해야 한다. 이것을 지계의 상[持戒相]이라고 하였다.

다음으로 견見의 나찰로 재색財色을 들고 있다. 만약 재색 때문에 계를 파한다면 이미 앞에서 설명한 바 그대로가 될 것이다. 이

279 『摩訶止觀』 卷第四上, 위의 책, p. 38上.

것은 '이미 일어난 악'이기 때문에 이를 제단하기 위해서는 오로지 한 마음으로 부지런히 정진할 수밖에 없다고 말하고 있다. 만약 견見의 마음이 맹렬히 일어난다면 경계에 따라 죄과가 일어날 것이다. 이것은 깨달음을 장애하는 것으로서 '아직 생기지 않은 악'이라 이름한다. 생기지 않게 하기 위해 역시 부지런히 정진해야 한다고 주장하고 있다.

2) 사참事懺

사계事戒와 이계理戒의 두 가지 계를 범하면 지止와 관觀을 장애하여 선정과 지혜를 일으키지 못하게 한다. 사계 속의 가벼운 과실을 범하는 것은 율문에 의해 참법을 행하여 청정하게 할 수 있다. 계율이 청정하면 장애가 전환되어 지관이 밝아지기 쉽게 된다. 만일 중계를 범했다면 이는 이미 불법이 죽은 사람이 된다.

소승불교에서는 참법이 없지만, 대승불교에 의하면 그 참회를 받아들인다. 만일 사계 속의 중죄를 범했다면, 사종삼매四種三昧와 『보현관경』, 『방등다라니경』, 『청관음경』에 의지하여 참회하여야 한다고 하였다. 만일 과거 현재의 이세二世의 무거운 죄장을 참회하여 사종의 삼매를 수행하려고 한다면 마땅히 순류順流의 열 가지 마음을 알아차리고, 분명하게 과실을 알아야 할 것이며, 또 마땅히 역류逆流의 열 가지 마음을 움직여서 대치하여야 함을 강조하고 있다. 그래서 이 참회는 순류의 10심과 역류의 10심이 근본이 된다고 하였다.

순류의 10심이란 일념의 무명심에서 죄악생사가 전개되는 측면으로서 ① 무명혼암심無明昏闇心,[280] ② 순악우심順惡友心,[281] ③ 무수희심無隨喜心,[282] ④ 종자삼업심縱恣三業心,[283] ⑤ 편일체처기악심遍一切處起惡心,[284] ⑥ 상념악사심常念惡事心,[285] ⑦ 복장죄심覆藏罪心,[286] ⑧ 불외악도심不畏惡道心,[287] ⑨ 무참무괴無慚無愧,[288] ⑩ 일천제심一闡提

280 무시이래의 과거로부터 어두운 식識이 혼미하여 번뇌로 취하여져서 허망하게 인아人我를 헤아리며, 인아를 헤아리는 까닭으로 신견身見을 일으키고, 신견 때문에 망상하고 전도되어, 전도된 까닭으로 탐·진·치를 일으키고, 우치 때문에 널리 모든 업을 짓고, 업이 바로 생사를 유전시킴.

281 안으로 번뇌를 갖추며 밖으로는 악우를 만나서 그릇된 법을 선동하여 아심我心을 권유, 유혹하여 배가되어 융성함.

282 안팎의 악연들이 이미 갖추어져서 능히 안으로 선심善心을 멸하고 밖으로는 선사善事를 멸하며, 또 남의 선에 대하여 수희함이 없는 것.

283 삼업을 멋대로 자행하고 행하지 않는 악이 없음.

284 일이 넓혀지지는 않더라도 악심이 두루 다 퍼짐.

285 악심이 상속되어 밤낮으로 끊어지지 않음.

286 과실을 덮어 감추고서 다른 사람이 알기를 바라지 않음.

287 노호(魯扈: 어리석고 둔한 성품)가 저돌(底突: 밑바닥을 뚫을 정도로 극심함)하여 악도를 두려워하지 않는 것.

288 부끄러움도 뉘우침도 없음.

心[289] 등을 말한다.

이러한 순류의 10심을 대치하는 것이 역류의 10심인데, ① 정신인과심正信因果心, ② 자괴극책심自愧剋責心, ③ 포외악도심怖畏惡道心, ④ 발로심發露心, ⑤ 단상속심斷相續心, ⑥ 발보리심發菩提心, ⑦ 수공보과심修功補過心, ⑧ 수호정법심守護正法心, ⑨ 염시방불심念十方佛心, ⑩ 관죄성공심觀罪性空心 등을 가리킨다.

정신인과란 인과는 결정적으로 극복되기 어렵다는 것을 바르게 믿는 것이며, 자괴극책이란 스스로 부끄러워하여 가책하는 것이며, 포외악도란 삼악도를 무서워하고 두려워하는 것이며, 발로란 마땅히 드러내어서 하자(瑕疵: 흠결과 잘못)를 덮어 버리지 않음이며, 단상속이란 상속의 마음을 끊는 것이며, 발보리란 보리를 얻으려는 마음을 일으키는 것이며, 수공보과란 공덕을 닦아서 과오를 보충하는 것이며, 수호정법이란 정법을 수호하는 것이며, 염시방불이란 시방의 모든 부처님을 생각하는 것이며, 관죄성공이란 죄의 자성이 공함을 관하는 것을 말한다. 이 역류의 10심은 삼제실상三諦實相을 관찰하여 도의 본체가 공임을 통달하여 이참理懺을 이루는 것이다.

---

289 인과를 물리쳐 없애고서 일천제(불도수행의 기근이 전무한 자)로 되어 있는 자.

이것을 바로 열 가지 참회[十種懺悔]라 한다. 열반의 길을 따라서 생사의 흐름을 거슬러 가니 능히 사중오역의 과오를 멸할 수 있다. 만일 이 10심을 깨닫지 못한다면 전혀 옳고 그름을 알지 못하니 참회라고 말할 수 없는 것이다. 이것이 사법事法 속의 중죄를 참회하는 법을 설명한 것이다.

3) 이참理懺

이참이란 견혹見惑의 죄를 참회하는 것을 말한다. 견혹이란 이법理法의 미혹이므로 이 참회를 이참이라 하는 것이다. 견혹인 까닭에 생사의 흐름을 따르는 것이 앞에서 말한 사법과 동일하다. 견혹을 참회하는 것 또한 열 가지 법에 관련하여 밝히고 있다.

첫째, 불신不信을 뒤집어 파하는 것이니, 바로 견혹의 마음에 점을 찍어서 무명과 고苦와 집集을 알게 하는 것이다. 『대경』에 "일념의 마음에 의하여 모두 다 능히 무량한 생사를 헤아릴 수 있다. 이것을 불가사의라고 의심한다."라고 하였다. 따라서 깊은 믿음은 불신을 파한다고 이름한다.

둘째, 중죄의 참회를 일으키는 것인데, 나의 마음속에 삼제[空·

假·中]의 이법을 보지 않는 것을 참괴하는 것을 말한다. 견혹의 마음으로 짓는 삼제의 이법을 덮어 버리니 삼종의 인천에 미치지 못하는 것이다. 이런 연유로 참괴하는 것이며, 그 무참괴의 마음을 뒤집어 파하는 것이다.

셋째, 무서워하고 두려워한다는 것은 견혹의 마음으로 죄를 짓고 이 과오가 깊고 무거움을 아는 것을 말한다. 『대론』에서 말하길, "모든 부처님께서 공空의 뜻을 설하신 것은 모든 견혹을 여의게 하기 위함이며, 만일 또 공이 있다고 본다면 모든 부처님께서 교화하시지 않은 바이다."라고 하였다. 견혹으로 말미암아 윤회의 고통을 받게 되었으니, 삼악도를 두려워하지 않는 마음을 뒤집어 파하는 것이다.

넷째, 발로한다는 것은, 종래의 모든 견혹에 애착을 낳고, 이 삼제를 덮어서 능히 결정적으로 믿음을 낳을 수가 없었다. 지금은 견혹의 과실을 알고 삼제의 의심을 물리침을 일으켜서 감추고 없애는 일이 없이 그 삼제의 성품을 나타낸다. 이것이 발로하여 죄를 덮어 감추는 마음을 뒤집어 파하는 것이다.

다섯째, 상속되는 마음을 끊는 것인데, 삼제의 관이 간단하게 작용해서는 안 된다. 팔정도로써 삼혹의 마음을 고치고 끊어서 습득하지 말아야 한다. 이것이 상속해 나가는 마음을 뒤집어 파하는 것이다.

여섯째, 보리심을 일으키는 것인데, 바로 이것이 삼제의 이법을 연하되 모두 다 허공과 같게 하고 공空하면 바로 가假가 없이 일체 중생을 가엾고 불쌍히 여겨서 널리 도탈시킨다.

일곱째, 공덕을 닦아서 과오를 보충한다는 것은 삼제의 도품道品은 보살의 보거寶炬다라니(보배로서의 횃불)이다. 이것은 수행도의 법으로써 열반의 문을 향해 간다. 이와 같은 도품이 순간순간 이어져 나가는 것은 바로 공덕을 닦아서 과오를 보충한다는 것이다.

여덟째, 정법을 수호한다는 것은 옛날에는 견혹을 지키고 타인으로 하여금 파하게 하지 않고 방편으로 말하였지만, 지금은 삼제의 모든 공을 지키고서 견혹으로 하여금 파하게 하지 않는다. 몸을 버리고 법을 보존하는 것이 부모가 지식을 키우는 것과도 같게 한다. 이것이 선사善事를 무너뜨리는 것을 뒤집어서 파하는 것이다.

아홉째, 시방의 부처님을 염한다는 것은 천만억 겁 동안 부처님의 명자도 듣지 못했지만, 지금은 삼제三諦를 염하여 오지도 않고 가지도 않음이 바로 부처님이며, 무생법無生法이 바로 부처님인 것이니, 항상 삼제의 이법으로 지켜진다. 이것이 나쁜 벗과 친한 것을 뒤집어 파하는 것이다.

열째, 죄의 자성이 공空함을 관하는 것은 하나의 공이 일체의 공이며, 공은 죄의 본성에 즉하며 죄의 자성이 공에 즉하는 것이니, 이것은 전도된 마음을 뒤집어 파하는 것이다.

이 열 가지 참회를 운용할 때 깊이 삼제를 관하고 또한 사법事法을 더하여서, 은근하고도 심중한 마음으로써 몸과 목숨을 아끼지 않는 것을 이름하여 제이第二의 건아健兒라고 한다.

이상의 참회를 사참, 이참의 두 가지 참회법이라 하는데, 수도를 장애하는 죄를 멸하고 계율이 청정한 삼매를 현전하며 지관을 개발하게 되는 것이다. 사계事戒가 청정하게 되면 근본삼매根本三昧가 현전하며 세간지와 타심지가 개발되고, 무생의 계가 청정하면 진제삼매眞諦三昧가 현전하니 일체지가 개발된다.

가假에 즉하는 계가 청정하면 속제삼매俗諦三昧가 현전하고 도종지道種智가 개발된다. 중도에 즉하는 계가 청정하면 왕삼매王三昧가 현전하며 일체종지一切種智가 개발된다. 이와 같이 삼제관의 삼매가 성취되기에 '왕삼매'라고 이름하지만 일체의 삼매가 모두 다 그 속에 들어가는 것이다.

또한 능히 일체의 선정을 출생할 수 있어서 구족하지 않음이 없는 까닭에 '지止'라 하고, 또한 능히 일체의 모든 지혜를 구족하지 않음이 없으므로 '관觀'이라고 한다. 이와 같이 지계가 청정한 것과 간절히 참회하는 것은 다 지관止觀을 닦는 첫 번째 조건을 이루는 것이 된다.[290] 그러므로 지계持戒가 그대로 지관止觀이 되는 계관일치戒觀一致 즉 선율겸행禪律兼行이 이루어지게 되는 것이다.

290 『摩訶止觀』卷第四上, 위의 책, p. 41中~下.

맺는말

천태지의는 천태종을 실질적으로 개창한 조사로서 교관겸수教觀兼修를 주장하여 교학과 선수행을 일치시키고 있으며, 또한 선율겸수禪律兼修를 강조하여 계율의 준수와 선수행을 하나로 일치시키고 있다.

천태는 상좌부의 사분율로써 수계의 바탕을 삼고, 더 나아가 대승율인 보살계로써 계체戒體를 삼아 대소승율을 회통하고자 하였다. 즉『범망경』의 불성계佛性戒를 계의 본체로 하여, 계의 본체인 성품을 깨닫는 것[見性]을 목적으로 하는 선수행과 지계를 하나로 일치시키고 있는 것이다. 이것을 원돈율圓頓律이라고 하였다.

이러한 수행가풍은 달마선의 오가칠종의 하나인 법안종의 조사 영명연수에게 영향을 미치고 있으며, 명말 운서주굉과 우익지욱에 의해 계승되었다. 그리고 우리나라에서는 용성에 의해 그 가풍이 계승되고 있다.

천태의 계율에서 가장 중요한 점은 초기 대승에서 주장한 십선계를 성계性戒로 받아들이고 있다는 점이다. 다시 말하면, 초기 대승불교에서 제정하고자 했던 계율은 출가자의 율도 아니고 재가자의 계도 아니었다. 양자를 포섭한 공통윤리에 입각하여 가장 적합하다고 판단된 것이 바로 육바라밀이요, 십선도十善道였던 것이다.[291] 불성의 본체가 계체로서 성계라면, 불성의 작용인 십선법 또한 계법으로서 성계가 되는 것이다.

『범망경』에 설하기를, 비록 깨닫지 못한 중생이지만 부처님의 계를 수지하게 되면 바로 모든 부처님의 지위에 바로 들어갈 수 있다고 하였다. 여기서 말하는 부처님의 계란 천태의 『범망경의소』에 의거하면, "상락아정의 크나큰 계[常樂我淨之大戒]"이니 곧 상주불성常住佛性이며, 나도 없고 나 없음도 없으며[無我無無我], 항상함도 없고 덧없음도 없는[無常無無常] 법계의 실상[法界實相]인 것이다.[292]

마음이 있는 중생은 지금 비록 번뇌 망상 속에 있어도 망념이 본래 공하지만 여래장은 실로 공하지 않아, 이미 부처님의 계[佛戒]

---

291 원영, 「삼취정계의 형성과 자서수계」, 『大覺思想』 第 十輯, p. 51.
292 학담, 「龍城震鍾禪師의 圓頓律사상과 禪律兼行의 선풍」, 『大覺思想』 第十輯, p. 287.

속에 있는 것이다. 중생(不覺의 중생)이란 새롭게 깨달음을 이루어 가야 할 당위를 안고 있는 중생(始覺의 중생)이지만 이미 부처님의 크나큰 계 속에 있는 중생(本覺의 중생)이므로, 새롭게 깨달음의 마음을 일으켜 여래의 처소에 이르면 "잘 왔구나, 비구여[善來比丘]."라고 말할 때 "계가 구족되는 것[具足戒]"이며, 이 계를 받으면 곧 부처님의 지위에 들어가는 것[入佛位]이다.

이와 같이 부사의법계不思議法界 즉 법계실상法界實相을 계의 바탕[戒體]으로 삼아 이 계체로부터 자연스럽게 발현되는 것이 또한 십선도十善道임을 강조하여, 십선계가 바로 성계性戒라고 주장하는 것이 천태의 원돈율사상이다. 원돈율에서는 계율을 수지하는 것[持戒]과 지관[止觀]을 수습하는 것이 결코 둘일 수 없으므로 계선일치戒禪一致 혹은 선율겸행禪律兼行이 이루어지는 것이다.

부록

천태지의의 규범

수나라의 사문 관정이 편찬한『국청백록』에는 사원 자체에서 제정한 내규에 해당하는 몇 가지 조항이 설정되어 있다. 이 규범은 천태지의가 도반들과 더불어 수행하면서 제시한 것으로 중국에 전래된 율장과는 다른 문중 개념의 성격을 지니고 있다. 여기에 소개하는 규범을 통하여 중국 수나라 시대에 천태종의 사찰에서 어떤 원칙을 준수하였고 어떤 수행을 하였으며 규범을 위반한 경우에는 어떤 벌칙을 가했는지 엿볼 수가 있다.『국청백록』제1권의 서문에서는 새롭게 규범을 제정해야 하는 필요성을 말하고, 이어서 열 가지 반드시 지켜야 할 사항을 열거한다. 그것을 요약하면 다음과 같다.

첫째는 독살이를 하는 경우는 예외이겠지만 대중살이를 할 경우에는 좌선은 승당에서 해야 하고, 참회는 별장에서 해야 하며, 승단의 모든 업무를 익혀야 한다. 이와 같은 세 가지를 실천하는 사람으로서 삼의육물三衣六物의 도구를 갖추고 대중을 따라 수행하면 비로소 회원으로 받아들인다. 만약 삼의육물을 갖추지 않거나 대중과 함께하지 않으면 회원에 가입할 수가 없다.

둘째는 승당에서 수행하는 사람은 본래 하루에 네 차례의 좌선수행[四時坐禪]과 여섯 차례의 예불수행[六時禮佛]을 매일의 업무로 삼는다. 그래서 좌선 네 차례와 예불 여섯 차례 등 매일 열 차례는 반드시 준수해야 한다. 별도의 업무가 있는 사람도 그 일을 처리하는 데에 3일로 한정하고 이후에는 대중들과 마찬가지로 열 차례의 수행을 준수해야 한다. 만약 여섯 차례의 예불에 한 차례라도 빠진다면 대중에게 삼배三拜의 참회를 해야 한다.

그리고 만약 여섯 차례의 예불에 모두 빠지는 경우가 한 번만이라도 발생한다면 일차적으로 유나에게 일임한다. 사시四時 좌선의 경우도 마찬가지이다. 부득이한 경우는 제외되는데 이 경우에도 먼저 지사에게 알려야만 벌을 받지 않는다.

셋째는 육시예불의 경우 비구승은 반드시 입중의入衆衣를 수해야 한다. 입중의에는 수중동물이나 육상동물의 문양이 없어야 한다. 그리고 만약 비단으로 만든 경우도 안 된다. 세 차례의 종이 울리면 재빨리 집합하여 좌복을 깔고 향을 피우며 호궤합장을 한다. 그리고 반드시 창송에 맞추어 합송해야 한다. 제멋대로 잡담해서도 안 된다. 고두叩頭하거나 탄지彈指의 경우에 넘어지거나, 신발을 끌거나, 절할 때와 일어설 때의 동작이 엇박자가 되어서는 안 된다. 이런 경우에는 모두 벌칙으로 대중에게 십배十拜의 참회를 해야 한다.

넷째는 별도로 수행[別行]하는 것이다. 이것은 대중과 더불어 수행하는 가운데 게으름을 피우는 사람에 대하여 특별히 사종삼매에 정진하여 수행토록 하는 것이다. 도량에 따라서는 별행別行이라 부르지 않는 경우도 있었는데 그 경우에 조사를 통해서 게으름을 피운 사실이 밝혀지면 그에 대한 벌칙은 일차적으로 유나에게 일임한다.

다섯째는 지사승知事僧의 업무는 도량의 안립과 이익을 담당한다. 그런데 지사승이 도량 살림에 손해를 입히고 대중에게 피해를 주면서 자신의 이익을 도모하고 개인적으로 일을 처리하여 비리가 눈곱만치라도 생긴다면 비록 그것이 대중을 위해서였더라도 드러내지 말고 조사를 통해서 사실이 드러나면 추방한다.

여섯째는 하루 두 번의 공양[二時食]에 대한 것이다. 만약 현재 병든 몸이 아니라든가, 병으로 갑자기 몸져누운 경우가 아니라든가, 병이 다 나은 경우 등은 반드시 공양간에 나와서 공양해야 하고, 그 밖의 장소에서 공양해서는 안 된다. 대중이 모여서 하는 공양의 경우에 철발우鐵鉢盂와 와발우瓦鉢盂는 허용한다.

그러나 독특한 향기가 나거나 기름이 묻은 그릇, 사발·잔·숟가락·젓가락의 재질이 뼈·뿔·대나무·나무·박·옻칠한 것·가죽·조개껍질 등으로 만들어진 것을 공양간에서 사용해서는 안 된다. 또한 자기의 발우를 닥닥 긁어 댄다든가 후루룩 소리를 내면서 국물을 마신다든가 쩝쩝 씹는 소리를 낸다든가 음식을 입안에 머금은 채 이야기를 해서는 안 된다. 또 사사로이 국물이나 반찬을 더 달라고 한다든가 남들은 다 마쳤는데 혼자만 늦게까지 먹는 것도 허락되지 않는다. 이런 것을 범하면 대중에게 삼배의 참회를 해야 한다.

일곱째는 대중들이 지켜야 할 사소한 주의사항에 대한 것이다. 가까이 나가든 멀리 나가든 도량 안에 있든 도량 밖에 있든 언제나 생선이나 고기나 오신채나 술 등을 훔쳐 먹어서는 안 되고, 또한 정해진 공양 시간이 아닌 때에 먹어서도 안 된다. 만약 조사를 통해서 사실이 드러나면 추방한다. 단 병이 위독하다든가, 치료를 위해 의사의 처방전에 따르는 경우라든가, 도량을 떠나서 치료할 경우에는 처벌되지 않는다.

여덟째는 승가라는 말은 화합이라는 뜻이다. 화평하고 용서하는 것은 화和이고, 도리에 맞게 행동하고 겸손한 것이 합合이다. 그러므로 큰 소리를 낸다든가, 욕설을 한다든가, 화난 얼굴을 하면서 다투어서는 안 된다. 다투는 일이 생기면 쌍방 모두가 대중에게 30배의 참회를 해야 한다.

그러나 다툼을 걸었어도 그에 상대하지 않은 자는 처벌하지 않는다. 신체나 손발을 통해서 물리적으로 해를 가한 자는 그 경중을 불문하고 추방한다. 그러나 이 경우에도 신체나 손발로 상대하지 않은 자는 처벌하지 않는다.

아홉째는 십중금계를 범한 자는 율에 따라 다스린다. 그러나 무고하게 비방한 일이 발생한 경우에는 비방을 당한 자는 처벌하지 않지만 비방한 자는 추방한다. 만약 학인으로서 입중 이전에 범한 과실이 있다면 문제 삼지 않는다. 왜냐하면 학인의 신분이었을 때는 정식 대중에 소속되지 않았기 때문이다. 그러나 자신이 스스로 비구라고 말하면서 대중에 참여한 이후부터는 십중금계를 범하여 타인을 비방한 경우는 위에서 서술한 바와 같이 처벌한다.

열째는 이상은 경전에 의거하여 주의사항을 세운 것으로 마치 병에 따라 약을 쓰는 것과 같다. 그러나 처방전에 들어 있지 않다고 하여 이미 먹은 약을 토해 버린다면 무슨 효험이 있겠는가. 만약 위에서 언급한 아홉 가지 주의사항을 지키는 사람이라 하더라도 참회할 때마다 참괴심이 없고 스스로 새로운 각오를 다지지 않는다면 그것은 이미 먹은 약을 토해 버린 사람과 마찬가지이므로 대중으로부터 추방해야 마땅하다.

그러나 만약 마음을 고쳐먹고 새롭게 입중入衆한다면 그 경우는 허락한다. 위의 모든 원칙을 범했다고 하더라도 대중은 용서하는데도 요지부동으로 참회마저 받아들이지 않는 사람이 있다면 그는 도리에 맞는 사람이 아니다. 대중의 결정에 따르지 않는 그런 사람이 있다면 추방해야 한다.

다음으로 예경하는 규범에 대해서는 용수대사의 『십주비바사론』에 주로 의거하고 그 밖의 제경의 뜻을 통하여 보조로 삼고 있다. 하루 낮과 밤 동안에 때로는 여법하게 하고 때로는 생략하기도 한다. 하루 여섯 차례의 예경 가운데 아침과 한낮에는 예경만 생략하고 나머지 좌선·참회·독경의 세 가지 의례는 이행한다. 초저녁에는 한낮에 하는 10불명호만 그대로 예경하고, 한밤중과 새벽녘에는 보례법을 행한다. 이 경우에 먼저 비로자나불을 비롯하여 일체 현성에 이르기까지 23정례를 하고 나서, 다시 범천을 비롯하여 천태산의 신령 및 기타에 이르는 모든 존재를 돌봐 주시는 제불께 참회의 12정례를 하고, 제불을 청하고 수희하며 회향하고 발원하는 정례를 하고, 다시 보례법을 실천하는 것으로 되어 있다.

이 밖에 천태지의 자신이 지사인으로서 내규를 어떤 자세로 이끌어 갔는지 그 경험을 통하여 간곡하게 말하고 있다. 이를 통하여 사원에서 어떻게 대중의 질서를 운용했는가 하는 그 일례를 엿볼 수가 있다.

이와 같은 지의가 제정한 규범은 계율이 중국불교에 뿌리를 내리면서 상황에 적절하게 대응 내지 창조적인 운용의 사례에 속한다. 그러나 보다 본격적으로는 이후 시대에 해당하는 선종에서 청규라는 모습으로 출현하여 소위 계율의 완전한 중국적 변용으로 정착되어 갔다.

김호귀 「중국불교의 계율과 청규의 출현」 중 발췌

제5장

청규와 수행

이끄는 말

옛 조사가 말하기를, "물고기가 용이 되어도 몸에 있는 비늘은 변하지 않고, 범부가 성인이 되어도 인간의 모습은 바뀌지 않는다."라고 하였다. 이 말은 불이중도不二中道의 입장에서 번뇌가 곧 보리이며[煩惱卽菩提], 생사가 곧 열반이며[生死卽涅槃], 중생이 곧 부처임[衆生卽諸佛]을 밝힘과 동시에, 깨닫기 전이나 깨달은 후에도 자리이타의 보현행원(수행)은 변함이 없다는 것을 강조한 말이기도 하다. 그러므로 조사가 강조하기를, "유위를 다함이 없고[不盡有爲], 무위에 머물지도 않는다[不住無爲]."라고 하였으며, 아울러 "스스로 깨닫지 못해도 먼저 남을 제도하라[自未得度先度他]."[293]고 하

293 이 말은 본래 『열반경』의 게송인데, 하택신회가 『단어』에 인용하고 있다. 그 전체 게송은 다음과 같다. 발심과 구경은 둘이 아니지만[發心畢竟二不別], 그 가운데 발심이 더욱 어렵다[如是二心先心難]. 스스로 깨닫지 못해도 먼저 남을 제도하니[自未得度先度他], 그러므로 초발심에 경례하네[是故敬禮初發心]. 초발심 보살은 이미 인천의 스승

였다.

오늘날 우리 수행 납자들은 어떤 측면에서 보면 깨달음지상주의에 경도되어 있지 않나 염려되는 부분이 있다. 즉 깨닫기 위한 좌선수행 이외의 일체 다른 행위는 무가치한 것으로 치부하고, 깨달음 한 방이면 일체 모든 것이 해결되어 별천지의 삶이 전개되는 것으로 착각하여, 마치 감나무 밑에 누워 홍시가 입에 떨어지기를 기다리고 있는 무사안일의 수행 행태를 연출하고 있지는 않는지 염려된다.

조사선의 전통에서 살펴보면 수행과 깨달음이 일치되는 "수오일여修悟一如"의 수증방편修證方便이 핵심사상으로 제기되었다. 이른바 수오일여란 수행과 깨달음의 일치, 즉 수행이 그대로 깨달음으로 발현되고 깨달음이 바로 수행으로 회향되는, 그래서 수행이 곧 깨달음이 되고 깨달음이 바로 수행이 되는 경지를 말하는 것이다.

이와 같은 수오일여修悟一如의 입장에서 보면 비록 구경에는 깨달음을 성취해야 하겠지만, 수행자는 깨달음의 여부보다 언제 어디서나 깨어 있는 수행 그 자체가 더욱 중요한 덕목이 된다. 모든 대승경전에서 설하고 있는 중생본래성불衆生本來成佛의 교설에 의

이니[初發已爲人天師], 성문과 연각보다 뛰어나네[勝出聲聞及緣覺].

거하면, 모든 중생은 이미 깨달아 있는 본각本覺의 입장에 서 있다. 물론 본각을 여읜 불각不覺의 입장인 중생에 있어서는 다시 수행을 통하여 본각에 합치되는 시각始覺이 요청됨은 불문가지이다.

그렇다 하더라도 더욱 중요한 것은 본래성불이라는 본각이 존재함으로써 밖을 향해 다시 깨달음을 만들거나 구할 필요가 없다는 사실이다. 깨달음의 성취와 무관하게 이미 깨달음은 중생에게 갖추어져 있기 때문이다. 따라서 일체중생이 모두 갖추고 있는 불성, 즉 자성청정심自性淸淨心을 돈오함이 조사선 수행의 백미가 되는 것이다.

마조선사는 마음이 곧 부처[卽心是佛]라고 설하고, 또한 평상심이 도[平常心是道]라고 주장하여 도는 닦을 필요가 없다[道不用修], 혹은 도는 닦음의 영역에 속한 것이 아니다[道不屬修]라고 설파하였다. 마음이 곧 부처이며, 평상심이 그대로 도라고 한다면 도와 마음은 닦아서 이루어지는 것[有修之修]이 아니라, 닦음이 없는 닦음[無修之修]이 되어 일상의 삶 그대로가 수행이요, 깨달음의 발현으로 나타나게 될 것이다.

그러므로 부처를 선발하는 도량이요[選佛場], 평상심의 수행 현장인 총림의 일상 역시 청정한 규범[淸規]의 실천으로 나타날 수밖에 없다. 따라서 선원(총림)의 일상수행은 청규 그 자체가 되는 것이다.

백장선사는 선종을 율종사원으로부터 독립시키면서 선종만의 고유한 수행가풍을 위해 기존 대소승계율을 바탕으로 하여 선종 특유의 청규를 제정하였다. 이른바 청규淸規란 선종의 총림(선원)에서 수도하는 청정한 대중[淸淨大海衆]이 성불도생成佛度生하기 위하여 지켜야 할 규범[規矩準繩]을 말한다.

찬녕선사가 『송고승전』에서 "천하의 선종이 마치 바람이 풀을 눕게 하는 것과 같이, 선문의 독자적인 수행도 회해선사로부터 비롯되었다."[294]라고 주장하고 있듯이 진정한 선종의 수행은 『백장청규』로 말미암아 시작된 것이다.

그리고 『백장청규』 제정 이래 종색선사의 『선원청규』 및 덕휘선사의 『칙수백장청규』 등 여러 청규의 제정에 힘입어 선종은 자주적 선풍을 진작하며 오늘날까지 끈질긴 생명력으로 발전해 올 수 있었다. 그러므로 청규와 수행은 불가분의 관계로서 둘이자 하나이며, 하나이자 둘인 것[二而不異]이다. 오늘날 우리 수행자들이 청규를 떠나서 수행을 말할 수 없고, 수행을 여의고 청규를 논할 수 없는 이유 또한 여기에 있는 것이다.

혹자는 말하기를 청규의 제정과 수행의 실천은 아무런 상관관

---

294 『宋高僧傳』, (『大正藏』 제50권, p. 771上). "天下禪宗, 如風偃草, 禪門獨行由海之始也."

계가 없다고 한다. 그러나 이러한 견해는 선종이 『백장청규』로 인해 독립되었으며, 또한 선종의 가장 선종다운 정체성이 청규의 제정과 실천에 있었으며, 선원의 청정 수행가풍 역시 청규를 떠나 이루어질 수 없음을 간과한 것이다.

오늘의 조계종 및 그 선원의 수행풍토에 대해 반성적 고찰을 해보면, 그 어느 시대보다도 윤리적 긴장과 실천적 규범이 해이해진 시대를 살아가고 있음은 엄연한 사실이다. 따라서 수행풍토 쇄신과 선종 종지宗旨의 선양을 위해 우리의 수행생활에 살아 숨쉬는 선원청규의 정신을 재조명해 보고자 한다.

이에 청규로부터 정초된 수행전통을 통해 청규의 의의와 수행 및 청규 속에서 실천되고 있는 계율과 수행의 내용, 그리고 좌선과 보청의 실시로 인한 선농겸수禪農兼修에 대해 차례로 천착해 보고자 한다.

청규 제정의 의의

위에서 언급하였듯이 선문의 독자적인 수행은 백장선사에 의해 율종사원에서 독립하여 청규를 제정함으로부터 비롯되었다. 이것은 달마선 이래 남북종선南北宗禪 시대를 포함해서 백장 이전의 선종 대부분이 독립된 전문 선수행 도량을 마련하지 못한 상태에서 토굴란야나 율종사찰의 별원別院에 더부살이를 하고 있었다. 따라서 선종의 독자적인 수행가풍을 진작할 수 없는 상황이었던 것이다. 백장 시대에 와서 선종이 율종으로부터 독립함과 동시에 청규가 제정되었다. 그러므로 선종의 선종다운 정체성은 두말할 나위 없이 청규의 제정과 실행에 있다고 말할 수 있다.

> 백장대지선사는 선종이 처음 소실(少室: 달마)로부터 시작하여 조계(혜능)에 이르기까지 대체로 율사(律寺: 율종사원)에 거주하였

는데, 비록 선원을 따로 두었다[別院]고는 하지만 설법이나 주지하는 법이 규범과 법도에 맞지 않아 항상 마음에 걸렸다. 그래서 말하기를, "조사의 도를 널리 펴고 미래에까지 끊이지 않게 하려면 어찌 여러 부의 아함교(소승교)를 따라 수행하겠는가."라고 하였다.[295]

위에서 설하고 있듯이 선종의 수행이 율사律寺에서 행하는 설법과 주지하는 법이 서로 맞지 않음으로 해서 따로 독립하게 되었으며, 아울러 조사의 도를 먼 미래에 이르도록 널리 선양하기 위해서는 소승의 가르침(계율)을 따라 수행함은 한계가 있음을 밝히고 있다. 그래서 백장이 청규를 제정함에 있어, "어떤 사람이 『유가론』과 『영락경』은 바로 대승의 계율인데 어찌 그것에 의해서 수행하도록 하지 않습니까?"라고 묻자 아래와 같이 대답하고 있다.

내가 기본으로 주장하는 바는 대소승에 국한하지 않고, 또한 대소승과 다른 것도 아니다. 마땅히 두루 대소승을 섭렵하고 잘 절중

---

295 「禪門規式」, 『전등록(傳燈錄)』 제6권, (『大正藏』 제51권, p. 251上). "百丈大智禪師, 以禪宗肇自少室, 至曹溪以來, 多居律寺. 雖別院然於說法住持未合規度故, 常爾介懷. 乃曰. 祖之道欲誕布化元, 冀來際不泯者, 豈當與諸部阿笈摩教爲隨行耶."

> 折中하여 새로운 규범을 제정하여 수행에 힘쓰도록 하기 위한 것이다. 그리하여 창조적인 뜻으로 선종의 처소를 따로 건립하게 되었다.[296]

선종이 중국적 불교의 색채가 농후하듯이, 백장은 중국의 환경과 풍토에 맞는 계율관을 정립하고 있다. 이미 시간과 공간의 상이점에서 오는 여러 가지 계율조목에 대해 보다 적극적, 객관적, 현실적인 관점에서 다시 융섭하여 선종의 입장에서 새로운 규범을 제정하여 실천하도록 하였던 것이다.

그러나 위에서 알 수 있듯이 백장은 어디까지나 경·율·논 삼장에 그 연원을 두고 선종의 자주적이고 자율적인 수행가풍을 수립하여 미래제가 다하도록 정법안장을 계승하고자 함에 적극적으로 청규를 만들기에 이른 것이다. 이것이 바로 중국선종의 율장이라고 할 수 있는 『백장청규』이다. 이와 같이 백장은 선종사원[禪院]의 건립과 선원청규를 제정하는 것에 창조적 의미를 부여하고 있음에 주목할 필요가 있다.

그래서 혹자는 백장청규를 서양의 종교개혁에 견주어 말하기도

296 위의 책. "或日, 瑜伽論瓔珞經, 是大乘戒律, 胡不依隋哉? 師日, 吾所宗非局大小乘, 非異大小乘, 當博約折中設於制範務其宜也. 於是創意, 別立禪居."

한다. 이러한 정신은 뒷날 이루어진 종색宗賾의 『선원청규』에도 같은 맥락으로 전승되고 있음을 볼 수 있다.

> 무릇 선문의 사례에는 비록 두 종류의 비니(毘尼: 계율)는 없다 할지라도, 납자의 가풍은 일반 규범과는 다르다. 만약에 또한 수행 도중에 (규범)을 수용하면 자연히 격외에 청고淸高하리라. ……슬프다. 소림의 소식은 이미 생살을 도려내어 부스럼을 내는 것이며, 백장의 청규 또한 새로 만든 특별한 규범일진대, 하물며 (그것이 변용되어) 총림에 만연하니 차마 견딜 수 없다. 거기에 더하여 (변용된) 법령이 더욱 무성하니 일이 더욱 번거롭다. 그러나 수행결사를 장엄하고, 법의 당간을 건립하는 것은 불사문佛事門 가운데서 하나도 빠뜨려서는 안 되는 일이다. 또한 오히려 보살의 삼취三聚와 성문의 칠편七篇이 어찌 법을 세움에 번거로움을 귀하게 여기지 않을 것이며, 어찌 근기에 따라 가르침을 세우지 아니하겠는가.[297]

종색선사 역시 『선원청규』를 제정할 때 그 의의를 정의함에 우

297 자각종색, 『禪苑淸規序』. "夫禪門事例, 雖無兩樣毘尼, 衲子家風別是一般規範. 若也途中受用, 自然格外淸高. ……噫少林消息已是剜肉成瘡, 百杖規繩, 可謂新條特地, 而況叢林蔓衍, 轉見不堪. 加之法令滋彰事更多矣. 然而莊嚴保社, 建立法幢, 佛事門中, 闕一不可. 亦猶菩薩三聚, 聲聞七篇, 豈立法之貴繁, 蓋隨機而設敎."

선 대승의 삼취정계三聚淨戒와 소승의 오편칠취五篇七聚의 구족계를 기본으로 하고 있음을 알 수 있다. 그 토대 위에 수행납자의 가풍이 일반 종파의 규범과는 달라야 함을 역설하고, 나아가 달마의 9년 면벽의 소식[祖師西來意]과 백장청규의 정신을 계승하여 수행결사를 장엄하게 하고, 정법안장의 깃발을 높이 세우기 위한 대작불사라고 주장하고 있다.

아울러 법을 세우고 교화를 베풂에 번거로움을 아끼지 말 것을 당부하고 있다. 이른바 정법을 밝히고 교화를 세움은 다름 아닌 선종의 종지라 할 수 있는 "견성성불, 요익중생"을 일컫는 말이다. 이로 미루어 보아 『백장청규』와 『선원청규』 모두가 표방하고 있는 청규제정 정신은 선문의 독자적인 수행을 통해 불심인佛心印을 밝혀 "직지견성直指見性, 광도중생廣度衆生" 하는 데 있다고 하겠다.

이러한 정신과 목적을 실현하기 위해 요청되는 것이 부단한 수행 정진임은 두말할 나위 없다. 이를 위해 법문을 청하고 법을 설하며 수행을 점검하는 법당法堂이 불당佛堂보다 더 중요하게 여겨져 가람 배치에 있어서 불전을 세우지 않고 법당을 중앙에 건립하였던 것이다.

불전을 건립하지 않고 오직 법당만을 세우는 것은 불조가 친히 부

축해 준 당대의 (조사를) 존중하게 여김을 나타낸다.[298]

기존의 불교 종파에서는 불당(불전)이 도량의 중앙에 건립되어 가장 중요한 위치를 점하고 있었다. 그러나 선종 청규에 명기된 전각의 위치는 항상 주지(방장)가 대중을 위해 법을 설하고, 대중이 법문을 듣고 수행하는 법당이 가운데 배치되어 있다. 이것은 불조로부터 정법안장을 부촉받은 주지(방장)가 당대의 살아 있는 부처요, 조사로서 불법의 상속자이자 수행의 전범이 된다는 것을 나타내고 있는 것이다. 그만큼 법이 존귀하고 수행이 소중하다는 의미를 내포하고 있다고 하겠다.

전 총림의 대중은 아침에 묻고 저녁에 모여야 하고[朝參夕聚], 장로가 법당에 올라 설법할 때에 주사主事나 대중이 모두 가지런히 앉아 귀를 기울여 듣고 손님과 주인이 문답을 계속하여 종지를 격양하는 것은 모두가 법에 의해 산다[依法而住]는 것을 표시한다.[299]

298 「禪門規式」, 위의 책. "不立佛殿, 唯樹法堂者, 表佛祖親囑授當代爲尊也."
299 위의 책. "其闔院大衆朝參夕聚, 長老上堂陞座, 主事徒衆雁立側聆. 賓主問酬激揚宗要者, 示依法而住也."

위에서 우리가 주목해야 할 것이 "의법이주(依法而住 : 법에 의해 산다)."라는 말이다. 여기서의 법이란 다름 아닌 청규를 가리키는 것이다. 아울러 불법佛法이요, 조도祖道를 나타내는 말이기도 하다. 『백장청규』에 의거하면 총림의 전 대중이 수행생활을 영위함에 그 기준과 법도가 되는 것이 청규임을 천명하고 있다. 다시 말하면 부처님 법에 의해 머물고, 조사의 도에 의해 수행해 왔음을 알 수 있다. 『백장청규』의 이러한 정신은 『선원청규』에도 그대로 계승되어 "차라리 법이 있어 죽을지언정 법 없이 살지 않는다."[300] 라고 주장하고 있다.

이와 같은 정신은 먼 훗날까지 전승되어 선문의 준거가 되고 있었다. 『칙수백장청규』에 이르기를, "한마디 말(一言: 백장청규)이 천하의 법이 됨에 규구(規矩: 규범)에 맞도다. 만세에 걸쳐 사도(師道: 스승의 도)가 귀함을 앎에 기紀와 강綱이 있음이라. 이로써 총림의 예악禮樂이 성하게 되었으며, 법의 자리(法筵: 종문)에는 용상龍象이 많이 배출됨을 보게 되었다."[301]라고 하였다.

이러한 사실은 『백장청규』가 천하 선종의 법도가 되어 기강과

---

300 "寧有法死, 不無法生."

301 『勅修百丈清規』「尊祖章第四・百丈忌」, (『大正藏』 제48권, p. 1118中). "一言爲天下法, 中矩中規. 萬歲知師道尊, 有綱有紀. 以儗叢林禮樂之盛, 見法筵龍象之多."

규범을 세우게 되었으니 사도가 만세에 빛남을 찬탄하는 말이다. 이와 같은 일은 공자가 일찍이 예악으로 천하를 다스리고자 한 것과 같이, 청규가 선문총림의 예악이 되어 종문에 수많은 용상대덕을 배출하였음을 상기시키고 있다.

즉 유가에 공자의 예악이 있듯이, 선문의 예악이 바로 백장의 고청규古清規임을 견주어 주장하고 있는 것이다. 선문의 청규를 예악에 비교해서 설명한 예는 이미 남송 시대에 널리 회자되고 있었다. 남송의 유면惟勉선사가 『총림교정청규총요』를 찬술함에 그 소이를 다음과 같이 밝히고 있다.[302]

> 우리 선문에 청규가 있는 것은 마치 유가에 예경禮經이 있는 것과 같다. 예라는 것은 상황과 시대에 따라 덜고 더함이 있다. 이 책을 지은 까닭은 대지(백장)선사의 뜻을 계승하고자 저술함이다.[303]

택산澤山선사의 『선림비용청규』의 「서序」와 『칙수백장청규』의 「지대청규서」에도 역시 청규를 예악에 비유하여 설명하고 있음을

302 허정수(世正), 「勅修百丈清規에 관한 硏究」(석사학위 논문), 「禪院清規자료」(대한불교조계종 선원청규 편찬위원회), pp. 104~105 참조.

303 『叢林校定清規總要』. "吾氏之有清規, 猶儒家之有禮經. 禮者, 從宜因時損益. 此書之所以繼大智而作也."

볼 수 있다.

> 예禮는 세간에 있어서 대경大經으로 인정人情에 있어서의 절도와 교양이다. ……이에 우리 성인은 바라제목차로써 혜명을 삼으셨고, 『백장청규』는 이로부터 나온 것이니, 이는 실로 총림 예법의 대경이다.[304]

여기서 예가 세간의 대경이듯이 백장청규는 총림 예법의 대경이 된다고 역설하고 있다. 이는 세상의 다스림이 예악의 가르침에 있는 것처럼 총림 수행의 대경은 청규에 있음을 강조하고 있는 말이다. 청규의 실행에 의해 총림 대중이 가지런히 수행에 임하고 있는 모습을 구양현歐陽玄은 『칙수백장청규』「서敍」에서 다음과 같이 기술하고 있다.

> 나 현玄이 일찍이 여러 스승들이 "천지간에 예악禮樂이 없는 일은 하나도 없다. 그 머무는 자리에 편안한 것을 예禮라 하고, 그 일용의

304 "禮於世爲大經, 而人情之節文也. ……且吾聖人以波羅提木叉爲壽命, 而百丈淸規由是而出, 此固叢林禮法之大經也."

항상함을 즐기는 것을 악樂이라 한다."라고 말하는 것을 들었다. 정명도程明道선생이 하루는 정림사를 지나다 우연히 재당齋堂에서 스님들이 재齋를 올리는 의식을 보고서, "삼대의 예악이 모두 여기 있구나."라고 감탄했다고 하니, 이것이 어찌 청규로써 기강을 세운 힘이 아니겠는가. 평소에 늘 행하여 익숙해진 까닭에 능히 그러했던 것이 아니겠는가. 그 당연한 법칙을 따른 것이니 자연스러운 묘행이 아니겠는가.[305]

여기서 알 수 있듯이 청규는 총림의 기강을 바로 세우는 힘인 까닭에 평소의 일상생활에서 반복해서 행하여 익숙해야 하는 것이며, 수행자라면 당연히 따라야 하는 법칙이니, 자연스레 나타나는 팔만사천의 신묘한 수행일 수밖에 없는 것이다. 그러하니 총림대중은 청규의 실천으로 편안히 안주하며, 청규의 보호에 힘입어 일용 가운데 항상 즐겁게 수행에 매진할 수 있었기에 선림의 예악이라 규정하게 된 것이다.

한편 『백장청규』의 또 하나의 획기적 사실은 주지하는 바와 같

305 "玄嘗聞諸師曰, 天地間無一事無禮樂, 安其所居之位爲禮, 樂其日用之常爲樂. 程明道先生一日過定林寺, 偶見齋堂儀, 喟然嘆曰, 三代禮樂盡在是矣. 豈非淸規綱紀之力乎. 日服行之熟故能然乎. 循其當然之則, 而自然之妙行乎."

이 보청법普請法의 실시에 따른 "일일부작一日不作, 일일불식一日不食"의 수행정신이다. 보청은 노동임과 동시에 수행이다. 즉 수행과 노동을 일치시킨 농선農禪을 통해 자급자족함으로 선종의 생명력에 활력을 더했던 것이다. 이러한 보청의 규정은 방장으로부터 행자에 이르기까지 오로지 수행과 노동에 전념하며, 그 분分에 따라 대중을 이롭게 하고자 함이 목적인 것이다.

따라서 방장은 매일 대중을 가르치고 점검하여 살피며, 대중은 능력에 따라 소임을 나누어 맡아 청정과 화합을 바탕으로 하여 배우고 익히며, 또한 일하며 수행하는 데 매진하였던 것이다. 수행과 보청에 대해서는 뒤에서 다시 한 번 상고詳考해 보기로 하겠다.

그리고 「선문규식」의 마지막 부분에 청규를 범한 자에 대한 징벌 규정을 기술하고 있다. 그 내용을 잠깐 살펴보면 "혹 어떤 사람이 거짓 탈을 쓰고 청중 속에 끼어들었거나 유별난 행동으로 소란을 피우는 일이 있으면 곧바로 승당의 유나維那가 검거하여 본래의 위치에 앉히거나 선원 밖으로 내쫓는다."라고 처벌 규정을 들고 있다.

이른바 "본래의 위치에 앉힌다."는 것은 가벼운 잘못에 대해 참회시키는 것으로 유추할 수 있으며, "선원 밖으로 내쫓는다."라는 것은 "산문출송山門出送"을 의미하는데 이것은 아마도 무거운 죄를 범했을 때에 행해지는 규정일 것이다. 여기서 주목할 만한 것은 이렇게 징벌 규정을 두는 까닭은 "청중을 편안하게 수행하게 하는 것을 소중하게 여기기 때문"이라고 설하고 있는 대목이다. 이것은 청규 제정의 최고 덕목이 바로 청정한 대중의 편안한 수행에 있음을 상기시키고 있다고 하겠다. 그리고 이 조목을 제정한 효용에 대해 네 가지로 열거하고 있다.

첫째, 청중을 더럽히지 않고 공경과 신뢰를 생기게 한다. 둘째, 수행자의 품위를 손상시키지 않고 불조의 가르침에 따르게 한다. 셋째, 관청을 소란하게 하지 않고 감옥이나 송사를 줄인다. 넷째, 허물이 밖으로 새지 않고 종문의 기강이 잘 보호된다.

이러한 네 가지 효용은 범규자를 처벌함으로 해서 얻어지는 이익에 대한 기술이지만 사실은 청규가 지니는 의의에 대한 천명이라고 말할 수도 있다. 「선문규식」이 기술되어 있는 『전등록』을 편찬할 당시 선문총림에서 이와 같은 청규정신을 다시 한 번 상기시키고 또한 잘 지켜지고 있음을 표방한 것이다. 오늘날 조계종문 안에서 일어나고 있는 제반사도 위에 열거한 청규의 원칙에 입각해서 그 연장선상에서 법답게 처리되어야 함이 마땅하다.

결론적으로 말하면 『백장청규』를 필두로 하여 이후 제정된 제청규가 모두 그 당시 총림 풍토를 반영한 것임과 동시에 수행에 전념하고자 하는 열망의 산물인 것이다. 즉 청규의 제정과 실행은 전적으로 청중의 수행을 위함에 그 의의가 있으며, 청규 그 자체가 바로 수행으로 승화되었던 것이다.

一

청규와 수행

1. 청규와 계율

선종에서는 총림을 이루어 일찍이 백장선사로부터 계율을 대신하는 청규가 수립되어 면면부절 이어져 왔다. 총림이란 중승들이 머무르는 곳으로 수행인이 마음을 쉬고 수도하는 곳이다. 풀이 어지럽지 않게 돋아나는 것을 '총叢'이라 하고, 나무가 어지럽지 않게 자라는 것을 '림林'이라 하니, 총림이란 그 내부에 규구법도規矩法度[淸規]가 있다는 것을 상징하는 말이다.[306]

총림의 규구법도로서 청규와 계율의 관계는 상호 보완적 절중折中의 관계에 있다고 할 수 있다. 따라서 백장선사 역시 "우리 선

306 『禪林寶訓音義』, (『卍續藏經』 제113권, p. 250). "叢林乃衆僧所止之處, 行人棲心修道之所也. 草不亂生日叢, 木不亂長日林, 言其內有規矩法度也."

종은 대소승에 국한되지도 않고 대소승과 다르지도 않다."라고 전제하고 나아가 "박약절중博約折中하여 제범制範을 시설하여 일을 편하게 함이라."고 청규 제정의 이유를 말하고 있는 것이다.

자각종색의 『선원청규』에서도 "선문의 사례에는 비록 두 종류의 계율은 없다 할지라도, 납자의 가풍은 일반 규범과는 다르기" 때문에 만약에 납자가 수행함에 있어서 그 "규범을 수용하면 자연히 격외에 청고淸高할 것"이라고 하였다.

즉 선문에서 말하는 "격외에 청고"한 수행이 곧 일반 규범과 다른 납자의 가풍이라 할 수 있다. 이러한 실참납자의 가풍을 장양하기 위해 선문의 계율로서 청규가 제정되었다면 청규 또한 율장의 범위를 벗어날 수 없다고 말할 수 있으며, 부처와 조사 또한 계율로서의 청규를 호지한 수행자라고 할 수 있다.

따라서 『백장청규』에 나타나고 있는 계율관 역시 선종이라고 해서 특별히 다른 계율이 적용되는 것이 아니라, 부처님이 제정한 율장에 의거해 계율을 그대로 지키되 선종의 특성상 선농겸수를 통한 자급자족에 필요한 부분만 따로 「선문규식」으로 제정해 놓은 것에 불과한 것이다.

『백장청규』를 계승하고 있는 종색의 『선원청규』에는 분명하게 계율을 엄정히 지킬 것을 제시하고 있다. 지계는 수행자의 도업을 성취시킬 뿐만 아니라 불법이 이로 인해 현전한다고 설하고 있다. 또한 계를 가볍게 여기는 요즘 수선납자에게 경종을 울리듯, 계를 지키며 죽을지언정 계율 없이 구차하게 살지 말 것을 당부하고 있다. 『선원청규』「수계」 편에 지계의 엄정함을 다음과 같이 명시하고 있음을 볼 수 있다.

> 삼세제불은 모두 출가하여 도를 이루었다고 한다. 인도의 28대 조사와 중국의 6대 조사들도 부처님의 심인[佛心印]을 전한 출가사문이었다. 모두 계율을 엄정히 지켜 모름지기 삼계에 큰 모범이 되었다. 그러므로 참선하여 도를 묻는 자는 계율을 첫째로 삼는다. 허물을 떠나고 그름을 막지 않았다면 어떻게 부처를 이루고 조사가 될 수 있었겠는가.[307]

삼세제불과 역대 조사가 모두 출가한 사문으로서 계율을 엄정히 지켜 출격장부로서의 모범을 보이신 사문들이라고 전제하면, 출가사문은 마땅히 참선하고 도를 묻는 수행자가 되어야 한다. 참

307 『禪苑淸規』 第一. "三世諸佛皆曰出家成道. 西天二十八祖, 唐土六祖, 傳佛心印, 盡是沙門. 蓋以嚴淨毘尼, 方能洪範. 然則參禪問道戒律爲先. 旣非離過防非, 何以成佛作祖. …… 受戒之後, 常應守護, 寧有法死, 不無法生. ……財色之禍, 甚於毒蛇. ……尸羅淸淨佛法現前. 皮之不存, 毛將安傳. 故經云, 精進持淨戒, 猶如護明珠."

선하고 도를 묻는 수행자의 제일 명제가 계율에 있음은 자명한 일이다. 이는 수선납자의 계율준수의 문제를 명확하게 제시하고 있다고 할 수 있다. 참선하여 부처를 이루고 조사가 되려는 자는 마땅히 계율을 준수함이 그 바탕이 되어야 한다는 것이다. 전통의 계·정·혜 삼학의 입장에서 보더라도 청정한 지계의 바탕 위에 선정이 성취될 수 있고[因戒生定], 선정으로 인해 지혜가 발현될[因定發慧] 수 있는 것이다.

의윤儀潤선사는 『백장청규증의기』에서 백장선사가 청규를 제정한 뜻에 대해 이렇게 말하고 있다.

> 『사분율』에 설하기를, "부처님이 제정한 것은 마땅히 버리지 말고, 부처님이 제정한 바가 아니면 반드시 제정하지 않는다. 무릇 이것이 모두 청규의 뜻이며, 백장선사가 거듭 편집한 뜻이다."[308]

이것은 부처님이 제정한 계율과 백장선사가 중집한 청규가 그 뜻에 있어서는 결코 다르지 않음을 밝히고 있는 것이다. 즉 청규를 제정하는 것이 계율에 위배되지 않는다는 것을 강조하고 있는

308 『百丈淸規證義記』 卷首. "四分律云, 是佛所制者不應却, 非佛所制者不應制, 凡此皆淸規之義, 百丈重集之義."

대목이다. 의윤선사는 계율이 지지계止持戒와 작지계作持戒로 구성되고 있음을 들어 청규의 기능을 설명하고 있다.

> 대소이승의 비니율장을 한마디로 지작쌍계止作雙戒라고 말할 수 있다. 이것은 청규 또한 그러하다. 각당各堂의 조약과 허물을 금하는 것과 그른 것을 방지하는 것 등은 지지止持에 섭수되고, 갖가지 예의와 참선 염불 등은 작지作持에 섭수된다. 이 지지와 작지를 갖추어 계율과 더불어 상부相扶하면, 밖으로 예의와 도덕으로써 사람을 감화시켜 바른 믿음을 일으키게 하고, 안으로는 정법을 수호하여 법륜상전하게 되어, 기대하지 않아도 자연히 그렇게 되어서, 자신도 이롭고 다른 사람도 이롭게 될 것이다. 이것이 이른바 율을 떠받쳐 안으로 정법을 수호함을 종宗으로 삼는 것이다. 이와 같이 계율이 지켜지지 않는다면 청규 또한 행해지지 않을 것이니, 즉시 마군의 무리가 형성되어 스스로 불법을 파괴할 것이다.[309]

계율이 지지와 작지의 역할을 한다면 청규 또한 마찬가지로 같

309 『百丈淸規證義記』卷1. "大小二乘, 毗尼律藏, 一言以蔽之曰, 止作雙持, 玆淸規亦然, 各堂條約禁過防非等, 止持所攝也. 種種禮儀參禪念佛等, 作持所攝也. 具此止作, 與律相扶, 外以禮德感人, 而生正信, 內則守護, 正法常轉法輪, 不期然而然, 自利利人矣. 此所謂扶律內護爲宗也. 與其戒律不持., 淸規不行, 卽是魔黨, 自破佛法."

은 기능을 수행할 수 있는 것이다. 계율의 바탕 위에서 청규가 제정되고 지켜질 수 있음을 주장하고 있다. 즉 계율이 온전히 지켜지지 않는다면 청규 역시 행해질 수 없음은 자명한 일이다. 불법이 파괴되지 않고 법륜이 상전하기 위해서는 계율과 청규가 동시에 수행되어야 함을 증명하고 있다.

> 또 『약사경』에는 다음과 같은 글이 있다. "비록 시라를 파하지는 않아도 궤칙軌則을 파했다." 주석하기를, 범어의 시라는 번역하면 계이고, 궤칙은 청규이다. 따라서 총림의 청규는 모두 부처님 당시에 이미 있었던 것이다. 우리 동토(중국)에는 한나라 명제 이래로 중승이 모여 살았으니 이것이 총림이고, 율에 맞추어 행지行持(수행)하였으니 이것이 청규이다. 당나라 백장 시대에 이르러 동토에 청규가 세상에 행해진 지 이미 육백여 년이 지났다.[310]

의윤선사는 주석에서 『사분율』과 『약사경』을 인용하여 부처님 당시에 이미 청규가 존재했으며, 그것이 중국에 전해져 청규를 다

310 『百丈清規證義記』 卷1. "又藥師經云, 有雖不破尸羅, 而破軌則. 注曰, 尸羅譯爲戒, 軌則則是清規. 故叢林清規皆已有佛時, 吾東土漢明帝已來聚居衆僧, 是曰叢林, 隨律行持, 則是清規. 至唐世百丈時, 東土清規行世, 已六百餘年矣."

시 모아 편찬[重集]한 백장 시대에는 청규가 최초로 행해진 지 이미 육백여 년이 넘었다고 역설하고 있다. 이것은 계율과 청규가 둘이 아니라는 것을 경론을 통해 인증하고 있는 예이다. 사실 의윤의 이러한 노력이 아니더라도 중국 선종에서는 이미 청규가 율장과 똑같은 역할을 하고 있었던 것이다.

> 계를 받은 후에는 항상 마땅히 수호하여야 한다. 차라리 법을 지키다 죽을지언정 법이 없이 살지는 않아야 한다. ……다만 금구성언金口聖言에 의지하여야 할 것이지 용렬한 무리들을 따르지 말아야 한다. 불응식不應食과 비시식非時食을 함께 엄금하라. 재색지화財色之禍는 독사보다 심하니 더욱 마땅히 멀리하라. 중생을 사랑함을 갓난아기와 같이 하라. 말은 진실해서 마음과 입이 상응해야 한다. 항상 대승경전을 독송하여 행원을 발하고 시라尸羅를 청정히 하면 불법이 현전할 것이다. 가죽이 온전하지 못하면 털이 어디에 의지해서 붙겠는가. 그러므로 경에 이르기를, "정진하여 정계淨戒를 지니는 것을 마치 밝은 구슬[明珠]을 지키는 것과 같이 하라."고 하였다.[311]

311 『禪苑淸規』. "受戒之後, 相應守護. 寧有法死, 不無法生. ……但依金口聖言, 莫擅隨於庸輩. 如不應食非時食竝宜嚴禁. 財色之禍, 甚於毒蛇, 尤當遠離. 慈念衆生, 猶如赤子. 語

이른바 "법을 지키다 죽을지언정 법이 없이 살지는 말아라."는 말은 청규를 엄정히 수호하기를 신명을 바쳐서 하라고 가르치는 교훈이다. 지혜와 자비를 바탕으로 하여 부처님께서 금지한 계율과 대승의 계율을 함께 수용하고 나아가 청규를 철저히 이행할 때에 불법이 흥왕하게 된다. 계율과 청규의 바탕 위에서만이 선정과 자비가 현전하게 되는 것이다.

신라의 자장율사 또한 "계를 지켜 하루를 살지언정 파계하여 백 년을 살지 않겠다."라고 서원한 바 있다. 목숨을 담보한 굳건한 서원으로 수행정진하여 정계淨戒를 호지하는 것이 바로 명심견성明心見性의 첩경이 되는 것이다.

조선의 휴정선사 또한 계율수지의 엄정함 위에 선정과 지혜의 발현이 온전히 이루어질 수 있음을 밝히고 있다. "계·정·혜는 하나를 들어 셋을 갖추는 것이므로 하나하나 따로 이해해서는 안 된다."라고 주장하고, 나아가 "계의 그릇이 온전하고 견고해야 선정의 물이 맑게 고이고 거기에 지혜의 달이 나타난다."[312]라고 설하고 있다. 계·정·혜 삼학의 등지等持가 선문의 방양榜樣이요, 청규

言眞實心口相應, 讀誦大乘資發行願. 尸羅淸淨佛法現前, 皮之不存, 毛將安傳. 故經云, 精進持淨戒, 猶如護明珠."

312 『禪家龜鑑』. "戒器完固, 定水澄淸, 慧月方現."

수행의 지남指南이다.

2. 법식쌍운法食雙運 — 청빈가풍淸貧家風

세상이 풍요롭기에 사문의 생활 또한 물질적으로 풍요롭게 되었다. 그러나 종문에 팽배한 물신주의物神主義와 불신풍조不信風潮는 점점 도가 지나쳐 유위有爲의 나락으로 떨어지고 있다. 출가하여 수행자가 된다는 자체가 명예와 이익을 멀리하고 오직 일대사를 해결하여 널리 생명을 이롭게 하고자 함이다. 그러므로 수행 납자는 항상 춥고 배고픔 가운데 도심을 일으키고[飢寒以發道心], 근검절약으로 시물을 아껴 시주의 은혜에 보답하여야 한다.

『고청규』의 「선문규식」에 설하기를 "죽이건 밥이건 두 때에 골고루 나누는 것은 절약과 검소에 힘쓰고, 법과 음식을 겸하여 운용함[法食雙運]을 표시한다."[313]라고 하였다. 여기서 소위 "법과 음식을 겸하여 운용한다."라는 말이 종문의 수행의 철칙이다. 즉 법과 음식을 함께 닦는다는 말은 식륜食輪과 법륜法輪을 함께 굴린다는

313 "齋粥隨宜二時均遍者, 務于節儉. 表法食雙運也."

말이다. 이는 밥 먹는 일과 수행·교화하는 것이 둘이 아니란 뜻이다. 먹고 살아가는 일이 식륜이고, 염불·참선으로 수행함이 법륜이라면 생활과 수행의 일치가 법식쌍운法食雙運이 되는 것이다. 이것을 다른 뜻으로 표현하면, 음식을 먹는 것이 그대로 수행이라는 말이다. 음식의 절제 없이는 불법에 대한 수행이 이루어질 수 없다는 뜻을 내포하고 있다 하겠다.

세간이든 출세간이든 세끼 밥을 먹은 지가 그리 오래되지 않았다. 『백장청규』의 내용뿐만 아니라, 조사 어록에 보면 모두 다 두끼 밥(죽)을 먹었다고 기술되어 있음을 볼 수 있다. 이는 역설적으로 말하면 밥을 배부르게 먹고서는 수행이 제대로 될 수 없다는 말이 된다. 경제적으로 고달픈 삶을 살던 시대라고 치부해 버리기에는 수행과 음식의 상관관계는 너무나 밀접하게 연관되어 있다. 단정적으로 말하면 하루에 세끼 밥을 배불리 먹고 거기다가 늘 차담에 신경이 가 있는 자는 수행과는 이미 멀어진 괴각이라 해야 할 것이다. 수행에 몰두하여 화두가 여일한 수행자는 먹고 마시는 일은 잊어 버린 지 오래이기 때문이다.

오늘 우리들의 모습을 살펴보면 어떤 면에서 수행자이기를 포기했는지 모른다. 먹고 마시고 즐기는 일이 매우 중차대한 일이 되어 버린 지 오래다. 잘 먹고 잘 마시고 잘 노는 분위기 속에서는 명안종사가 출현할 수 없다. 하루빨리 공부하고 수행하는 분위기로 돌아가야 한다. 즉 오직 법을 먹고 법을 마시고 법과 더불어 생활하는 법식쌍운의 청규정신으로 돌아가야 한다. 청규와 함께 유행한 『일백이십문』 가운데 다음과 같이 묻는 내용이 있다.

누에치지 아니하고도 옷 입음을 알고 있는가	知不蠶而衣否
밭 갈지 아니하고도 먹는지 알고 있는가	知不耕而食否
전역戰役을 필하지도 않고 편안함을 알고 있는가	知不戰而安否
수용하되 만족할 줄 아는가	受用知足否
능히 음식을 절제하는가	能節飮食否
보시를 행하되 싫증내지 않는가	行施不倦否
보시를 받되 탐하지 않는가	受施不貪否[314]

지금 현재 우리 납자들은 누에치기 하지 않고 옷 입고, 밭 갈지 않고 밥 먹으며, 음식을 가려 먹지 못하고 있다. 배고프지 않아도 밥 먹고, 졸리지 않아도 잠잔다. 철두철미하게 청규를 수지하여 청빈의 수행가풍을 수립하지 못하고 있다. 수행에 투철하여 생사를

---

314 『고려판선원청규역주』, 최법혜 역주, p. 435.

초탈함이 중생의 은혜에 보답하는 길이다. 천목중봉선사는 당시 청빈과는 거리가 멀고 명색으로 도 닦는 흉내를 내고 있는 승가의 풍토에 대해 아래와 같이 경책하고 있다.

> 슬프다. 요즘 도를 닦겠다고 하는 자들은 그저 도를 닦는다는 그 자체로써 명분을 삼기는 한다. 그러나 그 하는 행동을 보면 배고프지 않아도 밥 먹고, 피곤하지 않아도 침소로 향한다. 그런가 하면 모든 것을 다 받아들이고 제멋대로 시주물을 쓴다. 그러다가 더러 마음에 들지 않으면 원망과 탄식이 마구 일어나며, 남이 부지런히 정진한다는 말을 들으면 귀를 막고 물러나 움츠러든다. 천하에 어찌 노력하지 않고 거두며, 심지 않고 수확하는 것이 있겠는가? [315]

이른바 "노력하지 않고 거두며, 심지 않고 수확하는 무리"가 오늘 우리 선문납자의 모습이 아닌가 뒤돌아 보아야 할 때이다. 당나라 시대 비불교 집단에서 생산에 종사하지 않는 불교승단를 향해 비판한 다음과 같은 내용이 오늘날 청규를 실행해야 할 우리 선문이 자문자답해 보아야 할 화두가 아닌지.

---

315 『東語西話』下, (藏經閣), pp. 147~148.

한 여인이 베를 짜지 않으면 천하 사람들은 추위에 떨게 되고, 한 남자가 경작하지 않으면 천하 사람들이 음식을 먹지 못하게 된다. 지금 석가의 가르친 법에는 베를 짜지 않게 하고 경작을 하지 않도록 하였다. 경전에 곡식을 재배하는 법이 없어 밭에는 경작하는 농부가 없고, 불교의 가르침에 베 짜는 방법이 없어 베 짜는 부인들은 일을 포기하고 있다. 발우를 들고 주장자를 짚어 걸식함에 누구에게 의지하며, 왼쪽 어깨에 가사를 걸침에 어떻게 (천을) 얻겠는가.[316]

수행자가 농부나 노동자가 되자는 것이 아니라, 손끝 하나 까닥하지 않고 앉아만 있으려는 생각, 이런 행태로는 대도를 성취하여 생사를 해탈할 수 없다. 스스로 노력하며 수행해야 한다. "불자여, 그대의 한 벌 옷과 한 그릇 밥이 농부와 직녀의 피와 땀이 아닌 것이 없거늘, 도의 눈이 밝지 못하다면 어떻게 소화하리오."라고 외치는 청허의 꾸지람이 귓전을 울리고 있다.

"그대들은 좋은 음식으로 부모를 봉양하지도 않고 육친을 이별하였다. 나라를 다스리지도 않고 가업의 상속을 모두 버렸으며, 속세

316 法林, 『辯正論』, (『廣弘明集』 제13권, 『大正藏』 제52권, p. 182中.)

를 멀리 떠나 머리 깎고 스승에게 계를 받았다.

그렇다면, 안으로 망념 이기는 공부를 부지런히 하고 밖으로는 다투지 않는 덕을 키워서 티끌 같은 세상에서 아득히 벗어나기를 기약해야 한다. 그런데 계를 받자마자 '나는 비구로다.' 하며 단월들이 시주한 상주물을 먹고 쓰면서도 그것이 어디서 왔는가를 생각할 줄 모른다. 그리고는 으레 '공양을 받을 만하다.'고 하면서 먹고 나서는 머리를 맞대고 세상잡사만을 시끄럽게 떠드니, 이것이야말로 그저 한때의 즐거움만을 찾는 것일 뿐, 그 즐거움이 결국에는 괴로움의 원인이 되는 줄을 모르는 것이다."[317]

『위산경책』에 수록된 위산영우선사의 경책이다. 이른바 응공(應供: 마땅히 공양 받을 만한 이)이란 부처님의 별호인 것이지, 겨우 비구계를 받은 납자들이 "공양 받을 만하다"라고 말하며, 시주의 은혜를 가볍게 여기며 수행을 도외시하라는 의미가 아니다.

법식쌍운法食雙運의 청규 정신은 훗날 선문에서 법식쌍전法食雙轉이란 말로 표현되고 있다. 원오극근은 당시 납자들이 본분사를 도외시하고 생활에 급급한 행태에 대해 이렇게 경책하고 있다.

---

317 『潙山警策』.

선인先人들은 삼씨 한 알과 보리 한 톨로 연명했고, 고덕古德은 쓴맛만 제거하고 담박하게 먹었다. 잠도 잊고 먹을 것도 잊은 채 오로지 본분사만을 몸소 확고하게 궁구하여 진실한 깨달음을 추구하고자 했다. 그런데 요즈음 사람들은 생활에 필요한 것만 부지런히 챙기는 생활에 만족하고 있다. 그래서 법륜은 채 구르지도 않았는데[法輪未轉] 식륜이 먼저 구른다[食輪先轉]는 비난이 나온 것이다.

여기서 말하고 있는 법륜과 식륜이란 다름 아닌 청규에서 강조하고 있는 본분사를 결택하여 여법하게 정진한다는 의미의 '법法'과 생활인으로 전락하여 오직 음식(밥)을 구하는 것에 만족한다는 의미의 '식食'을 내포하고 있는 말이다.

원오선사가 언급하고 있는 이른바 "법륜미전法輪未轉, 식륜선전食輪先轉"의 고사는 일찍이 대우수지선사가 한 말이기도 하다. 대우선사가 주석하고 있는 선원이 비루하여 머무는 대중이 몇 되지도 않을뿐더러 도량과 가람을 수호하기에도 어려운 지경이었다. 이때 운문종열이 참문하게 된다.

"무엇 때문에 왔는가?"

"심법心法을 구하고자 왔습니다."

"나는 법의 수레바퀴는 굴리지 못하고[法輪未轉], 밥의 수레바퀴를 먼저 굴리고 있다네[食輪先轉]. 후학들이 색력色力, 즉 물질적인 힘만 좇아가고 있으니 어떻게 대중을 위해서 밥을 얻어 오지 않을 수 있겠느냐? 굶주림을 참기에도 겨를이 없는데 어느 겨를에 너를 위해 설법해 주겠느냐?"[318]

이것이 종문에 회자된 유명한 '법륜미전法輪未轉 식륜선전食輪先轉'이라는 법문의 연유이다. 율장인 『마하승기율』에 법륜과 식륜에 대해 설하고 있음을 볼 수 있다.

두 종류의 수레바퀴가 있는데 법의 수레바퀴[法輪]와 밥의 수레바퀴[食輪]이다. 식륜을 얻고 나서야 제대로 법륜을 굴리는구나.[319]

위에서 이미 언급하였듯이 법륜이란 불법수행의 수레바퀴를 굴리는 것을 상징하는 말이고, 식륜이란 먹고 마시고 쉬는 일상사, 즉 일상의 생활이 굴러가는 것을 수레바퀴에 비유한 말이다. 사실 일상사를 떠나서 본분사가 따로 존재하는 것은 아니다. 생활과 수

318 『五燈全書』 卷二十四, (『卍續藏經』 140, p. 609下).
319 『摩訶僧祇律』. "有二種輪, 法輪食輪. 得食輪已, 乃轉法輪."

행은 하나이자 둘이고, 둘이자 하나인 불이의 관계이다.

그래서 신라의 원효는 일찍이 생활과 수행이 둘이 아님을 "심사불이心事不二"[320]란 말로 구체화하였다. 즉 일상생활과 수행정진이 하나로 통일될 때 온전한 법식쌍륜法食雙輪이 이루어지는 것이다. 식륜이 제대로 굴러가야 법륜을 온전히 굴릴 수 있고, 법륜이 원만히 굴러가야 식륜이 제대로 굴러갈 수 있다. 법륜과 식륜이 하나되어 멈춤 없이 굴러가야 법륜상전法輪常轉이 되는 것이다. 그래서 무준사범은 "선인들은 법륜미전法輪未轉하고 식륜선전食輪先轉이라 했지만 나는 두 바퀴를 모두 굴린다."고 말하여 법식쌍륜法食雙輪을 강조하고 있다.

모름지기 출가한 수행자는 감옥에서 풀려난 죄수와 같다. 욕심을 적게 하여 만족할 줄 알아서 세상의 영화를 탐내지 말아야 한다. 배고픔과 목마름을 참아 법식쌍운法食雙運하고, 법식쌍전法食雙轉하여 오로지 무위도無爲道에 뜻을 두어 화두 참구가 일념만년一念萬年이 되어야 한다. 불법을 만나 청규를 실행하게 되었으니 열 번 죽었다 깨어나도 정진하고 또 정진해야 한다.

---

320 여기서 심心이란 수행을 의미하고, 사事란 생활을 의미하는 말이다.

3. 좌선과 일상수행 — 동정일여動靜一如

간화선은 언어문자로 선을 이해하려는 문자선文字禪과 아무 일 없음에 안주하려는 무사선無事禪, 앉아 있음으로 깨달음을 삼는 묵조선默照禪의 병폐를 극복하고자 하는 방편으로 부즉불리不卽不離의 문자관, 무사무위無事無爲의 종지 실천, 행주좌와의 역동적 수행관을 제시하였다. 종문의 수행 정종正宗인 간화선의 방법론은 언제 어디서나 화두일념으로 깨어 있고, 열려 있으며, 구경에 자유(해탈)하는 삶으로 전개된다. 이러한 간화 방법론에서 볼 때 청규의 제정과 실천이 간화선에 미친 사상과 영향은 무엇인가. 그리고 지금 현재 선문에서 어떠한 상관성으로 수행되고 있는가는 매우 중요한 과제이다.

간화선 수행의 방법론 가운데 가장 중요한 것이 선지식의 지도를 전제로 한 입실入室, 참문參問, 간택揀擇, 참구參究, 점검點檢, 거량擧揚, 인가認可 등이다. 「선문규식」에 잔존하는 『고청규』의 수행 면모를 살펴보면 간화방법론적 인소因素를 엿볼 수 있다. 앞에서 든 인용문을 다시 한 번 살펴보기로 하자.

조실에 들어와 법을 물을 때를 제하고는 학자들이 마음대로 부지런하거나 게으름에 자유하여, 위가 되거나 아래가 되거나 일정한 규정에 구애되지 않는다. 온 집안의 대중은 아침에 묻고 저녁에 모여야 하고[朝參夕聚], 장로가 법당에 올라 설법할 때에는 일을 보는 이나 대중은 모두 가지런히 앉아 귀를 기울여 듣고, 서로[賓主]가 문답을 계속하여 종지를 격양하는 것은 모두가 법에 의해 산다[依法而住]는 것을 표시한다.

위의 예문을 자세히 들여다보면 다음 몇 가지에 주목하게 된다. 첫째 조실에 입실하는 것, 둘째 입실하여 참문하는 것 외에는 자율적 수행에 임하는 것, 셋째 아침에 묻고 저녁에 모이는 것[朝參夕聚], 넷째 상당 법어 때에 전 대중이 참여하여 경청하는 것, 다섯째 서로[賓主]가 문답하여 종지를 격양하는 것 등이다.

『백장청규』에 열거된 몇 가지의 수행일과는 선문의 전통적 수행 방법임과 동시에 그대로 간화 방법론의 토대를 이루고 있다고 하겠다. 다만 지금 현재 조계 선문에서 안거 때에 실행하는 수행 형태가 대혜선사 이후 간화정문의 정통 수행 방법과는 이미 많은 출입이 있다. 지금 우리 선원의 수행 모습은 간화선 본래의 원형에서 많이 변형된 모습으로 진행되고 있음을 반성적으로 고찰해야 한다.

즉 방법론에서는 간화선을 제창하고 있지만 형태면에서는 묵조선 내지 무사선의 병폐에 더욱 친근하다고 말해야 할 것이다. 지금의 선문에서는 시급하게 간화 방법의 원형을 온고지신溫故知新하여 활발발한 역동적 수행을 고취시켜야 한다.

그러면 다시 청규에 나타난 수행의 면모를 구체적으로 더듬어 보기로 하자. 먼저 『고청규』에 나타난 조실(방장)의 임무와 역할에 대해 살펴보기로 하자. 방장의 역할을 살펴보는 것이 바로 대중들의 수행 면모를 살피는 것이 된다. 무슨 까닭인가. 방장이 지도하는 대상이 바로 대중이기 때문이다. 방장이 충실히 역할을 완수하기 위해서는 그 상대인 대중의 적극적 수행 참여가 수반되어야 함은 물론이다.

방장은 매일 모든 대중의 입실을 허락하여 참문에 응해야 하며, 매일 상당하여[321] 설법하여야 한다. 아울러 종지를 격양함에 항상 대중들과 문답에 응해야 한다. 총림에 있어서 조실은 불조를 대신한 법의 상징이자 수행의 사표이므로 총림 대중의 삶과 수행의 지도자이다. 그러므로 전 대중이 방장(조실)을 중심으로 질서정연하

321 「禪門規式」에는 주지가 매일 조석으로 상당하였던 것인데, 『선원청규』에는 "오일승당격양종지五日陞堂激揚宗旨"라 되어 있으므로, 『교정청규』에 보이는 5일마다 상당하는 "오참상당五參上堂"이 『선원청규』에서도 벌써 행해졌던 연유이다. (참고, 『고려판선원청규역주』, 최법혜 역주, (가산불교문화연구원), p. 126.)

게 수행생활을 영위하는 것이다.

『선원청규』와 『칙수백장청규』에 기술된 주지(방장)의 지위와 역할 또한 대동소이하다. 주지일용住持日用 편에 의거하면 상당上堂, 만참晩參, 소참小參, 고향告香, 보설普說, 입실入室, 염송念誦, 순료巡寮, 숙중肅衆 등 총 16종의 책무가 열거되어 있다.

위에 열거된 여러 가지 임무가 그대로 간화 방법론에 있어서 방장의 책무가 되고 대중의 수행이 됨은 두말할 필요가 없겠다. 회산계현선사의 『선문단련설』에 기록된 선지식(방장, 조실, 장로)의 역할이 바로 간화선문에서 말하는 법다운 방장의 실제적 의무인 것이다. 원나라 시대 『선문단련설』에 나타난 방장스님의 역할에 대해 기술해 보면 다음과 같다.

① 서원을 굳게 세우고 고통을 감내해야 한다.

② 근기를 살펴 화두를 간택해 주어야 한다.

③ 입실入室하여 다스려야 한다.

④ 직접 선방에 나아가 일깨워 주어야 한다.

⑤ 실제 단련법을 제시한다.

⑥ 교묘하게 책발策發한다.

⑦ 교묘하게 전환轉換한다.

⑧ 관문(關門: 조사관)을 부수고 안목을 열어 준다.

⑨ 강종(綱宗: 선학의 이론체계)을 연구한다.

⑩ 행실을 엄정히 해야 한다.

⑪ 학업을 연마하게 한다.

⑫ 재능이 있는 자를 선발하여 단련시킨다.

⑬ 신중히 법을 전한다.

위에서 살펴본 바에 의하면 청규에 나타난 방장의 소임이 그대로 간화선문에 적용되고 있음을 발견하게 된다. 따라서 청규 이전이나 청규 이후, 혹은 간화총림看話叢林 시대를 막론하고 방장의 지위는 불조를 대신하는 최고의 존장이며, 모든 일상사나 수행에 관련된 일체의 불사를 지도, 감독하는 사표(스승)임에 틀림없다.

여기서 매우 중요한 사실은 청규에 부여된 방장의 임무나 간화선 총림 방장의 역할이 공히 직접 대중(선방)에 나아가 부딪치며 지도하고 있다는 것이다. 즉 일대일一對一의 직접적 지도 방편을 채택하고 있다. 오늘의 선문에서도 하루빨리 눈 밝은 종장을 중심으로 옛 수행가풍을 활성화시켜야 할 것이다.

그러면 구체적으로 무엇을 회복(활성화)해야 되는가. 첫째, 방장의 헌신적인 지도방편을 회복해야 한다. 오늘의 방장(조실)은 대부분 명목상의 존장이지, 실질적으로 선문의 지도를 담당하지 못하고 있다. 상당법문에 그치는 것이 아니라, 장실의 문은 항시 열려 있어야 하며, 늘 대중과 함께 직접 지도하여야 한다.

둘째, 청규에서도 언명하고 있듯이 대중은 "조참석취(朝參夕聚: 아침에 묻고 저녁에 모임)"의 수행방편을 회복해야 한다. 청규와 간화선의 생명이 참문(參問: 선문답)에 있음은 명약관화한 사실이다. 그것이 선지식(조실, 방장)과의 문답이든, 구참과 신참 간의 문답이든, 도반 상호 간의 문답이든 서로가 주인과 객[賓主]이 되어 문답이 오고가는 것이 종문의 수행 근간인 것이다. 오늘날 선문은 말을 잃어버렸다. 아니 세상 잡담은 난무할지언정 법담과 수행담, 그리고 선문답이 없어져 버린 종문은 적막강산이 되어 버렸다. 하루빨리 "조참석취"에 의해 묻고 배우고 탁마하는 전통을 복원하여 법에 의해 살고 법에 의해 수행하는 풍토를 조성해야 한다.

모든 경전과 어록은 묻고 답하는 형식으로 이루어져 있다. 선수행에 있어서 선문답이 실종된 기현상은 선의 종지인 '불립문자不立文字'를 불착문자不着文字로 요해하지 않고 불용문자不用文字로 착각한 데 기인하고 있다. 현재 선문에서는 '진리는 언어문자를 떠나 있다.'라고 하는 왜곡된 문자관이 비판 없이 수용되고 있다. 이것은 선종의 문자관이 부즉불리不卽不離의 중도에 있음을 간과한 결과이다.

깨달음은 언어문자로 표현할 수 없다고 하더라도 언어문자의 방편(문자반야)을 통하지 않고서는 깨달음에 나아갈 수 없다. 경에 이르기를 "여래는 참된 말을 하는 분이며[眞語者], 실다운 말을 하는 분이며[實語者], 같은 말을 하는 분이며[如語者], 속이는 말을 하지 않는 분이며[不誑語者], 다른 말을 하지 않는 분[不異語者]"이라고 하였다. 이와 같이 여법한 말과 문자로 세간에 뛰어들어 세간의 고통을 어루만져 주고 해탈의 길로 인도하는 역사회향과 중생회향으로 보현의 행원을 실천하는 것이 최상승선을 닦는 본분납자의 바른길이다.

혹자는 말한다. 이 시대에는 선지식이 부재하다고. 그러나 어찌 선지식이 없다고 한탄만 하겠는가. 사실은 선지식이 없는 것이 아니라, 아상만 공고하여 어설피 선지식을 찾지 않고, 인정하지 않고 있을 따름이다. 이 시대 종문에 석가세존이 다시 출세하고, 혜능조사가 다시 출현한다고 한들 신信하고 수순隨順함은 고사하고, 제대로 인정하고 대접이나 하겠는가.

셋째, 자주적이고 자율적인 수행가풍을 진작시켜야 한다. 『백장청규』에서의 자율이란 "조실에 들어가 법을 물을 때를 제외하고 학인들이 부지런하거나 게으름에 맡기고, 상하가 일정한 규정에 구애되지 않는다."라고 한 것을 말한다. 각자 학인의 부지런함과 게으름에 맡긴다고 하는 것은 고도의 수준 높은 수행공동체로서의 확신에 찬 면모의 일단을 보여 주고 있는 것이다.

모두가 수행에 전념하는 일등 납자[首座]들의 모임이기에 게으름을 권장해도 이에 응하는 이가 없기에 자율에 맡기는 것이다. 또한 상하 모두가 화합중和合衆으로서 서로 존중하고 배려하며, 오로지 본분사에 충실하기에 일정한 규정이 오히려 구차해져 버리는 청규에 의한 수행집단인 것이다.

좌선 수행에 대한 조항은 『선원청규』에는 특별한 규정이 없지만, 「선문규식」의 자율적 수행에 의거했던 것 같다. 그것이 황혼黃昏, 후야後夜, 조신早晨, 포시晡時의 이른바 사시四時의 좌선으로 정형화된 것은 남송南宋 이후의 일이다. 사시의 좌선이 『교정청규』에 발견되지만(卷下, 좌선), 남송 선림에서 행해지고 있었다는 것은 일본의 영서榮西가 "그러면 곧 사시四時의 좌선을 나태함 없이 운운云云…(『홍선호국론』下)"이라고 전한 것으로 보아 분명하다 할 것이다.[322]

322 『高麗板禪院淸規譯註』, 최법혜 역주, (가산불교문화연구원), pp. 50~51.

『고청규』와『선원청규』 등에 설사 좌선에 대한 구체적 조항이 명시되어 있지 않다고 하여 좌선을 소홀히 했다는 것이 아니라, 선문의 일상에서 실로 좌선을 제하면 선문이라 할 것도 없다. 생활 그대로가 항상 선이었기에 굳이 좌선만을 강조할 필요가 없이 일상수행으로 "납자 자신의 부지런함과 게으름[勤怠]에 맡긴다."라고 했던 것이다.

그러나 "수용하는 학자(납자)들이 많든 적든 모두가 승당에 들어가서 하안거의 차례(안거납)에 따라 앉고 장연상(長連床: 긴 평상)과 이가(椸架: 횃대)를 설치하여 도구를 걸어 두고, 누울 때는 반드시 비스듬히 평상 귀에 기댄다. 오른쪽 겨드랑이로 누워 길상수吉祥睡를 하는 것은 좌선을 너무 오래 하였기에 잠깐 누워서 쉴 뿐이며, 네 가지 위의를 갖출 뿐이다."라는 사실로 미루어 보아 입실하고 보청을 행할 때를 제외하고는 시간을 정하지 않고 각자의 형편에 따라 수행을 했던 것이다. "좌선을 너무 오래 하였기에"라는 구절만 보더라도 그 중요한 수행법으로 좌선을 행했음은 불문가지다.

청규에 나타난 일과 수행의 내용은 입실, 참문, 청법, 간경, 염송, 주력, 좌선, 교화 등이다. 여기서 알 수 있듯이 선禪과 교敎, 현顯과 밀密, 동動과 정靜에 구애됨 없이 수행이 이루어지고 있다. 즉 참문, 좌선과 간경, 염송이 동시에 수행되고, 간경과 주력을 함께 활용하고, 다니고[動] 앉음[靜]에 구애됨이 없는 수행이 실천되고 있다.

이와 같은 청규의 가풍은 생활이 곧 수행이요, 수행이 곧 생활인 생활선生活禪이 그 바탕이 되었다. 생활선의 태동은 이미 혜능 남종선의 가풍에서 시작되었다. 남종선은 조용한 곳에 앉아서 좌선에 몰두하는 것이 아니라, 논밭에서 일하며 일체 경계를 대하는 가운데서 경계에 흔들림이 없는 동정일여動靜一如의 경지를 역설하고 있었다.

『단경』에 "밖으로 일체 경계에 걸림이 없어서 망념이 일어나지 않는 것을 좌坐라 하고, 자성이 공함을 보아 어지럽지 않음이 선禪"이라고 좌선을 정의하고 있으며, 또한 "고요한 가운데 고요한 것은 진정한 고요함이 아니요, 움직이는 가운데 고요한 것이 진정으로 고요한 것이다."[323]라고 주장하고 있는 것이다.

혜능 이후 마조 홍주종을 중심으로 한 조사선에서 일상생활의 견문각지見聞覺知를 떠나지 않고 해탈을 구가하는 생활선이 본격적으로 전개되었다. 이러한 남종선, 조사선의 동정일여의 정신이 청

323 돈황본『壇經』. "此法門中, 一切無碍, 外於一切境界上念不起爲坐, 見本性不亂爲禪." "若修不動行, 同無情不動. 若見眞不動, 動上有不動, 不動是不動."

규의 수행 토대가 되었으며, 나아가 뒷날 간화선의 행주좌와, 견문각지의 참구로 발전된 것이다. 대혜는 화두 참구에 대해 다음과 같이 설하고 있다.

> 선은 조용한 곳에도 있지 않고, 시끄러운 곳에도 있지 않다. 사량 분별하는 곳에도 있지 않고, 일상생활의 인연이 이루어지는 곳에도 있지 않다. 비록 이와 같지만 가장 중요한 것은 고요한 곳과 시끄러운 곳, 일상생활의 인연이 이루어지는 곳, 사량 분별하는 곳을 버리지 않는 곳에서 참구해야 한다. 홀연히 안목이 열리면 모든 것이 자기 집안의 일[家裏事]인 것이다.[324]

총림에서 청규에 의해 수행한다고 하는 것은 하루 24시간의 생활 모두가 입실, 참문, 청법, 간경, 염송, 좌선, 노동 등 수행으로 이어지듯이, 간화선에서 화두를 참구하는 것 또한 일상생활의 인연이 이루어지는 모두가 그대로 수행이 되는 것이다. 이와 같이 청규에 의한 수행과 간화선 수행은 똑같이 행주좌와 가운데서

---

324 『大慧語錄』 제19권, (『大正藏』 47권, pp. 893下~894上). "禪不在靜處, 不在鬧處, 不在思量分別處, 不在日用應緣處. 然雖如是, 第一不得捨却靜處鬧處, 日用應緣處, 思量分別處參, 忽然眼開, 都是自家屋裏事."

동정일여의 수행이 이루어지는 생활선의 면모를 공유하고 있는 것이다.

사실 청규에는 선과 교가 구분될 수 없고, 좌선과 행선이 따로 명시되어 있지 않다. 그러나 선교가 함께 수행되고[禪敎一致], 염불과 참선이 둘이 아니며[禪淨一如], 행주좌와가 동정일여動靜一如가 되어 수행으로 승화되는 제도적 장치가 마련되어 있다.

즉 청규에 의하면 총림은 참문과 염송, 간경과 좌선, 참선과 노동 등이 입체적으로 이루어지고 있는 종합 수행도량이다. 간화선은 이러한 청규에 입각한 수행의 토대 위에 성립된 수행 방법론이라고 해야 할 것이다. 간화선을 행함에 앉아 있음[坐禪]만 귀하게 여기고 움직임[行禪]을 파할 것이며, 경학을 폄하하고 수선修禪만이 으뜸이라 주장한다면 이를 어찌 최상승 수행이라 할 수 있겠는가.

4. 보청법의 실시 — 선농일치禪農一致

선종이 명실상부한 고유의 독립된 종파로 거듭남으로 해서 거기에 수반되는 의무가 바로 경제적 자급자족이라 할 수 있다. 지금까지 일정 부분 단월들의 후원으로 유지 운영하던 교단의 살림살이를 독자적으로 실행하기 위해 청규를 제정하고, 그 청규에 의한 "보청법普請法"을 실시하여 노동생산에 종사하게 된 것이다. 이미 위에서 언명하였듯이 『백장청규』에서 가장 두드러진 특색 중 하나가 바로 보청법의 실시라고 할 수 있다.

백장은 "마조 문하에서 수행할 때도 대중들과 똑같이 행동하였고, 노동에도 문도들과 함께 어렵고 힘든 일을 같이 하였다."[325]라고 전하고 있는데, 이것은 그가 청규에 의한 보청법을 실시하기 이전에 이미 대중이 함께 하는 노동운력을 친히 실천하였음을 보여주고 있다. 백장의 이러한 노동정신이 훗날 총림의 방장 위치에 있었음에도 불구하고 "일일부작一日不作, 일일불식一日不食"이라는 경구로 대중을 경책할 수 있었던 것이다. 이른바 일일부작, 일일불식은 선종 청규의 만고방양이 되어 지금도 선문의 준칙으로 살아있는 것이다.

백장이 청규에 의한 보청법을 실행한 의의를 살펴보면, 첫째가 사원경제의 독립이다. 기존의 방식에 의해서는 교단의 자율적 유지와 운영이 용이하지 않았다. 선종이 독립하여 선원청규에 의한

325 『懷海禪師塔銘』, (『大正藏』 제48권, p. 1256下).

보청법을 실시함으로써 다소 청빈의 고난은 감수해야 했겠지만 자급자족의 자율경제의 발판을 마련할 수 있게 된 것이다. 이러한 자율적 경제의 기반은 이후 당 무종唐武宗의 회창법난會昌法難에도 여타의 종파와 달리 면역력을 발휘하여 타격을 최소화했을 뿐만 아니라, 더 나아가 선종이 신속하게 발전하는 터전을 마련하게 된다.

둘째, 생산노동을 의무적으로 제도화함으로 장차 선종의 수행가풍이 선농겸수禪農兼修의 노동선(勞動禪: 農禪), 생활선으로 발전하게 된 것이다. 이것은 단순히 노동과 수행의 병수幷修에 그친 것이 아니라, 노동 그 자체가 그대로 수행으로 승화되어 수행과 깨달음의 역동성으로 발전시키고 있음을 말하는 것이다.

그러면 백장은 종래 출가사문의 생산노동 금지의 계율과 사상을 어떻게 극복하였는지 살펴보도록 하겠다.

> 묻기를, "풀을 베고 나무를 자르며 땅을 개간하는 일은 죄가 되어 과보가 없습니까?" 백장선사가 대답하기를, "반드시 죄가 된다고 말할 수 없고, 죄가 안 된다고도 말할 수 없다. 유죄와 무죄는 각자에게 있는 것이다. 만약에 일체 유무 등의 법에 탐염貪染하여 취사의 마음이 있고, 삼구三句를 투과透過하지 못한다면 이 사람은 죄가 된다. 만약 삼구를 투과하여 마음이 허공과 같이 되고, 또한 허공

과 같다는 생각도 없다면, 이 사람은 무죄이다". 또 말하기를, "죄를 짓고 나서 죄가 있다고 보지 않으면 말이 안 되며, 죄를 짓지 않았는데 죄가 있다고 한다면 그것 또한 말이 안 된다. 율장에서 '본성이 미혹하여 살인을 하거나 서로 살인을 한다 해도 살생죄가 되지 않는다.'라고 했거늘, 하물며 선종의 문하에서 그럴 수가 있겠는가. 마음이 허공과 같아서 그 어디에도 집착하지 않으며 허공과 같다는 생각조차 없는데, 죄가 어디에 자리 잡기나 하겠는가."[326]

이른바 "풀을 베고 나무를 자르며, 땅을 개간하는 일은 죄가 되지 않느냐."라고 하는 것은 기존 불교의 계율 인식이다. 백장은 이 인식을 자성청정이라는 본원심의 입장에서 청정심의 실천으로 극복하라고 제시하고 있다. 신수와 혜능이 다 같이 계戒를 자성청정으로 해석하고 있는 것과 같이 『범망경』에 설하기를 "금강보계金剛寶戒는 일체 제불의 본원本源이며, 일체 보살의 본원인 불성종자佛性種子이다. 일체중생은 모두 불성이 있다 ……일체중생의 계의 본원은 자성청정이다."[327]라고 하였다.

---

326 『百丈廣錄』, (『古尊宿語錄』), (中國佛教典籍選刊, 中華書局), pp. 15~16.

327 『梵網經』. "金剛寶戒, 是一切佛本源, 一切菩薩本源, 佛性種子. ……是一切衆生, 戒本源自性淸淨."

자성이 청정한 입장에서의 계율이란 자성을 미혹하면 번뇌 망념에 집착하므로 유죄가 되며, 자성을 깨달으면 진여 본성이 드러남이 되어 무죄가 된다. 그러므로 유죄 무죄는 자성의 미오迷悟에 있는 것이다. 백장은 우리의 마음이 유무를 초월한 허공과 같은 자성청정심을 깨달으면 무죄가 된다고 말하고 있다.

위에서 백장이 특별히 강조하고 있는 것 가운데 하나가 소위 "삼구투과三句透過"인데, 백장의 삼구三句는 백장선법의 독특한 용어로서 초선初善, 중선中善, 후선後善을 말하는 것이다. 『임간록林間錄』에서 백장의 삼구에 대해 다음과 같이 해설하고 있다.

> 대지(大智: 百丈)스님께서는 다음과 같이 말씀하셨다. "교학에서 쓰는 말들은 대체로 삼구三句로 연결되어 있는데, 이는 처음·중간·마지막의 선[初中後善]이다. 처음은 그에게 선한 마음이 나오도록 하는 것이며, 중간은 그 선을 부수는 것이며, 마지막에 가서야 비로소 선을 밝힌다. 이를테면 '보살은 곧 보살이 아니니, 그 이름이 보살이라 한다[菩薩卽非菩薩是名菩薩].'라고 한 것이나, '법은 법이 아니며 그렇다고 법 아닌 것도 아니다[法非法非非法].'라고 한 것이 모두 그러한 형식이다. 그러므로 만일 일구一句만을 설하고 답한다면 그것은 사람을 지옥으로 끌어들이는 일이며, 삼구三句를 한꺼번에 설하면 그 스스로가

지옥으로 들어가는 것이니 부처님의 일과는 상관없게 된다."[328]

백장이 말하는 초선은 긍정하는 입장을 지키는 것이며, 중선은 초선의 입장을 버리는(부정) 것이며, 후선은 초선의 입장을 버렸다는 생각조차도 버리는 것(부정의 부정)이다. 다시 말하면, 초선은 어떠한 법에도 집착하지 않는 것이며, 그 집착하지 않음이 옳다고 여겨 거기에 머무는 것이니, 이는 곧 이승二乘의 경지이다. 중선은 이미 집착하지 않고, 나아가 그 집착하지 않음에도 머물지 않는 것이니, 이는 곧 보살승菩薩乘의 경지를 가리킨다. 후선은 이미 집착하지 않음에 머물지 않게 된 후에 또 애착하지 않음에 머물지 않는다는 지해知解마저 소탕해 버리는 불지佛地의 경계이다.

그러나 백장은 이 세 경지는 각각 하나의 지위에 머물러 있는 것이므로 완전한 최상승이 아니라고 말한다. 최상승의 깨달음은 세 경지, 즉 삼구를 투과하여 그 어디에도 머물지 않는 허공과 같은 경지라고 주장하고 있다. 삼구를 투과한 경지가 바로 마음이 허공과 같이 되고, 또한 허공과 같다는 생각도 없는 최상승의 경계이므로 유무가 자취도 없이 소탕되는 것인데, 죄가 어디에 본색을 드러

328 『林間錄』 권上, (『禪林古鏡叢書』, 藏經閣), pp. 97~98.

낼 수 있겠는가라고 설하고 있다.

위의 문답에서 백장이 관철하고자 했던 의지는 출가수행자가 생산노동에 종사하는 것은 계율에 저촉되는 일이기는 하지만, 이러한 유상계율有相戒律의 계목의 한계를 무상계율無相戒律의 본원인 자성청정심의 발현으로 극복하고자 했던 것이다. 즉 계상戒相과 죄상罪相의 이원성(二元性: 집착과 불집착)을 초월한 근원적인 청정심의 경지에서 이 문제를 초극하고자 하였던 것이다.

전체 청규의 내용 가운데 보청普請에 대해서 구체적으로 살펴보면, 「선문규식」에는 보청에 대해 이렇게 설하고 있다. "보청을 하는 것은 위와 아래가 힘을 합치는 것이다."[329] 또한 자각종색의 『선원청규』에도 "보청에는 요주寮主, 직당直堂을 제외하고 모두 모름지기 가지런히(다함께) 부(赴: 나아가다)하라. 주지住持인이라 할지라도 질병, 관객官客을 제외하고 곧 부赴하지 아니하면 그 시자를 대중에서 나가게 하라."[330]고 기술하고 있다.

그리고 『칙수백장청규』의 보청조에도 역시 「선문규식」과 마찬가지로 "보청을 하는 것은 위와 아래가 힘을 합치는 것이다."라고 말하고, 이어 "마땅히 고인의 '일일부작, 일일불식'의 계誡를 생각

---

329 "行普請法, 上下均力也."

330 『林間錄』 권上, (『禪林古鏡叢書』, 藏經閣), p. 163.

하라."[331]고 기술하고 있다.

위의 내용으로 미루어 보아 보청이란 백장이 설한 "일일부작, 일일불식"의 정신 아래 전체 대중이 균등히 생산노동에 힘쓰는 것이다. 이것은 선종의 노동에 대한 정의이자 수행에 대한 규범이라고 할 수 있으며, 이후 선종의 모든 노동과 수행의 근본정신으로 계승되고 있다. 『백장청규』의 핵심정신이라고 할 수 있는 "일일부작, 일일불식"이라는 말이 유행하게 된 연유를 살펴보면 다음과 같다.

> 백장선사의 평생의 고절苦節과 힘든 수행은 비유로 다 말할 수 없다. 대개 매일 실행하는 노동에는 반드시 대중들보다도 먼저 앞장서 나아갔다. 이러한 모습의 선사를 주사主事가 차마 보고 견딜 수가 없어 하루는 가만히 선사의 도구를 감추고 쉬기를 간청하였다. 선사가 말하기를, "내가 아무런 덕이 없는데 어찌 남들만 수고스럽게 하겠는가."라고 하였다. 선사는 두루 도구를 찾아보았지만 찾지 못하자 그날 식사를 하지 않았다. 이런 까닭에 "일일부작一日不作, 일일불식一日不食"이라는 말이 천하에 유행하게 되었다.[332]

---

331 『大正藏』 제48권, p. 1144上.

332 『祖堂集』 제14권, (『佛光大藏經』「禪藏」, p. 724.)

결국 백장의 보청정신에 의해 "하루 일하지 않으면, 하루 먹지 않는다."라는 격언이 생겨났고, 이러한 정신은 청규정신으로 면면히 전승되었다. 여기서 백장은 노동을 바로 생명과 직결되는 신성한 의무이자 수행의 핵심 요소로 파악하고 있었음을 알 수 있다. 그의 이런 정신과 사상은 결국 노동과 참선을 일치시키는 선농겸수의 수행가풍으로 정착되었다.

위에서 우리는 선종의 노동관에 대해 알 수 있다. 즉 노동과 참선수행은 결코 분리될 수 없기 때문에 선농겸수라고 말하는 것이다. 노동이 단순히 생산을 위한 작무가 아니라, 수행으로 승화되고 있는 것이다. 또한 작무가 개인의 노동에 국한된다면, 보청은 항상 위로 주지(방장)로부터 아래로 행자에 이르기까지 전 대중이 공동으로 함께 하는 대중운력으로 노동을 하되 노동상相에 집착하지 않고 철저히 수행의 일환으로 진행되어야 함을 강조하고 있다.

이러한 '선농겸수'의 선종가풍은 이후 선종의 가장 중요한 실천덕목으로 자리매김하여 면면부절 이어져 내려오게 된다. 위에서도 대강 언급한 바 있지만 선농겸수의 정신은 무엇인가? 이것은 청규에 의한 보청법의 실천에서 그 의미와 정신을 엿볼 수 있겠다. 백장의 『고청규』의 정신을 계승하고 있는 『환주청규』의 보청에 대한 설명에서 그 의미를 새겨 보도록 하겠다.

혹시 보청에 있어 노동에 임할 때는 일의 경중을 따지지 말고, 힘을 다해 그 일을 하도록 해야 한다. 좌선수행에 집착하여 적정함을 간직하기 위해 대중의 뜻을 따르지 않고 노동에 참여하지 않는 일이 없도록 해야 한다. 노동에 임할 때는 소리내어 농담을 하거나 큰 소리로 웃어도 안 되며, 남보다 뛰어남을 자랑하거나 능력을 과시하려고 해서도 안 된다.

단지 마음으로 도념道念을 보존하고 몸으로는 대중과 함께 노동에 전념해야 한다. 일을 마치고 승당으로 되돌아온 후에는 고요하고 묵묵히 하여 처음과 같이 하도록 하라. 일을 할 때나 좌선을 할 때나 동정의 두 모습이 여일하게 같아야 하며, 당체當體는 일체의 경계에 초연해야 한다. 비록 종일 노동을 하였지만 아직 노동하지 않은 것과 같이 해야 한다.[333]

위에서 말하고 있는 보청의 내용으로 미루어 선종의 선농겸수를 위한 정신적 자세를 다음과 같이 정리할 수 있겠다.

첫째, 전심전력을 다해 노동에 임해야 한다. 선종에서의 노동은 생활이자 수행이므로 전력을 다해 참여해야 한다. 절대로 일의 경

333 中峰明本, 『幻住清規』, (『續藏經』 제111권, p. 499).

중을 논하지 않고, 일의 많고 적음을 시비하지 않고, 일을 함에 힘이 들고 힘이 덜 들고를 따지지 말아야 함은 물론이다.

둘째, 노동을 피해서는 안 되며, 오히려 일과 수행을 일치시켜야 한다. 즉 좌선수행을 핑계로 노동을 회피해서는 안 되며, 노동과 수행을 하나로 일치시켜 노동 그대로가 수행이 되게 해야 한다. 따라서 노동을 할 때에도 좌선하는 것과 똑같이 마음을 다잡아 행동을 함부로 해서는 안 된다.

셋째, 자랑과 과시를 해서는 안 된다. 즉 노동을 함에 있어 승벽심勝癖心을 가지고 자랑하거나 능력을 과시해서는 안 된다. 항상 상하 대중이 화합된 모습으로 보청에 임해야 한다.

넷째, 대중과 함께 노동해야 한다. 선종의 보청은 단순히 일하기 위한 작무作務의 수준을 넘어서서 수행생활과 경제적 자립의 당위성이 담보되어야 하기 때문에 반드시 대중이 함께 하는 노동이어야 한다. 그러므로 보청 시에는 방장으로부터 행자에 이르기까지 전체 대중이 참석함을 원칙으로 하는 것이다.

다섯째, 동정이 여일해야 한다. 노동의 움직임과 좌선의 고요함이 둘이 되어서는 올바른 수행이 될 수 없다. 행주좌와 사위의四威儀 가운데서 항상 여일한 공부를 지어 가야 한다. 그러므로 노동을 함과 하지 않음이 여일해야 된다고 말하는 것이다.

위의 내용에 입각해서 보면 선종의 노동을 "중도노동中道勞動"이라 명명할 수 있겠다. 노동하되 노동하지 않는, 즉 노동상에 집착하지 않는 동정일여의 수행이 바로 중도노동인 것이다. 아울러 중도노동은 당연히 중도정관中道正觀의 수행과 깨달음을 지향하고 있다. 이러한 중도노동의 정신적 자세로 선농禪農을 병수幷修함으로 해서 선종 특유의 농선農禪가풍을 수립하게 되어 훗날 선종이 외부의 충격[法難]으로부터 자종自宗을 유지 발전시킬 수 있는 원동력이 된 것이다.

보청에 의한 선농병수의 가풍은 이후 오가칠종五家七宗의 분등선分燈禪 시대를 거쳐 오늘날까지 유전되고 있다. 오가칠종의 농선 가풍은 뒷날 대혜종고에 의해 간화선이 제창된 이후 더욱 발전하게 된다. 간화선은 행주좌와의 일체 생활 가운데서 화두를 들고 참선하는 방법론에 입각해 있기 때문에 노동 가운데서 참구하는 활발발한 역동적 면모를 과시하고 있다고 말할 수 있다.

육조혜능이 보림사 도량에 "화과원華果院"을 두어 농선을 독려하였으며, 대혜가 일찍이 경산총림에서 한편 "반야농원般若農園"을 경영하며 간화선으로 접화接化한 본보기에서도 알 수 있듯이 간화선풍과 노동선은 불가분의 관계에 있다고 말할 수 있다. 간화선의 선농병수의 선풍은 이후 계속 이어져 원대元代까지 전승되고 있다.

박산무이博山無異는 다음과 같이 묵조사선默照邪禪의 선병을 지적하고 생기발랄한 노동선을 강조하고 있다.

> 옛 선사는 복숭아를 따다가도 문득 선정에 들고, 호미로 밭을 매다가도 문득 선정에 들었으며, 절의 자잘한 일을 하면서도 선정에 들었다고 한다. 그러니 어찌 한곳에 오래 눌러앉아 바깥 인연을 끊고 마음을 일어나지 못하게 한 다음에야 선정에 들었다고 하겠는가. 이를 곧 삿된 정[邪定]이라고 하니, 이는 납자가 가져야 할 마음이 아니다.[334]

사실 송대 이후 선종이 중심이 되어 불교의 명맥을 이어 오던 시절에는 거의 대부분이 노동생산에 의거해서 수행생활이 영위되었다 해도 과언이 아니다. 선농겸수의 가풍은 선문의 일상사가 되어 오늘에까지 이어지고 있다. 근대 중국 선의 중흥조라 일컫는 허운虛雲선사 역시 이러한 전통에 입각해서 농선과 노동선의 실천을 매우 강조하며 선풍 재진작에 진력하였다.

334 『參禪警語』, (禪林古鏡叢書, 藏經閣), p. 36.

여러 스님들은 날마다 힘들게 장작을 패고 농사를 짓고, 흙을 돋우고 벽돌을 나르며 하루 종일 바쁘게 지내지만, 도를 깨치겠다는 굳은 의지는 잊어버리지 않습니다. 그러한 도를 향한 지극한 마음은 정말로 사람을 감동시키는 것입니다.[335]

허운선사는 또한 강조하기를 "물 길어 오고 나무해 오는 일상사가 묘도妙道 아님이 없으니, 밭매고 씨 뿌리는 것이 모두 선기禪機인 것이다. 하루종일 다리를 틀고 앉아야 비로소 공부하고 도를 닦는 것은 아니다."[336]라고 하였다.

중국 선종의 이러한 전통은 한국의 선종에도 그대로 전입되어 선문의 일상사로 정착되었다. 조선 시대 산중에서 은거한 선종만이 근근이 현사지맥懸絲之脈을 유지하고 있을 때, 생존전략의 일환으로 논밭을 개간하고 농사를 짓는 노동이 일상화되었다. 그야말로 배불排佛의 현실 속에서 종교적 이상을 추구하기 위한 방편으로 농선農禪을 실행하지 않을 수 없는 형국이 되어 버렸다.

숭유억불崇儒抑佛로 인한 불교의 사회적 위상과 신분의 격하로부터 교단수호와 수행가풍의 보존을 위한 고육책으로 급기야 승려

335 『參禪要旨』, (여시아문), p. 35.
336 위의 책, p. 64.

의 직분을 사판事判과 이판理判으로 나누어 운용하기에 이른다. 즉 사중의 운영과 노동을 수행하는 소임을 사판에 속하게 하고, 경전 연구와 선수행을 주로 하는 소임을 이판에 속하게 하였다. 이를 통해 이사원융理事圓融의 원리에서 수행[禪]과 노동[農]을 일치시키고자 한 점에서도 선농불교의 기미를 엿볼 수 있다.

특히 조선 말에서 일제의 강점기를 살다 간 용성선사는『백장청규』의 보청정신을 계승하여 "반농반선半農半禪"의 선농禪農불교를 제창하게 되었다. 용성은 선농불교의 정신에 입각하여 "자기 생활에 힘으로 노동하고 남에게 의뢰하지 말 것"[337]을 주창하며, 중국 길림성 용정에 선농당禪農堂을 건립하고, 함양 백운산에 화과원華果院을 건립하여 선농일치의 농선農禪으로 자급자족을 강조하고 있다.[338]

> 아我는 여시如是히 관觀한다. 세계사조世界思潮가 연년월월年年月月히 변變하고 반종교운동反宗教運動이 시시각각時時刻刻히 돌진突進하고 잇다. 오인吾人이 차시此時를 당當하야 교정教政을 급속도急速度로 개

337 『大覺教儀式』 권下, 「十二覺文」. (『백용성대종사총서』 2. p. 571).

338 용성선사는 용정에 선농당과 함양에 화과원을 설립 운영하면서 선농일치로 선원의 자급자족을 실현하려고 한 것뿐만 아니라, 만주의 여러 독립단체와 상해의 임시정부에 독립자금을 보낸 사실이 해방정국에서 김구 선생 일행의 독립지사들로부터 밝혀진 바 있다.

> 신改新치 안이하면 안이 될 것이다. 하나는 선율禪律을 겸행하지 안이하면 안이 될 것이요, 하나는 오인吾人의 자신이 노농勞農하지 안이하면 안이 될 것이다. 석일昔日에도 황벽임제黃蘗臨濟와 위산앙산潙山仰山이 다 전중田中에서 보청普請하사 친히 경작하시엿다. 아! 오인吾人은 시급時急히 혹或은 전업田業을 실행實行하며 혹或은 약포藥圃를 건설建設하며 혹或은 과농果農에 급무急務하야 자작자급自作自給하고 타인他人의 역力을 가자假資하지 안이하여사 될 것이다.[339]

용성의 반농반선에 의한 자급자족의 선농관禪農觀에 대해 박용하朴龍夏는 "간도의 연길 명월촌 영봉촌에 칠십여 상晌의 전지田地를 매득하고 교당을 설립하여 승려의 반농반선 생활의 효시를 작作한 지 벌써 십오 년이라 하니"[340]라고 기술하고 있다. 용성의 반농반선에 의한 선농불교의 선양은 일상생활과 수행을 일치시키는 백장청규의 보청정신에 입각한 선불교의 자주적인 자급자족의 실현임을 알 수 있다.

용성의 반농반선의 주장과 궤를 같이하고 있는 당시 봉선사 학

---

339 「中央行政에 對한 希望」, (『佛教』 93호, 佛教社, 1932. 3) pp. 15~16. (『백용성대종사총서』 7, p. 7.)

340 『龍城禪師語錄』 권下, p. 39.

인이었던 석운애釋雲涯는 강원 잡지인『홍법우』창간호에 실린「현대에는 반농반선半農半禪 불교라야 한다」라는 제목의 기고문에서 "선자禪者도 자기의 생명을 유지키 위하여 식물의 공급 방법인 농農을 겸행하여야 하며, 농農으로써 육신의 생生을 완전 보장한 후라야 정신의 생生인 본지本旨를 요달了達할 수 있다."라고 강력히 주장하고 있다. 그 구체적 내용으로 "농즉선農卽禪"의 실천을 들고 있다.

> 무엇이 농즉선農卽禪인고 하면 벼씨를 뿌리면 벼싹이 나서 벼열매를 결성結成하며, 콩을 심으면 콩이 결실하는 것은 인과因果의 필연必然을 여실히 증명하고, 아모리 좋은 종자를 심었더라도 경전비배耕耘肥培의 관리가 불충분하면 열등의 결과를 보게 되고, 조금 나쁜 종자를 심었더라도 경전비배耕耘肥培의 충분充分으로 우등優等한 결과를 보는 것은, 과거소작선악제업過去所作善惡諸業을 금생今生의 수행修行 여하如何로 능히 회인전과廻因轉果할 수 있다는 것을 분명 지적하고, 근根과 엽葉은 일 년 중에 춘생추사春生秋死의 생멸生滅이 있으나 그 종자는 영세존속永世存續하는 것은, 우리에게 육신은 무상無常하야 일생의 생멸生滅이 있으나 정신은 진상眞常하야 사생취생捨生趣生의 불생불멸不生不滅이 있다는 것을 명확히 현시顯示하는 것이

농즉선農卽禪이 아니고 무엇이랴.[341]

석운애의 주장에 따르면, 농사를 짓는 것이 육신의 생명을 장양하고, 참선을 하는 것이 정신의 생명을 장양하는 심신일여心身一如의 수행방편이기 때문에 마땅히 선농일치禪農一致가 이루어져야 한다는 것이다. 육신과 정신의 불이중도적 입장에서 수행해야 하는 선자禪者의 삶이기에 인과필연因果必然과 회인전과廻因轉果, 불생불멸不生不滅의 이치를 들어 농農과 선禪이 일치하는 농즉선農卽禪을 주장하고 있는 것이다. 그는 진리를 일상생활과 관계가 먼 곳에서 찾는 것보다 일상의 실업實業에서 찾는 것이 용이하고 첩경이기 때문에 반드시 반농반선을 실천해야 한다고 그 이유를 설명하고 있다.

인과因果의 필연必然과 회인전과廻因轉果의 가능과 불생불멸不生不滅의 진리를 일상생활과 관계가 먼 데서 찾는 이보다 일상생활과 직접 관계를 가진 문제에서 찾는 것이 용이하기 때문이며, 은연隱然한 경전에서 구하는 이보다 현저한 실업實業에서 구하는 것이 첩경이기 때문에 반농반선半農半禪의 불교라야 된다는 것이다.[342]

341 『弘法友』 창간호, (1938. 3), p. 40.
342 上同.

석운애가 강조하고 있는 반농반선의 농선農禪사상 역시 용성이 주창하고 있는 수행과 생활을 일치시키는 생활선生活禪의 양상을 띠고 있어 일제 식민지 시대에 불교개혁의 실마리를 제공하고 있다고 하겠다.

이러한 반농반선의 선농불교운동은 동시대의 선사 학명鶴鳴에게서도 그 면모를 엿볼 수 있다. 학명은 직접 선원에서의 일용日用 수행과목으로 "오전 학문學問, 오후 노동勞動, 야간 좌선坐禪"을 실행하여 선농일치를 수행의 방양으로 설정하고 있다. 수행과 노동의 조화를 이루는 그의 농선農禪사상은 자선자수自禪自修·자력자식自力自食을 규범으로 삼고 있는 선종의 청규정신을 계승·발전시키고 있음을 여실히 보여 주고 있다.

이와 같은 반농반선에 의한 노동선勞動禪·생활선生活禪의 실천은 백장청규의 보청에서 진일보하여 불교개혁의 한 방편으로 발전시키고 있는 것이 한국 선불교의 특성이라 할 수 있다. 선종의 종지가 견성도생見性度生에 있기에 선과 노동, 선과 생활을 일치시키는 반농반선의 수행 가풍은 선종의 종지와 청규의 보청정신에 입각하여 불교를 쇄신하고자 했던 시대적 열망의 산물임에 틀림이 없다고 하겠다.

맺는말

중국의 청규가 선종의 종풍를 정립하기 위한 창조적 제정이었다면, 한국의 청규 실천은 불교교단의 폐풍를 바로 세우기 위한 파사현정의 방편으로 수용되었다. 그 실례로 보조선사가 당시 선교의 난맥상을 바로잡기 위해 수선사修禪社에서 정혜결사定慧結社를 수행함에 『계초심학인문』으로 학인을 경계하였다. 고려 말 보우선사 또한 원나라의 지배하에서 사분오열된 불교계의 기강을 바로잡기 위해 원나라로부터 『백장청규』와 『치문경훈』을 들여와 시행하였다. 그리고 조선 말과 일제강점기를 살다 간 경허선사와 용성선사 또한 정혜결사와 대각교운동을 통해 당시 쇠망해 가던 불교를 다시 일으켜 세우고자 스스로 수행내규를 제정해 실행하였다.

경에 설하기를 "사자는 스스로 몸에 생긴 충(사자충)으로 인해 죽는다."라고 하였다. 보조선사는 『정혜결사문』에서 "땅에 쓰러진

자 땅을 짚고 일어나라."고 가르치고 있다. 그리고 성철, 청담, 보문, 향곡 등 선사가 주축이 되어 결행했으며, 현대선원 수행의 근간이 된 "봉암사 결사"에서는 "부처님 법대로 살자."라는 공주규약公住規約을 실천하였다.

현재 한국불교는 총체적 위기에 직면하고 있다. 그 요인은 여러 가지로 분석할 수 있겠지만 가장 심각한 문제는 교단 스스로 자정 능력을 상실해 가고 있다는 것이다. 중국 선종의 정체성이 청규의 제정과 실천에 있으며, 과거 한국불교가 교단을 자정自淨하고 종풍을 쇄신하기 위해 청규를 수용하고 실행해 왔음에 비춰 볼 때, 오늘날 현사지맥懸絲之脈의 위태로움에 처한 조계의 사법당간嗣法幢竿을 바로 세우기 위해서는 청규의 정신으로 돌아가야 하는 길밖에 달리 대안이 없다.

청규의 정신으로 돌아가기 위해서는 다음과 같은 몇 가지의 수행실천이 담보되어야 할 것이다. 첫째, 부처님 법대로의 결사정신을 회복하여야 한다. 둘째, 선계일치의 수행풍토가 바탕이 되어야 한다. 셋째, 선교겸수의 종지가 선양되어야 한다. 넷째, 참문하고 탁마하는 참구(공부) 분위기가 조성되어야 한다. 다섯째, 선농겸수의 생산불교로 전환되어야 한다. 여섯째, 모든 생명을 부처로 섬기는 요익중생의 전법교화에 신명을 바쳐야 한다.

오늘날 우리 선문에서는 청규 따로 수행 따로의 풍토가 만연해 있다. 인류 역사상 명멸한 많은 종파가 종지종풍과 수행생활이 괴리되었을 때 쇠망의 길로 접어들었다. 생활 그대로가 수행이 되고 수행 자체가 청규로 되살아날 때 가장 바람직한 종풍의 선양이 될 것이다. 오늘날 우리 선문에서도 불조의 가르침에 의한 계율과 청규가 철저히 지켜질 때, 안으로 수행가풍이 정립되고 밖으로 선풍이 진작되어 이익중생의 신불교로 나아갈 수 있을 것이다.

아울러 현재 우리 조계 선문에서도 운력運力이라는 이름으로 그 정신과 맥이 전승되고 있기는 하지만, 안타깝게도 옛 전통에 입각한 수행과 노동의 겸수로서의 보청은 이미 퇴색되고 말았다. 선농겸수라고 할 때 옛 시절에는 참선수행과 보청을 일치시키는 정도의 의미라고 한다면, 오늘날 이 시대의 의미로 확대 해석해 보면, 일체 모든 수행 행위는 선禪의 개념이며, 생명을 장양長養하는 일체 모든 행위가 농農의 개념이 될 것이다.

선종의 종지가 견성성불 요익중생이라면, 견성성불을 위한 일체의 공부, 수행, 생활은 선禪으로 정의할 수 있으며, 요익중생을 위해 모든 생명을 키우고, 섬기는 행위는 농農으로 정의할 수 있을 것이다. 수행으로 정신 생명을 고양하고, 노농勞農으로 육신 생명을 강건하게 함이 선농겸수에 의한 생산불교, 상생불교가 될 것이다. 더욱 엄격히 말하면 선이 농이요, 농이 선인 것이다. 그러므로 선자천하지대종禪者天下之大宗이요, 농자천하지대본農者天下之大本이 되는 것이다.

우리 종도들이 하루바삐 청규정신을 회복하고, 청규에 의해 수행정진하고 일상생활을 할 수 있다면, 조계의 종지종풍은 자연히 격양될 것이다. 더 많은 노력을 경주하여 한국 선불교가 인류를 위해 공헌할 수 있고, 세계 정신문화의 대안으로 자리매김하기를 간절하게 서원해 본다.

선율겸행

햇빛의 밝음을
피할 곳 어디인가?

| **초판 1쇄 발행_** 2021년 8월 1일

| **지은이_** 월암
| **펴낸이_** 오세룡
| **편집_** 손미숙 박성화 전태영 유나리
| **기획_** 최은영 곽은영 김희재
| **디자인_** 고혜정 김효선 장혜정
| **홍보 마케팅_** 이주하
| **펴낸곳_** 담앤북스 _ 서울특별시 종로구 새문안로 3길 23 경희궁의 아침 4단지 805호
전화 02)765-1251 전송 02)764-1251 전자우편 damnbooks@hanmail.net
출판등록 제300-2011-115호
| ISBN 979-11-6201-305-2 (03220)

정가 25,000원